国家社科基金重大项目“构建全民共建共享的社会矛盾纠纷多元化解机制研究”（15ZDC029）阶段性成果

新时代调解研究文丛（实务系列）
总主编 廖永安

医患纠纷调解的技巧与实例

主编◎邵 华 严文广

中国人民大学出版社
·北京·

新时代调解研究文丛（实务系列）

编 委 会

总　序

美国法理学者富勒曾言："法治的目的之一在于以和平而非暴力的方式来解决争端。"在所有第三方纠纷解决机制中，调解无疑是合意最多、强制最少的和平方式。从古代儒家的"无讼"理念，到抗日民主政权时期的"马锡五"审判模式，再到新时代的"枫桥经验"，调解凝聚为中华民族独特的法律文化意识，不仅是外显于中华社会的治理模式，而且是内嵌于淳朴人心的处事习惯与生活方式；不仅是人们定分止争的理想选择、思维习惯，而且是为人称颂的息事宁人、和睦相处的传统美德。更为弥足珍贵的是，源自东方的调解文化，在发展和传播的过程中，其理念和价值早已为域外文明所接受，成为西方话语主导下的现代司法体系中一个难得的东方元素和中国印记。

然而，在我国现代化转型的过程中，调解制度仍主要遵循由政府主导的自上而下式发展进路，要么在法治现代化改革中被边缘化，要么在维护社会稳定大局中被急功近利地运动化推进，导致各种调解制度处于不确定、不规范的运作状态。与之相伴随的是，法律人对调解的研究也大多埋首于优势、意义等"形而上"的宏大叙事问题，对调解现代化面临的困境与对策则缺乏深入分析。调解研究就像一只"无脚的鸟"，始终没有落到可以栖息、生长的实地，呈现浮躁、幼稚的状态。在现实的调解实战中，调解队伍庞大但调解员素质参差不齐、调解基准多样但缺乏法律支撑、调解程序灵活但少有必要规范、调解方法多元但囿于直接经验等，这些都成为制约调解实践进一步发展的瓶颈。由此观之，我国调解在现代化转型中仍滞留在经验层面，缺乏理论化、系统化、规模化、现代化的升华，以致有些人视其为"与现代法治精神相悖"的历史遗留，对中华民族自身的调解传统、制度和实践缺乏足够的道路自信、理论自信、制度自信和文化自信。

放眼域外，西方法治发达国家为克服对抗式诉讼代价昂贵等固有弊端，自20世纪70年代末以来，提倡推行以调解为核心的非诉纠纷解决机制，形成了接近正义运动的“第三次浪潮”。目前，在不少西方发达国家，调解的学科化或科学化发展趋势十分明显。社会学、心理学、经济学等研究成果在调解领域的广泛应用，不仅大大提升了调解的科学化水平，还使调解成为一门新兴的综合学科。体系化、标准化的调解课程不仅是调解员培训必修的课程，而且成为法学院的常规课程。调解学科的兴起，还催生了一个行业。在一些国家，调解已经成为人们可以终身从事的一种职业。

因此，在调解的现代化转型上，不得不承认在不少方面我们已经落后了。这引起了我们的忧思。我们的文化传统在异域他乡能呈现科学化、体系化、职业化与商业化的欣欣向荣景象，实用主义的引导与作用，或许可以成为答案之一，但从技术层面而言，精细化的研究始终是一个不可逾越的基础。如果我们再不警醒，再不转变调解的研究方式，再不提升调解的精细化研究水平，长此以往，调解话语权的失去将成为必然。因此，调解的实践者和研究者需要有持之以恒的毅力去推动中国调解制度的发展。基于这样的使命感，我们策划出版了“新时代调解研究文丛”，力图在以下方面有所裨益。

其一，促进调解制度改革，提升社会治理水平。党的十九大报告提出，要打造全民共建共治共享的社会治理格局，强调加强预防和化解社会矛盾机制建设，正确处理人民内部矛盾。毋庸置疑，调解在我国社会矛盾化解中起着举足轻重的作用。而政策性因素对调解的长久发展而言，更像是一个“药引子”，真正让调解养成“健康体魄”的还是制度性因素。我国现行的调解制度主要包括人民调解、法院调解、行政调解、仲裁调解、商事调解、行业调解等。文丛将充分回应如何夯实人民调解制度、规范行政调解制度、改革法院调解制度、发展商事调解等新型调解制度等关键问题，并注重各种制度之间的对接、协调与平衡，探寻科学的制度创新与改革路径，以此建立起一套科学高效的社会矛盾化解机制，提升我国的社会治理水平。

其二，创新调解研究范式，构建调解的“中国话语体系”。调解研究范式不论是彻头彻尾的洋腔洋调，还是墨守成规的自说自话，抑或是一孔之见的片面窥探，都无法铿锵有力并落地生根。我们只有立足本土资源，把握国际调解新动向，并展开跨学科研究，才有可能使调解的中国话语掷地有声。文丛就实证性而言，它客观、可信，考证严密；就国际性而言，它深刻、独到，视野宽阔；就跨学科性而言，它多元、缜密，交叉融合，希冀为构建调解的“中国话语体系”指明基本方向。

其三，建立调解教材体系，增强调解人才培养能力。开发一套科学、系统、规范、实用的调解教材，为调解人才培养提供强有力的理论指导和体系化的培训支撑，具有重要的现实意义。文丛力图填补国内系统化调解教材的空白，改进当前少量既有教材存在的理论性不彰、实践性不强、操作性不便等不足，希望抓住调解员这一核心要素，从调解经验总结、调解经典案例评析、社会心理学在调解中的应用、中国调解文化解读、调解策略梳理等多维度构筑我国调解教材体系，进而提升我国培养调解人才的能力。

文丛的开发得到了最高人民法院和司法部的鼎力支持，并分为两个子系列：一个是理论系列，由最高人民法院李少平副院长担任顾问，其编写主要依托最高人民法院与湘潭大学共建的多元化纠纷解决机制研究基地；另一个是实务系列，由司法部刘振宇副部长担任顾问，其编写主要依托司法部与湘潭大学共建的调解理论研究与人才培训基地。此外，文丛的编写与出版还获得了中国民事诉讼法学研究会 ADR 理论研究专业委员会、中国仲裁法学研究会调解与谈判专业委员会、调解研究领域的知名学者、调解实务界权威专家以及中国人民大学出版社的大力支持。我们期望并相信，文丛的面世将为构筑我国科学的调解人才培养培训体系提供理论指导，为全面发挥调解在促进社会矛盾化解、社会治理创新中的作用提供智力支持，为构建适应我国现代化进程和独具中国特色的调解话语体系作出贡献。

是为序。

谢　勇　廖永安

2019 年 2 月

致　谢

本书的出版，得益于湘潭大学“多元化纠纷解决机制研究基地”的支持和湘潭大学副校长廖永安教授的关心。湘潭大学“多元化纠纷解决机制研究基地”的目标是建成具有国际视野和前瞻思维的理论高地，培养纠纷解决领域专家、司法实践骨干的人才高地，为纠纷解决机制改革提供智力支持的成果高地，紧跟时代发展、充分展示“中国经验”的创新高地；共同推动多元化纠纷解决机制的理论研究和实践探索，推动国家治理体系和治理能力现代化。为实现这些目标，本书秉持“是什么、为什么、怎么样”的探索精神，将中国医患纠纷调解解决的经验展示给读者，为推动多元化纠纷解决机制的实践成果总结贡献绵薄之力。

在本书的编写过程中，中南大学湘雅三医院医务部潘祎颖、罗伟，湘雅医院医务部潘晓雅，湘雅二医院医务部陈宇为本书的资料收集提供了很多帮助；中南大学法学院硕士生胡萧洁、唐文艺、薛梦茹为本书的资料整理做了很多辅助性工作。在此，衷心感谢上述各位为完成本书贡献时间、精力和智慧。

前 言

2018 年 7 月，酝酿四五年之久的《医疗纠纷预防和处理条例》颁布，调解作为其中最重要的医疗纠纷预防与处理的制度安排，将对我国医患纠纷解决起到极大的促进作用。在此背景下，作者编写出版这本《医患纠纷调解的技巧与实例》，是为了从医患纠纷调解实务工作者的视角，向读者展示当下中国真实的医患纠纷调解过程，从中发现问题、获得启发，让更多的理论研究者和实务工作者对此产生兴趣，从而推进我国医患纠纷解决机制的发展。

在作者的调查访谈中，有处理医患纠纷的专业律师认为，当下医患纠纷调解在分清医院、医生、患者各方的责、权、利方面做得不够，倾向于为了和谐而让医疗机构掏钱了事。这样的批评直指某些做得不够到位的医患纠纷调解机构目前所存在的弊端。但是，这种观点也是对调解这种解纷方式的片面理解，对调解所内含的衡平公正观了解不够。调解与诉讼在解决医患纠纷时的一个核心差别在于，对医疗安全的不同定位，调解比诉讼更注重对未来社会关系的调整，注重纠纷解决之后给医疗安全带来的影响和改善。这也是医患纠纷调解在查明事实、分清是非方面与其他类型调解的重要区别。要更好地理解这一点，对比法律和医疗在面对医疗错误时两种不同的文化观，可能会有更多的收获。法律重在对错误责任的分配，可以称之为回溯性的归责文化；而医疗重在对错误经验的学习与预防，可以称之为前瞻性的病安文化。归责文化的重点是“公平”，必须区分不同的错误样态、错误情状、错误致因以及错误结果，从而作出不同的责任评价。归责文化会带动一种个人式的专业主义，认为好医生就是不会也不能犯错。但过去多年来，越来越多的研究发现，尽管归责文化日趋严厉，但仍然有

3%～16%的医疗伤害发生，而且这些伤害有高达半数都是可以避免的医疗错误。于是，新的病人安全文化开始形成，重点不再是个人注意义务的提升，而是对导致错误发生的根本原因进行分析，进而找出系统性的“预防”或“拦截”医疗错误的方法。① 归责文化和病安文化的比较结果，让人们期待通过调解解决医患纠纷来促成这种病安文化的形成，毕竟除了故意行为，医疗错误是由很多原因造成的，社会的总体目标是为了每一位患者的安全而不是追究医院和医生的责任。但是，目前试图通过诉讼来改变医患纠纷解决的这种归责文化还与现实有一定的距离，于是灵活性更强、游离在司法救济责任体系之外的调解，就成为一个可能的突破口。

基于塑造病安文化观和倡导调解解纷这样的理念，作者期待带给读者的是一本有趣并有用的书。这种有趣和有用体现在以下五个方面：第一，本书作为医患纠纷调解案例的集大成之作，由该行业资深的从业人士根据真实调解案例进行编写（为保护个人隐私，隐去了患者姓名和医疗机构名称，请勿对号入座），既有院内调解案例，也有人民调解和法院调解案例，共三十余例。从这些案例及评析中，读者会找到处理医患纠纷的一些调解技巧，体会中国式医患纠纷调解不同于其他调解的特点，并了解这些医患纠纷的形成到底基于哪些原因、呈现怎样的面貌，以更好地理解为什么要通过调解的方式来解决医患纠纷。第二，本书可以作为一本类型调解的教材，读者可以从中掌握成为一名优秀医患纠纷调解员的必要技巧，了解医患纠纷调解过程中有哪些需要谨记的要点，有哪些必须掌握的知识，有哪些必须懂得的处世之道。第三，本书注重实训，读者可以从调解实训中掌握沟通调解的理论，习得沟通调解的技巧，以求融会贯通，最终成为一名兼具理论知识与实践经验的优秀调解员。第四，作者在大部分的调解案例之后，附上了与该案例所涉争议有密切联系的法院判决案例。通过这种对比，让调解员们熟悉法院处理此类纠纷的判断依据和内在逻辑。虽然中国不是判例法国家，但这些对法院裁判标准的梳理和介绍，可以帮助调解员在一定程度上更好地理解法院对此类争议的态度，并通过调解员传递给当事人，起到合理控制当事人期望值的作用。第五，本书在调解案例之后，

① 杨秀仪，黄钰瑛．当法律遇见医疗：医疗纠纷立法论上的两个主张．司法新声．115 期，2015：7-13；刘越萍．从梅德斯塔福郡医院事件谈究责文化与病安文化．月旦医事法报告，2016（1）：36-37.

对中国式医患纠纷调解的全貌作了总结和展望，并附上作为一名合格医患纠纷调解员应该了解的资料性内容，以期让读者全面、完整地了解医患纠纷调解的日常工作，从而有可能被这个行业的某种魅力所吸引，有兴趣从事医患纠纷调解工作，为中国医患关系的改善和进步贡献力量。

目　录

第一章　医患纠纷三调解制度 …… 1
　一、人民调解 …… 3
　　（一）政府主导 …… 4
　　（二）综合治理 …… 5
　　（三）主动启动 …… 7
　　（四）司法确认 …… 7
　二、院内调解 …… 8
　　（一）医务部主导 …… 10
　　（二）纠纷多元 …… 12
　　（三）分类处理 …… 12
　三、司法调解 …… 13
　　（一）实践样本 …… 15
　　（二）诉调对接 …… 20

第二章　医患纠纷调解的战略与战术 …… 24
　一、医患纠纷调解的战略 …… 24
　　（一）注重伦理要求 …… 24
　　（二）强调事先预防 …… 32
　　（三）三种调解分工与合作 …… 33
　　（四）注重衡平公正 …… 36
　　（五）甄选优秀的调解员 …… 37
　二、医患纠纷调解的战术 …… 40

（一）“面对面”与“背靠背” …… 40
（二）控制患方不合理的期待值 …… 42
（三）应对医患双方的僵局 …… 43
（四）恰当的过程控制技巧 …… 45
（五）重视道歉 …… 50

第三章　非诊疗技术过错类纠纷调解 …… 53
一、违规使用医保案 …… 53
（一）案情介绍 …… 53
（二）调解过程 …… 54
（三）调解结果 …… 55
（四）过程评析 …… 55
（五）参考案例 …… 57
二、患方“自甘风险”案 …… 58
（一）案情介绍 …… 58
（二）调解过程 …… 59
（三）调解结果 …… 59
（四）过程评析 …… 59
三、麻醉意外案 …… 60
（一）案情介绍 …… 61
（二）调解过程 …… 61
（三）调解结果 …… 62
（四）过程评析 …… 63
（五）参考案例 …… 64
四、“院前死亡”案 …… 66
（一）案情介绍 …… 66
（二）调解过程 …… 66
（三）调解结果 …… 67
（四）过程评析 …… 67
（五）参考案例 …… 68

五、重症胆管炎案 …… 72
（一）案情介绍 …… 72
（二）调解过程 …… 72
（三）调解结果 …… 73
（四）过程评析 …… 73
六、器官移植案 …… 74
（一）案情介绍 …… 75
（二）调解过程 …… 75
（三）调解结果 …… 76
（四）过程评析 …… 76
七、院内自杀案 …… 77
（一）案情介绍 …… 77
（二）调解过程 …… 77
（三）调解结果 …… 78
（四）过程评析 …… 78
（五）参考案例 …… 79
八、美容纠纷案 …… 80
（一）案情介绍 …… 80
（二）调解过程 …… 80
（三）调解结果 …… 81
（四）过程评析 …… 82
九、病房摔倒案 …… 82
（一）案情介绍 …… 82
（二）调解过程 …… 83
（三）调解结果 …… 83
（四）过程评析 …… 83
（五）参考案例 …… 84
十、呼吸机使用沟通不当案 …… 85
（一）案情介绍 …… 85
（二）调解过程 …… 86

（三）调解结果 …… 87
（四）过程评析 …… 87
（五）参考案例 …… 88
十一、知情同意权处理不当案 …… 90
（一）案情介绍 …… 90
（二）调解过程 …… 91
（三）调解结果 …… 91
（四）过程评析 …… 92
（五）参考案例 …… 92
十二、告知不全案 …… 94
（一）案情介绍 …… 94
（二）调解过程 …… 95
（三）调解结果 …… 95
（四）过程评析 …… 95
（五）参考案例 …… 97
十三、擅自扩大手术案 …… 99
（一）案情介绍 …… 99
（二）调解过程 …… 99
（三）调解结果 …… 100
（四）过程评析 …… 100

第四章　诊疗技术过错类纠纷调解 …… 102
一、预后情形考虑不周案 …… 102
（一）案情介绍 …… 102
（二）调解过程 …… 102
（三）调解结果 …… 104
（四）过程评析 …… 104
（五）参考案例 …… 105
二、医生判断失误案 …… 106
（一）案情介绍 …… 107

（二）调解过程 …… 107
（三）调解结果 …… 108
（四）过程评析 …… 108
（五）参考案例 …… 109
三、多科室连环过错案 …… 110
（一）案情介绍 …… 110
（二）调解过程 …… 111
（三）调解结果 …… 112
（四）过程评析 …… 112
（五）参考案例 …… 112
四、肠穿孔损伤案 …… 116
（一）案情介绍 …… 116
（二）调解过程 …… 116
（三）调解结果 …… 117
（四）过程评析 …… 117
（五）参考案例 …… 118
五、手术时机选择不当案 …… 119
（一）案情介绍 …… 119
（二）调解过程 …… 120
（三）调解结果 …… 120
（四）过程评析 …… 120
（五）参考案例 …… 121
六、风险评估不足案 …… 124
（一）案情介绍 …… 124
（二）调解过程 …… 124
（三）调解结果 …… 125
（四）过程评析 …… 125
（五）参考案例 …… 126
七、手术医源性损伤案 …… 127
（一）案情介绍 …… 127

（二）调解过程 …… 128
（三）调解结果 …… 128
（四）过程评析 …… 128
（五）参考案例 …… 129
八、孕期辐射案 …… 131
（一）案情介绍 …… 131
（二）调解过程 …… 132
（三）调解结果 …… 132
（四）过程评析 …… 132
九、脑外科术后死亡案 …… 133
（一）案情介绍 …… 133
（二）调解过程 …… 133
（三）调解结果 …… 135
（四）过程评析 …… 135
（五）参考案例 …… 136
十、血友病疑难案 …… 139
（一）案情介绍 …… 140
（二）调解过程 …… 140
（三）调解结果 …… 141
（四）过程评析 …… 141
（五）参考案例 …… 142
十一、产科纠纷案 …… 144
（一）案情介绍 …… 144
（二）调解过程 …… 145
（三）调解结果 …… 146
（四）过程评析 …… 146
（五）参考案例 …… 147
十二、会诊不及时案 …… 148
（一）案情介绍 …… 148
（二）调解过程 …… 148

（三）调解结果 …… 150
（四）过程评析 …… 150
（五）参考案例 …… 150
十三、违反急诊会诊制度案 …… 153
（一）案情介绍 …… 153
（二）调解过程 …… 154
（三）调解结果 …… 154
（四）过程评析 …… 154
（五）参考案例 …… 155

第五章　药品和器械纠纷调解 …… 159
一、钛夹质量案 …… 159
（一）案情介绍 …… 159
（二）调解过程 …… 160
（三）调解结果 …… 164
（四）过程评析 …… 164
二、钢板断裂案 …… 166
（一）案情介绍 …… 166
（二）调解过程 …… 166
（三）调解结果 …… 167
（四）过程评析 …… 167
（五）参考案例 …… 168
三、克氏针尖断裂案 …… 172
（一）案情介绍 …… 172
（二）调解过程 …… 172
（三）调解结果 …… 173
（四）过程评析 …… 173
（五）参考案例 …… 173
四、条形码贴错案 …… 176
（一）案情介绍 …… 176

(二) 调解过程 …… 177
(三) 调解结果 …… 178
(四) 过程评析 …… 178
(五) 参考案例 …… 179
五、错发药物案 …… 184
(一) 案情介绍 …… 184
(二) 调解过程 …… 184
(三) 调解结果 …… 185
(四) 过程评析 …… 185
(五) 参考案例 …… 185

第六章 护理纠纷调解 …… 189
一、看护不当自杀死亡案 …… 189
(一) 案情介绍 …… 189
(二) 调解过程 …… 190
(三) 调解结果 …… 191
(四) 过程评析 …… 191
(五) 参考案例 …… 192
二、无人看护摔倒案 …… 194
(一) 案情介绍 …… 194
(二) 调解过程 …… 194
(三) 调解结果 …… 195
(四) 过程评析 …… 195
(五) 参考案例 …… 196
三、重症监护室护理不到位案 …… 197
(一) 案情介绍 …… 197
(二) 调解过程 …… 197
(三) 调解结果 …… 198
(四) 过程评析 …… 198
(五) 参考案例 …… 199

四、医护沟通不良案 …… 201
（一）案情介绍 …… 201
（二）调解过程 …… 201
（三）调解结果 …… 202
（四）过程评析 …… 202
（五）参考案例 …… 203

第七章　中国式医患纠纷调解 …… 209
一、中国式医患纠纷调解的转型 …… 209
（一）现状：评价式调解为主，促进式调解为辅 …… 209
（二）未来：促进式调解与评价式调解并重 …… 211
二、中国式医患纠纷调解与医疗安全 …… 212
（一）两种进路：不同的预防方式 …… 212
（二）患方预防是真正的安全之本 …… 214
（三）医院预防是确定的安全之基 …… 216
（四）社会预防是全面的安全之路 …… 219
三、中国式医患纠纷调解员的工作手册 …… 222
（一）对患方心态的把握 …… 222
（二）调解时与患者沟通的方式 …… 222
（三）与医疗安全相关的知识 …… 223
（四）与医疗风险相关的知识 …… 224
（五）调解协议的撰写要点 …… 227

后　记 …… 232

第一章　医患纠纷三调解制度

医患关系是整个医学最本质的内容。[①] 从表层看，它只是医生和患者的关系。从本质看，医患关系不仅仅由医生和患者来决定，还受制于很多其他因素，例如，当时的诊疗技术水平、医生所在医院的管理水平、医疗保险的供给方式、社会大众的认识水平，以及医生和患者所处的社会阶层，等等。[②] 正因为医患关系如此重要，加上我国目前医患关系的恶化、医患纠纷的频发，为进一步维护正常医疗秩序，建立和谐医患关系，当时的国家卫计委[③]聚焦医患纠纷，在 2014 年 5 月天津召开的全国医疗纠纷人民调解工作现场会上提出："要积极构建以人民调解为主体，院内调解、人民调解、司法调解、医疗风险分担机制有机结合、相互衔接的制度框架，以社会治理的思路和办法，建立和完善具有中国特色的'三调解一保险'制度体系，解决好医疗纠纷预防、化解和妥善处理的问题。"在 2015 年宁波市召开的依法维护医疗秩序构建和谐医患关系工作会议上，李斌主任再次强调了完善"三调解一保险"有机结合、相互衔接的医疗纠纷预防处理体系。2015 年年底报送国务院并向社会公开征求意见的《医疗纠纷预防与处理条例（送审稿）》的说明中提出，该条例的修订原则之一是"将以人民调解为主体，院内调解、司法调解、医疗风险分担机制有机结合、相互衔接的

---

① 著名医史学家西格里斯有一句被广泛引用形容医患关系的名言：医学的目的是社会的，它的目的不仅是治疗疾病，使某个机体康复；它的目的是使人调整以适应其环境，作为一个有用的社会成员。每一个医学行动始终涉及两类当事人：医生和病人，或者更广泛地说是，医生团体和社会，医学无非是这两群人之间的多方面的关系。

② 威廉·考克汉姆．医学社会学．高水平，杨渤彦，译．北京：中国人民大学出版社，2012：177.

③ 根据 2018 年 3 月中共中央印发的《深化党和国家机构改革方案》，组建国家卫生健康委员会，不再保留国家卫生和计划生育委员会。

'三调解一保险'的医疗纠纷预防与处理制度上升为法规"[①]。

2018 年 7 月底《医疗纠纷预防和处理条例》(以下简称《条例》)正式颁布[②],原送审稿第 4 条第 1 款的内容在正式文本中不再保留。[③] 与之相关的内容调整到《条例》总则的第 7 条以及第三章的第 22 条。[④] 虽然提法有一定的改变,但从《条例》的整体结构分析,原来提出的"三调解一保险"的医疗纠纷预防与处理的制度体系仍然存在,只是院内调解和司法调解没有被保留在正式文本中;院内调解虽然不再被正式提及,但其实质内容以"医患协商"的形式规定在《条例》第 30 条;司法调解则没有直接出现在《条例》中。[⑤] 较之送审稿《条例》一个重要的变化是,第三章第 40 条具体规定了卫生行政调解,并且要求当事人依照第 31 条人民调解的程序申请进行。《条例》规定的行政调解,应该仅仅理解为调解主体为行政机关的一种调解形式,其出具的行政调解书并不具有必然的强制执行力,其与人民调解协议书的法律地位是相同的。[⑥] 根据《条例》的相关规定,卫生行政调解与医疗纠纷人民调解的主要差别在于,卫生主管部门有权决定是否受理当事人的申请,而人民调解委员会可以主动开展工作,引导当事人申请调解。前者被动,后者主动。由此可见人民调解在医患纠纷预防与处理体系中的

① 该条例自 2015 年年底向社会公开征求意见,中间又就第二次修订稿小范围征求了意见,但未向社会公布。最初的送审稿请参见《医疗纠纷预防与处理条例(送审稿)》今起公开征求意见[EB/OL].[2018-08-30].http://news.xinhuanet.com/finance/2015-10/31/c_128379233.htm.

② 正式公布的条例在名称上发生了变化,由原来的《医疗纠纷预防与处理条例》修改为《医疗纠纷预防和处理条例》.[2018-09-01].http://www.gov.cn/zhengce/content/2018-08/31/content_5318057.htm.

③ 《医疗纠纷预防与处理条例(送审稿)》第 4 条第 1 款规定:"各级人民政府应当建立以人民调解为主,医患和解、人民调解、司法调解、医疗风险分担机制等有机结合的医疗纠纷预防处理体系"。

④ 《医疗纠纷预防和处理条例》第 7 条规定:国家建立完善医疗风险分担机制,发挥保险机制在医疗纠纷处理中的第三方赔付和医疗风险社会化分担的作用,鼓励医疗机构参加医疗责任保险,鼓励患者参加医疗意外保险。第 22 条规定:发生医疗纠纷,医患双方可以通过下列途径解决:(1)双方自愿协商;(2)申请人民调解;(3)申请行政调解;(4)向人民法院提起诉讼;(5)法律、法规规定的其他途径。

⑤ 院内调解的概念没有被吸收,这与多数人认为医院内部机构进行调解缺乏中立性有重要关联,这也是很多调解机构都强调自己是"真正的"第三方的原因。而司法调解确实无须刻意由《条例》加以规范,由民事诉讼法律体系规定即可满足需求。

⑥ 还有一个关于行政调解的疑问是:既然院内调解被认为缺乏足够的中立性,那么作为公立医院主管机关的卫生行政主管机关的中立地位难道不会受到当事人的质疑吗?

核心地位。[①]

尽管暂时没有得到正式的法律地位，但在医患纠纷预防和化解实践中，院内调解起到了与人民调解、司法调解同等重要的作用。[②] 而《条例》中提出的行政调解，则属于目前医患纠纷解决过程中应用较少的一种类型调解，对其功能的充分认识还需要假以时日。综上，本书对医患纠纷调解制度的介绍仍然以人民调解、院内调解、司法调解为主线进行。

一、人民调解

人民调解为医患纠纷“三调解一保险”解决机制的核心，各地根据自己的实际情况形成了一些典型的地方模式，如上海模式、北京模式、广东模式、南平模式等，这些已经是目前主流认可并推崇的医患纠纷调解模式。[③] 与院内调解相比，医患纠纷人民调解目前拥有更多的优势：更名正言顺的中立地位、更多的政府支持及大调解的动员能力。在政策支持方面，2010 年 1 月司法部、卫生部、保监会联合制定了《关于加强医疗纠纷人民调解工作的意见》[④]；2011 年 5 月司法部专门颁布了《关于加强行业性、专业性人民调解委员会建设的意见》[⑤]；2013 年年底，国家卫计委出台了《关于维护医疗秩序打击涉医违法犯罪专项行动方案》[⑥]；2014 年 10 月司法部又颁布了《关于进一步加强行业性、专业性人民调解委员会建设的意见》。[⑦]

---

① 在《条例》公布之后，司法部、卫生健康委就《条例》答记者问时提出：医疗纠纷人民调解具有快捷便利、不收取费用、公信力较高以及专业性较强等优势，已逐渐成为医疗纠纷多元解决机制中的主渠道。［2018－08－31］. http：//www. moj. gov. cn/news/content/2018－08/30/zcjd_39161. html.

② 具体的调查和研究内容可以参见邵华，葛填田．可行与可及：论医院内部调解的正当性及功能．时代法学，2013（6）.

③ 对这些模式的简单介绍可参见邵华．医患纠纷调解的正义之路．湘潭：湘潭大学出版社，2016.

④ 《关于加强医疗纠纷人民调解工作的意见》司发通〔2010〕5 号．［2018－08－30］. http：//www. nhfpc. gov. cn/mohbgt/s10696/201001/45726. shtml.

⑤ 《关于加强行业性、专业性人民调解委员会建设的意见》司发通〔2011〕93 号。

⑥ 该方案部署要求“加强医疗纠纷人民调解组织队伍建设。各级司法行政机关会同卫生计生等部门，积极拓展医疗纠纷人民调解组织覆盖面，完善人民调解组织网络，力争 2014 年年底覆盖 75%的县级行政区域”。

⑦ 《关于进一步加强行业性、专业性人民调解委员会建设的意见》司发通〔2014〕109 号。

在这些规范性文件中，医患纠纷人民调解工作的主要地位被强调。据司法部的数据显示，截至 2018 年 9 月，全国已建立医调委 3 565 个、医疗纠纷人民调解工作室 2 885 个，有医疗纠纷调解员 2 万多人，专职调解员 5 137 人。自 2010 年以来，全国共调解医疗纠纷 54.8 万件，其中 2018 年上半年调解 3.3 万件，每年超过 60%的医疗纠纷采用人民调解方式，调解成功率在 85%以上。[①]《条例》的颁布，对医患纠纷人民调解的支持更是从政策上升为法规。《条例》第 32 条第 1 款规定："设立医疗纠纷人民调解委员会，应当遵守《中华人民共和国人民调解法》的规定，并符合本地区实际需要。医疗纠纷人民调解委员会应当自设立之日起 30 个工作日内向所在地县级以上地方人民政府司法行政部门备案。"由此可见，人民调解作为医患纠纷解决主要机制的地位已经确立。

在医患纠纷调解体系中，人民调解是较特殊的一部分。在其他国家例如美国，医患纠纷调解有法院附设调解及专门商业调解组织提供的调解服务[②]，也有医院内部建立的各种调解项目[③]，但没有类似我国这种以群众性基层调解组织提供免费服务为主的人民调解制度。根据目前的发展状况，我国医患纠纷人民调解制度在总体上具有以下特点。

（一）政府主导

各地医患纠纷人民调解委员会的建设能够顺利推进，源自政府的大力推动。人民调解本是群众性组织自发产生的纠纷解决方式，与公力救济分属不同领域。但目前的人民调解如果没有政府的宣传重视、人员经费的支持及统筹安排，作为一种社会型救济方式的医患纠纷人民调解，难以如此迅速在患者和医疗服务机构中推行，并在一定程度上得到信任。

不但医患纠纷人民调解委员会的发展如此，无独有偶，其他众多专业性、行业性的人民调解委员会也主要都是由相关主管部门帮助建立的。例

---

① 申少铁．全国超六成医疗纠纷采用人民调解 调解成功率达 85%．人民日报，2019－02－15（19）．

② 密歇根州的医疗损害调解项目，就是在密歇根州最高法院的支持下建立的。Walter Orlando Simmons, An Economic Analysis of Mandatory Mediation and the Disposition of Medical Malpractice Claims, *6 J. Legal Econ.*, p. 41, 1996.

③ 例如，莱克星敦复员军人医院设立的调解项目。Gabriel H. Teninbaum, How Medical Apology Programs Harm Patients, *15 Chapman Law Review*, p. 307, 2011.

如，深圳市首家建筑行业人民调解委员会的成立，就是以深圳市龙岗区住房和建设局为主导的，成员则涵盖了龙岗区住房和建设局、司法局、人力资源局、建筑行业工会、律师事务所等相关部门人员及法律顾问。① 这种现象既说明政府对人民调解组织解纷能力的期待和重视，人民调解正在成为重要的纠纷解决渠道，也说明人民调解制度的"自我供血"发展能力还不足，离不开政府的襄助。例如，福建南平市医患纠纷人民调解委员会在发展过程中，动员了很多的医学、法学专家加入专家库参与医患纠纷人民调解，为快速高效解决医患纠纷奠定了必要的基础。② 除了政府，没有其他机构或者组织有这样的动员能力。与之类似，在上海市医患纠纷人民调解模式建构过程中，成立了专家咨询委员会，其成员都是各大医院的专家、知名教授，如果没有市卫生局、司法局的大力宣传和组织，只靠人民调解组织肯定无法完成动员任务。③

政府对医患纠纷人民调解的大力支持，还体现在经费方面。无论是上海、北京，还是南平，都是由政府出钱、出编制、提供办公场所等。以南平为例，自建构医患纠纷人民调解机制以来，市政府拨付专项经费近 1 000 万元，划拨专门办公场所，配备应急车辆，解决专项编制和职数，先后从调解一线提任处级干部 5 名。④

（二）综合治理

当下医患纠纷发生的根源在于社会结构性矛盾，医药卫生体制改革带来的资源分配不均是主要原因，而非仅仅是医疗机构与患者之间的冲突造成的。要解决这样的矛盾，运用具有衡平功能的调解应该更有利于社会稳定和社会公正。⑤ 各地医患纠纷人民调解机制在发展过程中，为彻底解决问题，运用了综合治理的思路，把公安、保险等机构拉入医患纠纷人民调解

① 全市首家建筑行业人民调解委员会在龙岗成立．［2018－08－30］．http：//www.lg.gov.cn/art/2014/11/14/art_3653_221554.html.

② 陈旻．医患纠纷的"南平解法"．福建日报，2017－01－16.

③ 上海市司法局关于聘任上海市医患纠纷人民调解专家咨询委员会成员的通知（沪司发基层〔2011〕12号）.

④ 南平市创新医患纠纷第三方调解机制．［2018－08－30］．http：//leaders.people.com.cn/n/2015/0724/c395832－27357112.html.

⑤ 邵华．医患纠纷调解：通过衡平实现正义．中南大学学报（人文社科版），2016（1）.

体系中。

有研究指出，“综合治理是中国共产党的传统政治资源，在法治背景下，这一政策无疑是特定政治意识形态与实用主义或现实主义立场相结合的产物，将现代国家主义和法律工具主义与中国政治传统的民本主义加以统合，在注重政治体制与社会稳定的前提下，关注民众反响和社会舆论以及纠纷解决的社会效果。综合治理不是一种由宪法和法律确立的国家制度，却可以调动现有的公共资源和国家权力，从纠纷解决和社会治理的实际需要着眼，把传统的执政方式与现代法律意识形态融合，力求克服转型危机，优先解决社会治安和各种社会矛盾”①。

例如，北京市建立了医患纠纷人民调解工作联动机制，强调由公安机关加强对发生医患纠纷的单位及其周边地区的治安管理，维护正常的诊疗秩序②；对于殴打、威胁、辱骂医务人员或停尸闹事等扰乱正常诊疗秩序的行为，由公安机关坚决给予打击。而上海市司法局成立了市医患纠纷人民调解工作办公室（简称“市医调办”），领导重视、舆论支持、政策配套则是其调解工作的主要优势。医院普遍担心在实际操作过程中，如果患方不配合，不愿意到医调委解决纠纷，仍滞留在医院该如何处理。此时，公安机关的支持就显得非常必要。对严重扰乱医疗秩序的患者和家属采取必要措施，引导医患纠纷和平解决，是公安机关对人民调解工作最大的支持。③此外，在南平市则由公安机关下发《全市公安机关开展维护正常医疗秩序治安专项整治实施方案》《关于维护医疗场所治安秩序的工作预案》，人民法院还在南平市医患纠纷调处中心建立了巡回法庭。④ 综上可以看出，把所有与纠纷解决有关的机构整合在一起来解决医患纠纷，为人民调解最终达成协议保驾护航，这些都沿袭了综合治理的工作思路。

---

① 范愉．纠纷解决的理论与实践．北京：清华大学出版社，2007：302.

② 北京市司法局、卫生局、财政局、公安局、高级人民法院、保监局联合下发了《关于加强医疗纠纷人民调解工作的意见》（京司发〔2010〕35号）。

③ 上海颁布新规：政府将为医患纠纷调解“埋单”．［2018－08－30］．http：//www.chinanews.com/df/2014/02－20/5862417.shtml.

④ 南平市创新医患纠纷第三方调解机制．［2018－08－30］．http：//leaders.people.com.cn/n/2015/0724/c395832－27357112.html.

（三）主动启动

《民事诉讼法》第 122 条规定，“当事人起诉到人民法院的民事纠纷，适宜调解的，先行调解，但当事人拒绝调解的除外”。这是对诉前调解的鼓励，但是也很明确地表达了应该尊重当事人的意思自由。与诉讼法的规定略有不同的是，《人民调解法》第 17 条规定：“当事人可以向人民调解委员会申请调解；人民调解委员会也可以主动调解。……”该规定体现的是人民调解员有权主动开启调解程序，无论当事人是否主动自愿。除了《人民调解法》的这条规定，《条例》第 31 条第 3 款也提出“医疗纠纷人民调解委员会获悉医疗机构内发生重大医疗纠纷，可以主动开展工作，引导医患双方申请调解”，因而也明确了可以主动引导调解。

调解本应是当事人基于合意解决他们之间纠纷的过程，是当事人的自愿选择。当人民调解员主动上门推介调解时，调解的目的不仅仅是解决纠纷，还包括预防纠纷，预防小的纠纷转化成大的纠纷，发展成“医闹”事件甚至刑事案件。这种主动调解的制度安排，既体现了社会治理的主动性，也表明社会对维护良好诊疗秩序的需求。如果患方目的是通过非理性的方式获得不应有的赔偿，那么启动调解对于医院来说，是一种缓和，也是一种强制。此时医院需要运用现有法律手段将破坏秩序的患方引导到正常的纠纷解决途径上，以保障正常的医疗秩序；而是否同意参与调解解决纠纷，则应该属于他们自决的范围。

医患纠纷调解的主动性，源于人民调解法对主动调解的规定，虽然异于人们对调解的理解，但与调解的自愿原则本质上并不存在冲突，是内在地体现自愿原则与调解优先原则的结合，鼓励医患双方首先选择调解。从我国的具体情况出发，医患纠纷人民调解的主动性主要是基于国家对社会治理的需要，人们迫切需要一种有效的迅速解决医患纠纷的机制。为回应这种需要，政府大力发展调解，同时也要求公众积极参与。在公众对这种纠纷解决的机制认识足够深刻之前，通过主动介入的方式要求当事人选择调解，还带有预防纠纷和社会治理功能方面的意义。

（四）司法确认

2012 年修正后的民事诉讼法特别程序新增“确认调解协议案件”，当事人可以向人民法院申请对人民调解组织调解后达成的调解协议进行司法确认，赋予该协议强制执行力。从目前相关立法来看，只能对人民调解组织调解达成的协议申请司法确认，对其他民间调解机构、商事调解组织调解达成的协议申请司法确认尚缺乏明确的法律依据。《条例》第39条第2款规定，“达成调解协议的，医疗纠纷人民调解委员会应当告知医患双方可以依法向人民法院申请司法确认”。但关于对医患双方通过行政调解达成的协议书是否可以申请司法确认，《条例》第41条则没有明确作出回答。

二、院内调解

院内调解是医院内部调解的简称，是指由医院内部专门机构主持的调解。在实践中，内部调解的调解主体通常是医院的医务部。在中国的语境下，内部调解是相对外部调解（第三方调解）而言的。内外之分的标准主要是作为中立第三方的调解主体是否与纠纷当事人一方属于同一的组织单位，若调解主体与当事方属于同一组织单位，该调解就被定义为内部调解。[①]《人民调解法》第8条第1款规定“企业事业单位根据需要设立人民调解委员会”，这说明人民调解法对单位内部设立调解机构持肯定态度，也说明我国存在调解主体与纠纷当事人有特别关系的调解实践。

对于医疗机构通过内部调解解决医患纠纷的实践，美国有研究将其称为医院早期调解[②]或医院调解。[③] 一项围绕一家大医院的实证调查研究详细描述了该医院的内部调解机制：医患关系办公室是这家医院的内部调解机构，患方在认为医方存在医疗过失行为时，应首先向调查官办公室控告，若真的存在过失且损害严重，案件将会被移转到医患关系办公室进行调解。由此，医院内部调解与医院的风险管理机制相连。在该医院，医院内部调解显示出成本低但解纷效果好的优势：46%的控告案件都得到解决，且

① 有美国学者把中国的纠纷解决分为外部解决和内部解决，其中“内部”的界定标准是“纠纷解决者与纠纷双方有某些特殊的关系”。郭丹青．中国的纠纷解决．王晴译．//强世功编．调解、法制与现代性：中国调解制度研究．北京：中国法制出版社，2001：379.

② Haavi Morreim, Malpractice, Mediation, and Moral Hazard: The Virtues of Dodging the Data Bank, Vol. 27: 1 *Ohio State Journal on Dispute Resolution* (2012), pp. 121 - 125. 文章中举例 Lexington Veterans Administration 医院的调解组织由具有临床经验的风险管理人组成。

③ Scott Forehand, Helping the Medicine Go Down: How a Spoonful of Mediation Can Alleviate the Problem of Medical Malpractice Litigation, 14 *Ohio State Journal on Dispute Resolution* (1999), pp. 924 - 26. 文章举例医院的调解组织是医院非正式纠纷解决办公室。

82%的案件无须赔付；患方也节约了诉讼成本，实现了与医方的沟通。[①] 不仅在美国，在日本也有类似的医患纠纷预防调解机制：在医院内设置医患纠纷调解员，以叙事医学为理论前提，促进医患双方的对话。为推广这种模式，日本政府还运用财政手段加以支持。日本厚生劳动省规定，在凡是设有医患纠纷调解员的医院，对每位住院患者补贴 700 日元。[②]

我国目前对院内调解的相关研究较少，而且有很多人不认可院内调解的存在，认为它天生不具有中立的可能性，所以不能称为调解。在台湾地区，也有学者不承认院内调解的正当性，将其称为医院协商。例如，陈聪富将医院内部机构主持的解纷过程同样称为医院与患者的协商。[③] 这或许可以解释为什么《条例》没有保留院内调解的地位，而只提及医患协商。

在本书作者看来，这种对院内调解的认识是片面的。事实上，国内各大医院均设有医务部负责协调医患关系，接待患者投诉、处理医患纠纷是他们日常的主要工作。无论是哪种类型的纠纷，当事人选择哪种处理方式，向医务部投诉，要求医方作出解释，均为医患纠纷解决的第一步。如果双方有意，医务部可以提供院内调解的平台，帮助患者与涉事科室解决纠纷。院内纠纷解决机制设计得好，可能截流、解决大部分的医患纠纷。前述美国某医院内部调解的数据已经证明了这一点，我国相关研究类似的数据也可以证实。[④] 因此，院内调解是在医患纠纷解决过程中发挥重要作用，但往往被人们忽略的一种有效调解形式。医院内部机构主持的医患之间的调解，其行为具有调解的特征，符合调解正当性的要求，既现实可行，也触手可及。[⑤]

综上，我国医患纠纷解决实践中的院内调解在调解主体、纠纷类型和解纷程序三个方面具有以下特点。

---

① Henry S. Farber and Michelle J. White, A Comparison of Formal and Informal Dispute Resolution in Medical Malpractice, 23 *The Journal of Legal Studies* (1994), pp. 788 - 790.

② 晏英．叙事医学在日本医疗纠纷调解中的应用及启示．医学与哲学（人文社会医学版），2014（7）．

③ 陈聪富．台湾医疗纠纷处理机制之现况与检讨．月旦民商法杂志，2011（34）．

④ 邵华，葛填田．寻求妥协：医院内部调解合意重构的路径．湖南科技大学学报（社会科学版），2015（3）．

⑤ 邵华，葛填田．可行与可及：论医院内部调解的正当性及功能．时代法学，2013（6）．

（一）医务部主导

院内调解的主体一般是医院的内部机构——医务部。作为医院内部负责处理医患纠纷的部门，医务部的工作职责主要包括主持高风险诊疗措施特约谈话、接受患方投诉、主持医患纠纷调解，前一项任务是事前预防，后两项工作职责则是事后解纷。医务部主导的调解，在调解主体方面表现的不同之处在于以下方面。

第一，院内调解的调解员具有更强的专业性。医务部工作人员基本上都是医生或拥有医学专业教育背景的。以中南大学湘雅三医院医务部为例，医务部的日常工作主要由主任和三名科员完成。其中主任和两名科员都是医学院临床专业出身，对各科室医生的执业水平都比较熟悉，对其为人也比较了解。他们在接到患方投诉后可以在较短时间内就投诉事项是否涉及医疗过错有一个基本的判断：若判断不存在医疗过失，则耐心说服患者放弃投诉，终结解纷过程；若认为有可能存在医疗过失，则会根据情况建议患方申请鉴定，或者直接选择调解解决争议。例如，在一起老年人高血压手术失败的纠纷中，患方向医务部投诉：医生术前承诺过“手术绝对成功”，如今手术失败，老人的身体状况比术前更糟糕。于是患方拒绝缴纳部分医疗费用。医务部工作人员在与手术医生沟通后，在双方都在场的情况下，向患方解释说：“这种手术属于国内领先的治疗高血压的手术，手术成功率不高，X医生作为一名老医生，一定向你们解释过手术存在的风险，不可能向你们拍大腿保证手术绝对成功。”手术医生本人也补充说：“我从来没有保证过手术百分之百成功。”医务部工作人员接着提出：“X医生的医德我们都是有目共睹的，他是我们全院去年的十佳医生，先进事迹还在大厅里展览过。”在此情形下，由于患方此前只有一名家属提到曾当面听医生作此承诺，无法提出其他证据，因而双方很快就在这个争议点上结束了辩论。[①] 由此可见，医院内部调解的优势在于调解员基于专业的熟悉，相对能较快厘清双方的争论焦点并大大提高解纷的效率。

第二，院内调解的调解员与当事人之间有关联性。医务部与各科室医务人员有工作上的联系。一方面，在人事关系上，医务部与当事医生同属

① 此案来自笔者在某院医务部的参与观察。

一家医院，分属于不同部门，是同事关系；另一方面，双方有业务往来，因为医务部的工作职责不仅包括接受患方的投诉、调解医患纠纷，还包括参与日常医疗行为，例如为医生的手术主持高风险诊疗措施特约谈话。医生在准备实施高风险诊疗措施时，需要到医务部提请办理“高风险诊疗措施特约谈话告知申请书”，由医务部主持与患方谈话，告知患方手术的风险。

关联性是客观存在的，但是医务部与各科室之间仍然有明显的关系距离。根据目前大多数医院的医疗风险管理体制，发生医疗过错的责任机制是赔偿（补偿）金首先从各科室的风险基金中列支，然后再由科室与个人根据相互之间的责任比例分担——个人有过错的，科室占大头，个人承担小部分；个人没有过错的，则全部由科室风险基金承担。而科室的风险基金则来源于科室奖金和医院统一列支的风险金。例如，蚌埠医学院第一附属医院设立的医疗风险基金来源主要有两块：一是从科室奖金中提取的资金，二是医院配套的资金。具体做法是按照临床、“医技”科室奖金的一定比例计提科室医疗风险基金，医院按相应比例进行匹配：首先，统计出各科室近 3 年来医疗纠纷实际赔付数，分别计算赔款数占当年奖金的比例，进而算出近 3 年赔款数占奖金总额的平均比例；其次，根据行业特点及科室风险程度的不同，按照手术科室大于非手术科室、外科系统大于内科系统、临床科室大于医技科室的总体原则，综合确定相对合理的医疗风险系数。[①] 综上可见，虽然医务部与各科室属于同一医院管理，但各科室均有自己独立的利益，这使得医务部在医生和患者之间主持调解时，与双方都有一定的关系距离。

此外，随着医生多点执业制度的开展，医生与医院之间的关系更加多元化，医务部负责主持的院内调解将有更大的合理性及更广的适用空间。2014 年 11 月，国家卫计委等 5 部门印发《关于推进和规范医师多点执业的若干意见》(国卫医发〔2014〕66 号)，提出要发挥政策导向作用，鼓励医师到基层、边远地区、医疗资源稀缺地区和其他有需求的医疗机构多点执业；并明确了医师多点执业的资格条件、注册管理、人事（劳动）管理和医疗责任等内容。该份文件还特意针对医师多点执业时的医疗责任承担提

① 方青．设立医疗风险基金的尝试与体会．卫生经济研究，2011 (9)．

出了具体的解决思路：医师多点执业过程中发生医疗损害或纠纷的，应当由发生医疗损害或纠纷的当事医疗机构和医师按照有关法律法规处理，其他非当事医疗机构均不承担相关的医疗损害或纠纷处理责任。医疗机构和医师应当通过合同或协议明确发生医疗损害或纠纷时各自应当承担的责任及解决方法。

（二）纠纷多元

院内调解可以处理的医疗损害赔偿纠纷，也是人民调解、司法调解和诉讼都可以处理的。院内调解的优势体现在它能够解决其他调解和诉讼一般不便处理的服务类纠纷上。

服务类纠纷不同于《侵权责任法》定位的医疗损害纠纷，属于广义的医患纠纷。这类纠纷由医患关系中的非技术原因造成，属于自然状态而非法律事实的社会冲突，是医疗行为中最常见的纠纷类型，属于院内调解的受理范围。当患方向医务部提出投诉时，投诉理由包括：医生有过失、医生未按时到岗、医生服务态度差、医疗材料质量差、护理不到位、乱收费、滥用药物、抢救不及时、治疗效果欠佳等。医务部把这些投诉根据内容分为医疗类、服务类、护理类、耗材类、其他。一般情况下，患方不会去法院起诉那些未造成人身伤害的服务类纠纷。而实践中，偏偏服务类纠纷在医患纠纷中占有很大的比重，对医患关系的影响也很大，如果没有得到及时处理，将可能引起更大的矛盾。可见，院内调解负责处理的纠纷范围要更加广泛，而且对于预防纠纷有重要作用。

（三）分类处理

在医患纠纷院内调解的实践中，医务部针对不同的纠纷设计了不同的处理方式。

第一，针对服务类纠纷，采用简单的处理方式。在患方向医务部工作人员控告医务人员服务态度差、治疗拖延或医生不作为时，医务部工作人员首先耐心倾听患者的控告，随后打电话咨询相关科室的医务人员，然后向患方解释医务人员为什么如此行为，并且帮助协调安排化验、手术时间、领取检查结果等事宜。若患方满意离开，则患方不用填写投诉登记表。

第二，针对医疗类纠纷，采取谨慎的调解方式。当有患方投诉医方存在医疗过失等情况时，医务部会要求患方填写投诉登记表，明确患方的不满和诉求，然后及时与相关科室医务人员进行沟通，询问医务人员对此争议的解释，必要时请求医务人员进行书面答复，在 5 个工作日内回复患方。若患方对答复不满意，医务部会询问患方是否需要启动调解程序。当医务部认为医务人员确实存在医疗过失行为时，医务部会尽力主持调解，必要时邀请人民调解员和派出所民警参加调解。①

第三，针对涉及患方暴力维权的医患纠纷，合理维权并报警处理。医务部针对轻微的冲突行为会立即予以制止，例如，当患方说出“医生丧尽天良”之类的话语时，工作人员会口头予以制止。当患方有损毁医院财物、辱骂伤害医务人员、“医闹”、停尸等暴力行为时，医务部则会报警处理，请求地方派出所介入，坚决制止患方违法犯罪行为。只有在患方放弃非理性维权之后，医务部才会邀请患方进入正式的对话调解程序。

综上，相对于诉讼而言，院内调解处理的纠纷有大有小，不仅涵括涉及法律权利义务分配和责任承担的侵权行为，还包括患方拖欠医疗费用、伤害医务人员、“医闹”、停尸、损坏财物等违法行为，以及邀请媒体介入、上访等影响医院名誉和医疗秩序正常运作的复杂行为，等等。因而院内调解承担的社会功能并不弱于人民调解或司法调解，院内调整同样要处理很多盘根错节、烦冗复杂的患者诉求和社会问题。而且，如果有的纠纷通过院内调解能得到及时处理，可以防止冲突升级，避免带来无可挽回的损失。

三、司法调解

法律在一定时限内是静止的，司法则必须适应时代的要求，这就是司法政策未必和法律一直合拍的原因。在目前这样一个多重利益矛盾交织的时代，人民法院承受的社会压力远比其他国家机关的更大。这些压力一方面缘于人民法院自身的职能——作为国家权力结构中专司纠纷解决的机构，各种社会矛盾解决不了，或者解决不好，法院难辞其咎；另一方面则缘于人民法院在国家权力体系中的地位——它是在执政党领导下的司法机构，不应只是以独立、中立的态度来解决纠纷，还应该协助党和政府进行社会控制，维护社会稳定。虽然在理论上可以区分法院的纠纷解决功能和社会

① “必要时”一般指的是涉及赔偿金额较大或者患方兴师动众的情形。

控制功能，但实际上二者总是难以避免地交缠在一起。

对调解的要求，不止于地方政权，还源于上级法院或者本级法院有自己的利益需要。① 这说明很多时候，真正被关注的不是纠纷解决过程中的法律适用，而是纠纷解决与社会稳定的关系。2009 年 3 月，《人民法院第三个五年改革纲要（2009—2013）》提出了“完善多元纠纷解决方式之间的协调机制，健全诉讼与非诉讼相衔接的矛盾纠纷调处机制”的改革要求。2009 年 7 月，最高人民法院发布《关于建立健全诉讼与非诉讼相衔接的矛盾纠纷解决机制的若干意见》，强调诉讼内外纠纷解决机制的对接转换，还提出了人民调解协议司法确认制度。但当时民事诉讼法尚未修改，“司法确认”制度尚未正式立法。2010 年 6 月，最高人民法院发布《关于进一步贯彻“调解优先、调判结合”工作原则的若干意见》，引导当事人进行诉前调解，加强与其他调解组织的协调与配合。2012 年民事诉讼法修正之时“先行调解”被写入法律，司法政策完成了法律化的转身。2014 年党的十八届四中全会正式将多元化纠纷解决机制改革确定为我国司法改革的一项任务，我国多元化纠纷解决机制的战略布局逐步明晰。2016 年最高人民法院发布《关于人民法院进一步深化多元化纠纷解决机制改革的意见》，提出改革目标是发挥司法在多元化纠纷解决机制建设中的引领、推动和保障作用，强调要建设各类调解机制诉调对接平台，打通各种纠纷解决渠道与司法衔接的瓶颈。②

从上述近十年顶层设计的意图看，以人民法院为核心的纠纷解决主体一直在重视调解、发掘调解和重塑调解，使调解重回主流视野。按照目前的趋势，调解与诉讼紧密融合在一起，已经成为中国民事审判制度的一部分。十多年前有研究提到，调解在司法中呈现事实上的衰落，判决在司法中地位上升③，这一情形开始面临再次转型。医患纠纷属于专业性强、处理难度大、社会关注度高、影响面广的纠纷，其特点决定了如果处理不当或

① 例如，2012 年最高人民法院曾经发布全国法院十大调解案例，阅读之后会感觉到，强调用调解的方式解决当事人诉诸法院的纠纷的强大动力来自人民法院自身。

② 《关于人民法院进一步深化多元化纠纷解决机制改革的意见》（法发〔2016〕14 号）．[2018-08-30]．http：//www.court.gov.cn/zixun-xiangqing-22742.html.

③ “调解在司法中的衰微以及受到法学界的诟病就是一个标志”。司法解释，公共政策和最高法院．法学，2003（8）．

任由发展，会导致很严重的后果。例如，针对医务人员的指控，不论最后是否被证明属实，都可能对医务人员的心理和生理健康产生不利的影响，也不利于医疗质量的提高。美国的相关实证研究有数据证明，曾被指控犯有严重过失的外科医生在纠纷发生之后的 3 个月内自杀的意愿要升高 3 倍。① 为避免出现上述严重后果，法院也在积极关注医患纠纷解决机制的调整和变革。在《关于人民法院进一步深化多元化纠纷解决机制改革的意见》中，医患纠纷被定位为适宜采用调解前置的纠纷类型。事实上，各级人民法院为解决医患纠纷，在调解与诉讼衔接方面已经进行了大量的探索和实践。

(一) 实践样本

从实践来看，医患纠纷司法调解制度的发展重点其实不在司法调解本身，而在于法院基于多元化纠纷解决机制理念在“诉调对接”制度方面的探索。这一制度是人民法院主动为医患纠纷原告架起的与被告调解沟通的桥梁。调解工作则主要由设立在法院的“诉调对接中心”完成，然后由法院出具法院调解书。比较成功的实践范例有上海市徐汇区人民法院、深圳市宝安区人民法院、北京市西城区人民法院的做法。此外，台湾地区台中地方法院的做法也很有特色。

1. 上海市徐汇区人民法院的实践

上海市徐汇区共有 9 家三甲医院和 200 多家其他等级的医疗机构，医疗资源极为丰富，这也是该区医患纠纷数量很多的主要原因。2006 年徐汇区人民法院率先在本区启动医患纠纷诉前调解机制。② 该调解机制施行后，从 2006 年 10 月至 2007 年年底，徐汇区人民法院调解工作室共受理医患纠纷 62 起，其中诉前送医疗鉴定机构鉴定的有 45 件，因鉴定而诉前调解成功的案件有 7 件；经诉前调解后进入审判程序的案件，最快的一天审结，部分案件一周内审结。③ 2009 年，该院成立了诉调对接中心，为医患纠纷案件诉前

---

① Haavi Morreim，Malpractice，Mediation and Moral Hazard：The Virtues of Dodging the Data Bank，*Ohio State Journal on Dispute Resolution*. Vol. 27：1，2012，pp. 115 - 116.

② 徐汇率先启动医疗纠纷诉前调解机制．［2018 - 08 - 30］. http：//shwomen. eastday. com/renda/node5902/node6520/node6523/u1a1457023. html.

③ 上海徐汇法院 ：医患纠纷诉前调解最快一天审结．［2018 - 08 - 30］. http：//news. sohu. com/20080131/n254987237. shtml.

调解机制提供专业保障。2018 年 5 月上海市徐汇区人民法院发布《2017 年度医疗纠纷案件审判白皮书》，从中可以看出，医疗纠纷案件中医患之间矛盾较为突出，调撤率相对比较低，与其他类型案件相比判决率始终处于高位。但对比近几年的数据也可发现，2017 年撤诉案件的数量和比例在上升，达到了历史新高。另外，以调解撤诉结案的 38 件案件中，有 21 件是在诉前调解阶段即处理完毕，占了所有调撤案件的 55%。①

依其诉前调解机制徐汇区人民法院对诉至本院的医患纠纷先不立案，而是向医患双方发出诉前调解告知书、征询意见表，告知双方当事人诉前调解的权利义务及相应的法律效果，就是否进行诉前调解征求双方意见，双方均同意后再委托医患纠纷人民调解委员会进行调解。如果双方当事人均同意调解，则由调解机构委托有关部门先行鉴定，鉴定所需费用由医方垫付。鉴定结果出来之后，由当事人根据鉴定意见自行决定是继续诉讼还是寻求具体的调解方案。②

对于需要进行医疗鉴定分清责任的案件，将鉴定提前至诉前调解阶段的做法收益明显。就患方而言，在获知鉴定结果对己方不利后，往往会主动放弃诉讼；对医方而言，如果鉴定认定医方应该承担责任，一般会主动与患方和解（调解），以减少诉讼开支。可以说，尽早作出鉴定结果会帮助医患双方增加对诉讼风险的认识。

但是，医疗鉴定的提前使谁来预先承担鉴定费用成为一个难题。经过多方协调，徐汇区人民法院的诉前调解机制规定由医疗机构先行预付鉴定费用。如果调解结案，由双方协商承担；如果进入诉讼，则由法院判决承担主体。如果医院需要承担责任，则由医院支付鉴定费用；如果医疗行为没有问题，则由患方将鉴定费用返还医院。医疗鉴定费用由医院先行垫付的做法，使患方在选择诉前调解时消除了费用上的顾虑，从而解决了阻碍鉴定的难题，为推动诉前调解的良好运转提供了动力。

2. 深圳市宝安区人民法院的实践

深圳市宝安区人民法院是深圳市较早探索审前调解机制的法院。2009

① 切实化解医疗纠纷 徐汇法院开出“良药”. [2018 - 08 - 30] . http: //www. xuhui. gov. cn/H/news/tabloid/2018 - 05 - 17/Detail _ 147129. htm.

② 梁海明 . 调解实务与技巧 . 北京：法律出版社，2014：290.

年5月14日宝安区司法局、人民法院、卫生局联合下发《关于医患纠纷联调工作的实施意见（试行）》，对医患纠纷着重实施调解。[①] 宝安区人民法院推行审前调解机制后，平均每宗案件的结案周期只有6.1个工作日。[②] 该院的医患纠纷审前调解机制具有如下特点。

第一，三方联合调处。患方获得法律援助的，由司法局法律援助处单独或者联合卫生局进行调解，调解成功的，引导当事人持调解协议到人民法院制作调解书；调解不成功的，由法律援助处引导当事人提起诉讼，法律援助律师担任患方的诉讼代理人。诉讼中，在人民法院的主持下再进行调解，调解成功的，出具调解书；调解不成功的，案件转入审理程序。

第二，优先立案。立案大厅设置医患纠纷调解专号，实行医患纠纷案件固定立案窗口、优先立案原则。

第三，诉讼费用减免。对于经宝安区法律援助处调解和医患双方协商形成调解协议到法院申请出具调解书的医患纠纷案件，按照50元/件的标准收取诉讼费用；对于由宝安区法律援助处受理后到法院立案的医患纠纷案件，按照简易程序立案，减半收取诉讼费用，如果在审前由法院调解室调解结案的，再减半收取诉讼费用。

第四，成立医患纠纷专家库。宝安区人民法院和司法局选定宝安辖区以外的副主任医师以上职称的司法鉴定和法医学专家组成专家库，每次根据案件的疑难程度和涉及的医学类别，挑选3至5名专家出具专家意见，供办案的法官和法律援助处指派的办案人员参考。

第五，建立医患纠纷联调工作的专项经费。宝安区财政局拨付了医患纠纷联调工作的专项经费，经费设在司法局账户内。经法律援助处受理立案的所有需要做医疗事故或司法鉴定的案件，所需鉴定费用均由区卫生局或区司法局先行垫付，专家库成员的补助费用由司法局先行垫付，再从医患纠纷联调工作的专项经费中列支。

① 深圳市宝安区建立医患纠纷联调机制妥善解决医患纠纷维护社会和谐稳定．［2018-08-30］．http://www.chinalegalaid.gov.cn/China_legalaid/content/2010-08/27/content_2277928.htm?node=25732.

② 深圳各级法院均将设立《审前调解中心》．［2018-08-30］．http://news.163.com/10/1221/18/6OETL4Q200014AED.html.

3. 北京市西城区人民法院的实践

北京市西城区与上海市徐汇区一样，拥有众多的全国知名大医院，医疗机构达到一千多家，医疗资源丰富，同样带来了医疗纠纷数量多、争议问题难、医患矛盾突出的后果。[①] 西城区人民法院所受理的医疗纠纷案件曾经占全北京市总数的五分之三。

自2009年以来，西城区人民法院开始进行医疗纠纷专业化审判，陆续试行“医疗纠纷诉调对接机制、适用简易程序调处制度、立案前鉴定制度”，并加以整合，逐步形成了具有西城特色的医疗纠纷“三位一体”解决机制。[②]

第一，简易调处机制。医患双方在发生纠纷后，都可以主动向对方提出适用“医疗纠纷诉前调解制度”解决赔偿问题，并在双方均同意的情况下，各自领取“医疗纠纷诉前调解制度告知书”，提交至法院。医患双方如果能够自行协商达成赔偿协议，可以向法院提出申请，由法院对赔偿协议进行审查并确认，出具赔偿协议确认书。

如若双方无法自行协商解决，则西城区人民法院按照《民事诉讼法》规定的简易程序，简化诉讼手续，指派专门的法官主持调解工作。调解方式以便民、灵活为原则。对于双方达成调解意向，且符合法律规定的，法院为双方当事人出具民事调解书。为了激励患者选择调解结案，对于采用简易程序调处结案的案件，法院完全减免诉讼费用。

第二，立案前鉴定机制。据统计，医疗纠纷立案前鉴定制度开始试行后的2011年和2012年，西城区人民法院平均每年进行立案前鉴定案件162.5件，未经立案前鉴定直接立案的案件平均每年为36件（其中年未结案平均为22件）。当年立案前鉴定完毕的案件平均为每年78.5件，其中经适用简易程序调解结案的案件平均为每年15件，进入诉讼程序的案件平均为每年63.5件。当年审结的平均为57.5件，未结案平均为6件，平均审理周期为52.75天。与2010年相比，医疗纠纷相关案件收案量下降56.46%，

---

① 例如，2006年西城区人民法院受理医疗纠纷案件87件，2007年这一数字就增长到198件。北京西城区法院：医患纠纷诉讼前可免费调解．[2018-08-30]．http：//www.china.com.cn/news/txt/2008-04/21/content_14986030.htm.

② 北京西城法院“三位一体”化解医疗纠纷减轻诉累．[2018-08-30]．http：//legal.people.com.cn/n/2013/0327/c42510-20939713.html.

未结案量下降 54.1%，平均审理周期缩短 38.94%。①

4. 台湾地区台中地方法院的实践

台湾地区“民事诉讼法”第 403 条规定，医疗纠纷案件在起诉前，应经法院调解。② 这就是调解前置，不过调解机构为法院。但是大部分法院都没有这样做，因为没有专家可以跨入来代替当事人发觉真相。③

2012 年 5 月，台中地方法院开始试行医疗调解、咨询、鉴定制度，具体来说，采用双调解委员会制度，即由一位医疗调解委员及一位法律调解委员共同调解。成立调解委员会时，参照德国医师公会医调会的做法，法律调解委员会由法院退休庭长、法官及现职庭长、法官、司法事务官（共 10 位）共同组成，借重法官的审判经验，建立公正形象。医疗调解委员会则按照发生医疗纠纷数量的科别比例，由辖区内台中市六大医师公会推荐的具有医疗专业及调解专长的医生组成。调解流程分为三个阶段：首先是当事人提交资料；其次是双方表达意见，由法官助理整理医疗事实及法律争点，通知双方对争点表示意见，再由医疗调解委员会表达意见，法律调解委员会参照医疗调解委员会的意见，确立争点；最后是具体调解，医疗调解委员会提供医疗意见（类似鉴定意见），法律调解委员会提供法律意见，并参考当事人陈述，做成调解方案。若调解成功，调解协议自动获得法律效力；若调解不成功，则发给当事人证明书，以便进入诉讼程序。④

台中地方法院是该项调解前置制度的积极倡导者。自 2012 年 10 月至 2013 年 9 月，该院医疗案件调解共 54 件，已终结的 43 件案件中，扣除检察院及刑庭转介调解案件 13 件后，医疗侵权案件已结案 30 件，超过试行前三年民事庭收案量总件数（共有 29 件），终结案件的调解成功率达 51.2%。⑤

---

① 赵长新，丁洪震．立足审判职能，破解医患难题．中国审判，2014（4）．

② 台湾地区“民事诉讼法”第 403 条第 7 项。

③ 陈学德．台中地院医疗调解、咨询、鉴定制度经验分享：医疗纠纷处理新思维（二）．台北：元照出版社，2014：9.

④ 陈聪富．医疗纠纷处理新思维（一）——以台中地院医疗试办制度为中心．台北：元照出版公司，2014：15-18.

⑤ 陈聪富．医疗纠纷处理新思维（一）——以台中地院医疗试办制度为中心．台北：元照出版公司，2014：18.

（二）诉调对接

相比院内调解和人民调解在解决医患纠纷方面发挥的巨大作用，司法调解在整个“三调解一保险”的制度体系中的功能主要体现在“诉调对接”方面：法院适时介入医患纠纷解决，为那些有需要的当事人提供服务，防止诉调无法有效对接，给当事人徒增讼累，影响人民法院推行多元化纠纷解决机制的总体目标。

1. 受案范围的“诉调对接”

医患纠纷有多种分类方法，其中较多见的是将之分为医疗技术损害纠纷、医疗产品损害纠纷、医疗管理损害纠纷和医疗伦理损害纠纷四大类。①此外，还有的将之分成基于医疗合同的医患纠纷（主动医疗）、基于法律强制的医患纠纷（被动医疗）、基于无因管理的医患纠纷。② 但不是所有类型的医患纠纷案件都适宜调解前置。医疗技术损害是四类医疗损害中法律问题和医疗科学问题交织在一起最为复杂的一种损害类型，特别体现在医疗过错和因果关系的认定上。由于疾病与损害后果之间的因果关系极其复杂，医疗技术损害纠纷发生之后，医患双方间责任的分配难以确定。对这类纠纷适宜及时通过调解的方法化解矛盾，防止后果扩大，导致无法挽回的结局。要注意的是，如果发现医疗技术损害纠纷涉及刑事犯罪、非法行医等行为，超出一般民事纠纷调解的范围，则不适宜进行调解。调解员应该启动报告程序，把非法行为报告给卫生行政部门；涉及犯罪的，则向公安机关报案。

第二类适宜调解的是医疗产品损害纠纷。这类纠纷虽然实质上与诊疗行为无关，但由于发生在医疗机构的，现行法律也支持患方向医方申请损害赔偿，所以也列入医患纠纷之列。对于这类纠纷，我国《侵权责任法》第59条明确规定适用无过错责任。相对医疗技术损害纠纷，它属于责任比较明确的类型，采用调解方法解决这类纠纷比较适合。在这种类型纠纷中，医方没有直接责任，愿意与生产者或者血液提供者共同参与调解来推动纠纷的解决，以早日恢复正常医患关系。

其他两类，即医疗管理损害纠纷和医疗伦理损害纠纷也与诊疗行为本

---

① 杨立新．医疗管理损害责任及其法律适用．法学家，2012（3）：30.

② 杨太兰，盛皓．医疗纠纷判例点评．北京：人民法院出版社，2003：279－282.

身无关，但涉及医患关系。例如，违反告知义务侵犯患者知情同意权的纠纷。为了改善医患关系，避免出现类似的错误，对这类纠纷最好也劝导当事人通过调解解决。

2. 程序性惩罚制度的“诉调对接”

确立良好的“诉调对接”机制是提高调解成功率的关键，程序性的惩罚制度是其中之一。最高人民法院《关于民事诉讼证据的若干规定》第46条的安排，就是这样一种程序性惩罚制度，目的是让当事人积极举证，避免增加讼累。①

对调解前置的医患纠纷案件，也可以采取类似的惩罚性措施。当事人参与调解后，如果有一方不接受调解协议，执意起诉（一般是患者不接受调解结果）或者迫使对方起诉（一般是医方不同意调解结果，让对方随便诉），则当最终的诉讼结果与调解协议的差距不超过10%或者超过20%的，就由一方当事人承担另一方当事人因为应诉而增加的费用，并进行罚款。这样，诉前调解的工作就有了程序上的意义。

3. 证据采用的“诉调对接”

证据使用是一个程序性和专业性较强的问题，对于调解时当事人的相关陈述或认可的事实不能作为诉讼时的证据，我国民事诉讼法司法解释已经有明确规定，这一点不存在法律障碍。② 某些医患纠纷人民调解委员会在调解时会动用专家咨询，调解员会采纳专家咨询所给出的结论。③ 但是，在“诉调对接”方面，关于专家咨询意见是否可以用于诉讼中，没有明确的法律依据。而且从证据种类看，专家咨询意见的法律属性暂定为当事人陈

---

① 最高人民法院《关于民事诉讼证据的若干规定》第46条规定：“由于当事人的原因未能在指定期限内举证，致使案件在二审或者再审期间因提出新的证据被人民法院发回重审或者改判的，原审裁判不属于错误裁判案件。一方当事人请求提出新的证据的另一方当事人负担由此增加的差旅、误工、证人出庭作证、诉讼等合理费用以及由此扩大的直接损失，人民法院应予支持。”

② 最高人民法院《关于适用〈中华人民共和国民事诉讼法〉的解释》第107条规定：“在诉讼中，当事人为达成调解协议或者和解协议作出妥协而认可的事实，不得在后续的诉讼中作为对其不利的根据，但法律另有规定或者当事人均同意的除外。”

③ 例如上海市医调办2011年发布《上海市医患纠纷人民调解专家咨询工作的暂行规定》，提出建立专家咨询制度，规定对索赔金额超过10万元或者重大、复杂、疑难的医疗事件，医调委应当征询专家意见。

述。[①] 在诉讼过程中，如果鉴定意见与专家咨询意见有相左之处，法官应该如何取舍，很可能会是一个难题。但最重要的还是，不能让当事人各执一词、坚持要求采用对己有利的意见。此时的判断标准应当是，不允许当事人在诉讼过程中要求采用被自己在调解中否定的专家咨询意见，即对“骑墙”这种有违诚信的做法在法律上予以否定。

4. 调解机构的“诉调对接”

医患纠纷本身专业性强，于是医患纠纷人民调解委员会一般均会聘请专门从事医疗工作的医务人员或有医学专业背景的人员，这使其医学专业水平远高于普通调解机构人员的水平，因而在专业方面满足了医患纠纷调解的需要。但为了与诉讼对接，建议吸收熟悉相关法律的退休法官担任医患纠纷调解机构的调解员，进行小组调解，由法律人和医师共同判断，2017 年 8 月成立的长沙医调委就采取了这样的模式。经过这样的调解前置，可以切实提高调解解决医患纠纷的比例，不使参与调解成为当事人的负担，也不使调解成为“鸡肋”[②]。这样也可以尽量减少当事人提起诉讼的诱因。而各级法院则不应该再承担任何前置性的调解工作，以保持在审判中的独立。

5. 医疗鉴定的“诉调对接”

上海市徐汇区人民法院的经验告诉人们，将医疗鉴定提前到诉前调解阶段有助于提高调解的成功率。这也从侧面说明“有真相有调解”的原则。[③] 但是，在笔者收集整理的湖南省长沙市芙蓉区人民法院 2009 年至 2017 年共 8 年的以“医疗损害”为诉由的 87 个案例中，以调解结案的共计 15 个，没有一个提交了医疗鉴定。相反，通过判决结案（均为部分支持原告诉讼请求的）的 32 个案例，均有鉴定意见。这说明该原则并不是绝对的。

---

① 因为从证据形式来看，专家咨询意见不满足鉴定意见的形式要求。如果将其作为专家辅助人提交的书面意见，就只能作为当事人陈述看待。参看最高人民法院《关于适用〈中华人民共和国民事诉讼法〉的解释》第 122 条第 2 款：“具有专门知识的人在法庭上就专业问题提出的意见，视为当事人陈述。”

② 德国的医患纠纷解决设有医鉴会和医调会两种制度，实证结果是，医鉴会和医调会判断以后会向法院起诉的只占 10%。陈学德主编．台中地院医疗调解、咨询、鉴定制度经验分享：医疗纠纷处理新思维（二）．台北：元照出版社，2014：21.

③ 台中地方法院的调解经验也认同此原则。陈聪富主编．医疗纠纷处理新思维（一）——以台中地院医疗试办制度为中心．台北：元照出版公司，2014：20.

是否在调解过程中进行医疗鉴定，由具体调解情形决定。如果当事人很快达成一致，则无须经过鉴定。如果当事人不同意调解方案，可以考虑先由反对调解方案的当事人承担鉴定费用，进行诉前鉴定。鉴定意见出来之后，再由双方当事人根据具体情况分担鉴定费用。而且，允许该鉴定意见在诉讼中使用。

在纠纷解决领域，中国有句谚语“解铃还须系铃人”，这从本质上说明纠纷的最终解决还是取决于当事人自己。院内调解发轫于医方的内部组织，具有便于预防、处理迅捷等优势，对于尽早解决纠纷有着最大的诚意，且在“三调解一保险”的体系中处于纠纷解决的最前沿。与此同时，人民调解和司法调解也有各自的领域，相对院内调解，它们在提升调解协议的法律权威方面有着更吸引当事人的优势。为使“三调解”制度的分工合作得到落实，明确院内调解的法律地位成为提高医院管理水平、完善医患纠纷解决机制必须要面对的一个重大现实问题。

第二章　医患纠纷调解的战略与战术

一、医患纠纷调解的战略

医患纠纷具有明显不同于普通民事纠纷的特点，解决不好会对医患关系产生十分不良的影响。而调解的目标既是为了解决纠纷，也是为了预防和减少纠纷，和谐医患关系。因此，在调解过程中，对于医患纠纷调解的战略安排应该具有调解的大局观，包括注重伦理要求、强调事先预防、三种调解分工与合作、注重衡平公正、甄选优秀的调解员五个方面。

（一）注重伦理要求

1. 当下医患纠纷中的伦理冲突

《世界医学会日内瓦宣言》开宗明义地提道：当我成为医学界的一员，我郑重地保证自己要奉献一切为人类服务。美国医学会章程也明确指出：医学界的宗旨是尊重人的尊严，提供人道主义服务。医生应对病人一视同仁，全心全意为病人服务。这些宗旨均明确反映了医学的人文精神。在这样的前提下，即使医患关系的定位有很多种，如合同关系、消费关系、权利义务关系等，但道德关系无疑是其中最重要的一种。道德上的自我约束，已经是医学的一个部分，越是前沿的医学，越强调对其的道德规制。例如，克隆医学、人工辅助生殖医学，一直强调对这些学科的伦理认知。

医患纠纷是医患关系的变形和错位所导致的。当下中国医患纠纷给医患关系带来的问题，是前所未有的危机，导致人们想尽办法寻求医患纠纷的解决之道。而医患纠纷调解是当下医患纠纷解决渠道中最受重视的，在中国目前的医患关系状态下，医患纠纷调解过程中不但应该注重权利义务保护，也应该注重伦理沟通，以使医患双方的矛盾得到圆满解决。

在法治观念已经深入人心的时代，为什么要强调伦理的作用？这是因为如果没有对他人道德上的尊重，权利的法律保障就会成为一纸空文。德行是法治的内在灵魂，是维护、加强和实施法律的重要基础和精神力量。

我国目前医患纠纷的形成与社会转型密不可分，与医药卫生体制改革更是息息相关，医患关系的恶化是医患纠纷增加的首要原因，甚至可能导致严重的暴力后果，影响医疗秩序，进而破坏医方对病人救治的信心和积极性，妨碍医患双方的正常交流，甚至延误救治时机。从医疗领域发散开去，医患纠纷导致的暴力事件进一步加深了整个社会的信任危机，破坏了社会和谐。①

近年来，医患纠纷从整体上呈现出结构性矛盾的特点：第一，按照主客观的分类标准，它属于客观性纠纷；第二，按照权利利益的分类标准，它属于利益纠纷；第三，医患纠纷引发的医患暴力现象深受转型时期纠纷解决中“大闹大解决”这一经验逻辑的影响，是特定社会结构下的产物。以上这些特点内嵌并凸显于医患纠纷的形成过程之中，并加剧了医患关系的恶化。②

社会转型不但带来了经济体制变革和利益格局的调整，也带来了思想观念和社会思潮的深刻变化，医德义务论与医德权利论的交错，医学人道主义与功利主义的背反等，使得传统医德思想面临前所未有的挑战。原有伦理道德规范不能有效调节人们的言行，其约束力在减弱，新的道德规范尚未形成，也没有正式发生效用。这种传统与现代伦理文化的交织与碰撞，造成了现实生活交往理性与公共理性的不足，造成了当代中国医患之间的伦理冲突。

第一，义务不“义”，“利”字优先。

医学伦理强调“义务”，《希波克拉底誓言》就是义务论的经典。全面的改革开放给医药卫生服务体制带来了很大的变化，表现为医疗卫生机构

① 徐昕，卢荣荣．暴力与不信任——转型中国的医疗暴力研究：2000—2006．法制与社会发展，2008（1）．

② 对此观点的详细论证请参看邵华．医患纠纷调解：通过衡平实现正义．中南大学学报（社会科学版），2016（1）．

的所有制结构从单一公有制转变为多种所有制并存，医疗卫生机构的服务目标从追求公益目标为主转变为全面追求经济目标，不仅非公有制的医疗机构如此，公立医疗服务机构乃至公共卫生服务机构也是如此。从1989年开始，政府对医疗机构实现定额投入，医疗机构超支不补，结余留用，政府不再对医疗机构的盈亏负责，同时允许医院通过各种形式的服务获取更多的收入，且收入可以与职工收入和福利挂钩。2000年，卫生部等四部委联合下发《关于城镇医疗机构分类管理的实施意见》①，进一步为相当一部分医疗服务机构追求盈利目标提供了政策依据，各级医疗机构均不得不坚持以经济目标为中心。

这种以放权让利为主要特征的医药卫生体制改革明显提高了医疗服务机构及有关人员的积极性，内部运转效率有了普遍提高。但是，存在的问题和后果也很严重。②

（1）医疗服务价格和医疗卫生费用迅速攀升。自20世纪90年代以来，我国的医疗服务价格增长及卫生总费用增长极为迅速，大大超过GDP和居民收入增长幅度。有学者根据各种官方数据和资料测算，从1989年至2001年，按当年价格计算，城镇居民人均收入增加了544%，农村居民人均收入增长了393%，而在同一时期，平均每一诊疗人次医疗费和日均住院费用则分别增长了965%和998%。③导致医疗服务价格上涨的因素很多，例如人口结构变动、疾病模式转变、技术水平提高等，但其中有一个重要因素是医院和医生的牟利动机。具体手段则五花八门，有滥开处方，有搭车销售，有提供各种不必要的检查和治疗，甚至虚列各种治疗和服务项目，多收费、滥收费。

（2）服务重点和技术路线选择逐步偏离基本社会需求。对于中国这样的发展中国家，只有选择成本低、健康效益好的医疗卫生干预重点以及适宜的技术路线，才能以尽可能低的投入实现尽可能好的健康结果的目标。在商业化、市场化的服务体制下，医疗卫生服务机构及医务人员出于对盈

---

① 关于城镇医疗机构分类管理的实施意见（全文）．[2018－06－01]．http：//www.china.com.cn/chinese/zhuanti/yg/933909.htm.

② 葛延风，贡森等．中国医改：问题、根源、出路．北京：中国发展出版社，2007：156.

③ 王绍光．中国公共卫生的危机与转机．比较，2003（7）．

利目标和自身经济效益的追求，其行为必然与上述目标产生矛盾。在医疗卫生干预的重点选择上，只要将经济效益放在首位，就必然出现轻预防、重治疗，轻常见病多发病、重大病，轻适宜技术、重高新技术的倾向。更为严重的是，一些医疗卫生服务机构基于牟利动机提供大量的过度服务，甚至不惜损害患者的健康。[①]

上述变化是医患之间关系恶化的源头。从医生方面看，当医生把前来问诊的患者看成提款机时，病人的病在医生眼里就变成了牟利的工具。医患关系难以再讲究医患双方共同努力恢复健康，医生的医德高尚与否也不再受到重视。被重视的是医生能够让病人多做几次大型检查，能激励病人多购买几种昂贵药物。在这种情况下，无论伦理还是技术都不再看到病人，而只看到病症，医德荡然无存。从患者方面看，病人担心医生是出于多收费的目的才要求自己检查和吃药，在配合治疗方面当然更容易产生抵触情绪，对医生也失去应有的尊重。同时，也有部分患者受社会风气影响，只注重自身利益，只希望医生救死扶伤、妙手回春，不能接受不可回避的医疗风险和不可逆转的治疗结果，一旦治疗结果不理想，就把责任全部推到医院和医生身上，这都是“利”字优先的表现。

第二，不同医德标准之间的冲突。

道德冲突是指个体在道德行为中所遇到的一种特殊情境，其特点是个体面临许多矛盾而必须进行决策。他为了履行某一道德义务而行动就会导致对另一个或一些同样应履行的道德义务的背离和摒弃，他必须作出有利于履行其中某一道德义务的选择，以解决矛盾，实现自己的道德目的。道德冲突在伦理学中又称为两难处境或两难选择。[②] 这样的道德冲突发生在当下中国医患纠纷实践中，体现为不同伦理原则之间的冲突，给医患关系带来了很大的冲击，引起了医患矛盾，并动摇了人们对道德和法治的信心，产生了影响道德和法治建设的双重负面作用。具体来看，医德标准冲突体现在以下几个方面。

（1）医方面临不同医德标准的选择。例如，出于不伤害的初衷对患者说谎、隐瞒病情，却侵犯了患者的知情权；一直信守救死扶伤的道义原则，

---

① 葛延风，贡森等．中国医改：问题、根源、出路．北京：中国发展出版社，2007：7.

② 唐凯麟．伦理学．北京：高等教育出版社，2001：264.

却被要求对患者实施安乐死；有些医生信仰基督教，却不得不给患者进行人工流产手术；等等。面对上述“两难”，到底该选择什么，怎么选择，以及选择之后的后果承担，对医方来说，都没有确切的答案。一旦发生纠纷，仅考虑医方责任，当然难以服人。

（2）遵从道德与不违法的选择。例如，医生在知晓患者罹患艾滋病之后，面临是否告知其配偶的选择，不告知可能影响配偶的健康，告知则可能侵犯患者的隐私权。当年在社会上掀起轩然大波的“肖志军拒签事件”① 对医务人员来说，为求自保，选择不违法，但激起了大众的强烈不满，这都反映了公众对于法律与道德的混同和不理解，也都是导致医患矛盾的重要原因。

总的来说，由于医患双方在专业知识等方面的信息不对称，一般会认为医方属于强势方，对医方在道德上提出更高的要求是合理公正的。但是，在现实生活中，具体到每位医生和每位患者，他们之间的道德关系又有不同的定位，患者谋求舆论支持、社会支持之后，会成为强势方，不讲道德，医院为了维持诊疗秩序避免更大的损失而不得不接受患者的无理要求，双方力量发生了转变。长期以来，正是这种一味强化医方义务而弱化医方权利，一味泛化患者权利而忽略患者义务的做法，损害了医患纠纷解决中公平正义的伦理观念，背离了生命伦理的精神实质。

2. 医患纠纷调解应注重的伦理要求

在医患纠纷的解决渠道中，调解是目前最重要的一种。调解这种纠纷解决机制以合意为基础，涉及的是医患双方关系的处理，但这种处理不可能仅由医患双方来完成，而必须有调解员的介入，帮助双方尽快地相互理解达成协议。鉴于目前医患关系的不正常状态，调解过程中不但需要注意对法律上权利义务的处分，而且需要重视对伦理冲突的处理，以发挥调解的衡平功能。

医患双方对于纠纷解决的期待均以获得自己认为的公正为目标，公正处理纠纷成为和谐医患关系的前提。而公正作为一种观念上的可普遍化的道德法则要成为具有现实化的伦理，必须把普遍化的法则转换成纠纷处理

① 此事的详细论证可以参看苏力．医疗的知情同意与个人自由和责任．中国法学，2008（2）．

过程中的尊重与让予原则，在行动主体上将双方及调解员的道德义务和相关组织的道德责任具体化。调解员是主导调解过程的核心人物，尽管是否达成调解协议由医患双方自主决定，但调解员在纠纷解决过程中的技巧和对伦理的尊重，对于结果有重要影响，他们的行为将尽可能消除医患双方由于信息不对称而产生的话语霸权，尊重患者平等的话语权利，使得这项纠纷解决机制获得公正的保障。总的来说，根据当下中国医患纠纷解决的现状，医患纠纷调解过程中应注重的伦理要求包括以下内容。

第一，主动。

为预防纠纷或者防止矛盾恶化，发展成“医闹”事件甚至刑事案件，调解员可以主动介入，以帮助实现医患双方的平等对话。《医疗纠纷预防和处理条例》第 31 条第 3 款规定：“医疗纠纷人民调解委员会获悉医疗机构内发生重大医疗纠纷，可以主动开展工作，引导医患双方申请调解”。《上海市医患纠纷预防与调解办法》第 22 条规定：“卫生计生部门接到重大医患纠纷报告后，应当督促医疗机构采取必要的救治和处理措施；必要时，应当派员进行现场指导和协调，引导医患双方当事人通过人民调解等法律途径解决纠纷”；第 24 条第 2 款：“获悉医疗机构内正在发生重大医患纠纷的，医调委应当指派人民调解员开展现场疏导工作，并可以接受医患双方当事人的调解申请。”这种主动调解的制度安排，体现了运用调解进行综合治理的能动性，同时表明了社会对调解发挥维护良好诊疗秩序功能的期待。

医患纠纷发生之后，双方需要及时沟通、对话，调解员的及早介入能够建立起一种主体间的商谈、沟通和协调机制。从目前的情况看，如果没有调解机制，在双方嫌隙已经产生之际，期待医患双方主动沟通，明显存在一些障碍。此时，任何一方的沟通行为都难以获得对方信任。调解员主动介入沟通，融入商谈伦理，通过言说，准确表达对疾病及患方心情的理解，促使医患双方尽早达成共识。

第二，中立。

中立是现代程序的基础，也是调解公正的保障。在中立性的判断方面最基本的因素是，双方在程序中应有同等的发言机会。中立原则需要通过一系列的制度来保证，例如决定者的资格认定、人身保障以及回避制度、分权制衡、公开听证等。[①] 在调解时，调解员应该中立于医患双方以协助平等对话，不预设立场地在双方就调解程序的启动、调解程序的进程和调解方案的达成上起到中介桥梁的作用。没有中立，就没有公正，中立是保障调解结果公正的前提。前面提到调解员介入纠纷处理的原因是双方分歧严重，无法完成沟通，需要他人帮助对话交流。但是，调解员在主动介入之后如果不能尽量与双方保持同等距离，就难以充分尊重双方合意。

调解的中立可以分为消极中立和积极中立。[②] 消极中立体现在调解主体发挥的中介功能上——“调解主体在当事者之间搭桥以方便他们对话”[③] ——这是调解员最重要的功能。消极中立意味着调解员在调解中仅促进双方平等沟通，但不介入如何拟定调解方案等实体内容，调解方案是医患双方充分协商的结果。

符合伦理要求的医患纠纷调解要求调解员在体现中立时，应该尽量做到：

（1）当双方沟通有障碍时，调解员积极提供沟通平台，理清争议焦点，协助传递信息。

（2）当双方的沟通偏离理性时，调解员对信息进行加工，去除不利于达成调解方案的情绪化表达方式。

（3）调解员利用自身的权威促使双方履行认真对待的义务，以促进合意意愿较弱的一方认真回馈信息，促进合意进程，以达成最终调解方案。《上海市医患纠纷预防与调解办法》第 33 条（公平调解）第 2 款规定：“人民调解员应该在充分了解纠纷事实经过和调查核实的基础上，适时向医患双方当事人提出解决纠纷的建议”。这说明目前医患纠纷调解的相关规范明确了调解员中立的义务，要求调解员的行为符合调解的伦理要求。

第三，自愿。

自愿，说明医患双方达成协议是基于合意，不存在强制。自愿包括两方面：其一是医患双方对解决纠纷的自愿，其二是医患双方对调解员选择及介入解纷过程的自愿。这两方面自愿的实现都离不开调解员的帮助。

---

① 季卫东．法律程序的意义．增订版．北京：中国法制出版社，2012：38.

② 也有学者称之为绝对中立（消极中立）和相对中立。史长青．调解员行为模式：在消极中立与积极干预之间．烟台大学学报（哲学社会科学版），2011（2）.

③ 棚濑孝雄．纠纷的解决与审判制度．王亚新译．北京：中国政法大学出版社，2004：84.

医患双方对解决纠纷的自愿体现为自由地相互交流、协商并讨价还价，从而找到解决办法，这是一种交涉。交涉过程分为三个步骤：首先，一方发出信息。当纠纷发生时，交涉一方的主体会主动向对方发出信息，以传递不满的情绪，表达利益主张并期待对方的回复。这是交涉与回避、忍让最大的不同点，因为后者在处理纠纷时采取的是消极忍耐的方式，将不满的情绪隐藏于内心，对方无从知晓这种不满情绪与利益主张。其次，另一方接收信息。当纠纷一方发出信息后，另一方需要接收信息，在这个过程中有若干考虑因素，包括当事方的空间距离、沟通方式、知识结构、传播中介的影响、接收意愿、信息理解与内化，接收信息只是另一方当事人展开交涉过程的前提。最后，双方反馈信息。反馈信息是交涉过程中的一个重要步骤，信息经历发出、接收再反馈才能完成一个完整的交涉过程，它反映了医患双方对待解纷是否持认真的态度。纠纷双方对立的情绪、激烈的争执、社会地位的差异以及对于信息的不同理解，都会影响当事方及时、完整地反馈信息和理性对待的态度。① 调解员在场时，当事人在接收信息和反馈信息时都可以获得调解员的帮助，以有效实现自愿。

自愿还体现为调解员对医患双方在解决纠纷过程中喜好的尊重，这种喜好是信息传达过程中所表现出的具体内容，包括医患双方所认可的公序良俗或民间规范，所遵从的法律或理性逻辑，所喜欢的情感慰藉方式，等等。双方在交涉过程中所传达、接收与反馈的信息都是各自的喜好，通过信息交流，双方相互理解、妥协与忍让，形成符合双方意愿的合意方案。因而调解过程中的合意不管从形式上还是内容上，都是一种更加纯粹的对当事方意愿的尊重。《上海市医患纠纷预防与调解办法》第 42 条（引导措施）规定：“医患双方当事人不愿调解或者经调解不能达成调解协议的，医调委应当依据有关法律、法规的规定，告知医患双方当事人可以依法通过向卫生计生部门申请处理或者向人民法院提起诉讼等其他法律途径解决纠纷”。由此可以看出对医患纠纷调解自愿的要求。

---

① “在纠纷解决过程中，交涉是不断进行的，从每一次信息的发出和接收到与之相关的信息的反馈过程可以看作一个单独的交涉回合，而纠纷解决过程中整个交涉过程则是由多个这样的交涉回合组成的。”胡平仁，杨夏女．以交涉为核心的纠纷解决过程——基于法律接受的法社会学分析．湘潭大学学报（哲学社会科学版），2010（1）．

（二）强调事先预防

维护医患关系是医患纠纷解决中最应该重视的问题。无论是院内调解、人民调解还是司法调解，它们通过迅速、便捷地为医患双方化解纠纷提供服务而参与了社会治理。调解尤其是院内调解离纠纷发生的源头最近，最可能起到防范、预警和早期主动介入的作用。医患纠纷调解发展的第二项战略是重视调解在预防纠纷方面的功能。

1. 收集医疗质量信息，预防纠纷发生

因为调解的过程会考虑纠纷发生的背景和原因，而纠纷发生的原因是多方面的，既可能是患者对医院某些收费不理解，也可能是患者对医生的治疗方案不明白，抑或医院的操作规程有瑕疵、护理人员态度不合适，不一而足。在调解中，调解员有必要认真收集各方面的信息，促进沟通，找出双方的利益共同点，促使双方达成调解协议。此类信息收集的副产品便是可以帮助医方发现问题，一旦发现引起纠纷的原因是医方的诊疗程序或别的差错造成的，就有可能在处理好某起纠纷之后，督促涉案科室、医生回顾医患纠纷的发生、发展过程，改进其诊疗过程，完善日常管理工作。

日常管理水平的提高，必然会减少医患纠纷发生的数量，为未来节约大量的经费。这些经费既可以用于进一步提高医疗质量，也可以用于改善医院的硬件设施，形成良性循环。因此，如果确实期待通过对已经发生纠纷的认识来促进质量提高、预防同类纠纷的发生，医院就有必要首先认识到底发生了什么问题，相较于诉讼，调解在这方面有十分明显的优势。

2. 收集系统错误信息，预防纠纷发生

任何纠纷发生之后，解纷的过程都是为了使社会秩序恢复到原来的状态，但解决医患纠纷的目标与普通民事侵权的存在一些差别。解决普通民事纠纷的目标是在厘清过错、分清责任之后，对受损害的一方当事人进行赔偿。而医患纠纷的解决，除了上述目标之外，还应该在这个基础上吸取教训，以消除同类隐患，减少类似事件的发生，并考虑提高医院医疗、药品、医务等各方面的质量，进而提高医院管理水平。唯有如此，这些医疗过失才能成为“前车之鉴”。要知道，有很多医疗过失，并不是一个人的过错造成的，而有可能是一个复杂的系统带来的结果。[①] 这样的过错，要想

---

① Haavi Morreim，Malpractice，Mediation and Moral Hazard：The Virtues of Dodging the Data Bank，*Ohio State Journal on Dispute Resolution*. Vol. 27：1，2012，p. 116.

得到纠正，只有医生、护士、医院管理人员以及患者、患者家属坐下来进行沟通和交流，才有可能得到改进和完善。而诉讼由于其对抗性的特点，一般不会认真涉及医患双方的情感沟通，使医患纠纷当事人双方无法冷静理性地交流，从而丧失了通过交流获得积累经验、吸取教训的机会。调解则提供了这样的可能。既然双方同意坐下来调解，都会理性地控制情绪，在调解员的主持下，医方认真回顾过去的事实，从而找出需要改进的地方，这对医院来说，无疑是最宝贵的收获。

3. 收集患者相关信息，预防纠纷发生

患者群体有基数庞大、来源广泛、人员混杂的特点，在接受诊疗的过程中，发生医患冲突和纠纷的概率也大相径庭，有必要根据患者“人身危险性”的高低，收集患者相关信息，以备紧急情况的处理。

例如，对于就诊患者自身没有医保、住院预交金不足、需要使用高昂自费药品、对治疗期望值过高或者有不满情绪的，以及患者存在家庭内部矛盾、熟人介绍入院治疗、长期慢性病患者或者患者死亡的情况，在院内调解阶段都可以重点关注，及时与患者或家属做好沟通、管理工作，必要时通告全科做好防范，努力取得患方信任，将冲突化解在萌芽阶段。

（三）三种调解分工与合作

虽然人民调解是目前医患纠纷解决的核心机制，但仍然需要与院内调解、司法调解进行沟通、协作以形成合力。“三调解”相互协作，在制度上目前可以做到两个方面：通过人民调解帮助院内调解提升协议的效力；“三调解”共享调解员资源。

1. 通过人民调解为院内调解增权

根据现有法律规定，院内调解协议向法院申请司法确认可能存在身份上的缺陷。[①] 人民调解可以帮助院内调解提升协议效力，方式之一是邀请人民调解员参与调解。院内调解时，如果当事人对院内调解持将信将疑的态

① 2009 年最高人民法院颁布的《关于建立健全诉讼与非诉讼相衔接的矛盾纠纷解决机制的若干意见》第 20 条，即“经行政机关、人民调解组织、商事调解组织、行业调解组织或者其他具有调解职能的组织调解达成的具有民事合同性质的协议，经调解组织和调解员签字盖章后，当事人可以申请有管辖权的人民法院确认其效力”。明确各种调解协议均可以申请司法确认。但是，2012 年修正后的《民事诉讼法》第 194 条规定当事人申请司法确认要依据人民调解法等法律，据此调解协议是否应该包括非人民调解协议，一直存在争论。

度，医务部可以告知患方向人民调解组织申请人民调解，也可以邀请人民调解员来医院调解，实行双调解员制度。这样，院内调解通过主动邀请人民调解员介入纠纷处理过程，争取患方信任，节约了中间的过程和时间。一旦达成协议，可以由人民调解组织盖章，进而确保履行调解协议，提升其法律权威。

对于赔偿数额较大的纠纷，院内调解还可以通过人民调解增加合法性。《条例》第 30 条第 3 款规定，“协商确定赔付金额应当以事实为依据，防止畸高或者畸低。对分歧较大或者索赔数额较高的医疗纠纷，鼓励医患双方通过人民调解的途径解决”。北京市六家单位联合下发的《关于加强医疗纠纷人民调解工作的意见》规定，“发生医疗纠纷，医患双方应当通过法定程序妥善处理医疗纠纷。公立医疗机构发生的医疗纠纷，患方索赔金额 1 万元以下的，可以通过医患双方协商解决；索赔金额 1 万元以上的，应当通过人民调解或诉讼方式予以解决”，而上海类似规定的限额是 3 万元。这种限制医院自由裁量权的立法目标是为保护医方，防止患方通过某些暴力威逼手段要挟医方索要大额赔偿。《条例》建议通过人民调解的途径，增加第三方的介入，可以有效避免这些弊端。但如果医方自认确有过错，通过院内调解与患方达成了协议，邀请人民调解员介入出具人民调解协议书，可能是一种省时省力的做法，降低了医患双方的纠纷解决成本，在形式上也符合法律的规定。这与《仲裁法》第 51 条第 2 款的规定有异曲同工之妙。[①]

2. 共享调解员资源

医患纠纷调解因为其专业特点，所以对调解员的专业要求相对较高。不同的调解员，其达成协议可能性的区别很大，当事人的反应也有很大差别。司法部、卫生部、保监会于 2010 年发布了《关于加强医疗纠纷人民调解工作的意见》，这份文件提出设立专职调解员的要求：“原则上每个医疗纠纷人民调解委员会至少配备 3 名以上专职人民调解员；涉及保险工作的，应有相关专业经验和能力的保险人员”。针对医患纠纷调解这种专业性很强的调解工作，上级机关提出了应该配备专职调解员的工作要求，明确提出此类型纠纷调解员的专业定位。事实上，如果业务量很大，专职调解员对

① 《仲裁法》第 51 条第 2 款规定：“调解达成协议的，仲裁庭应该制作调解书或者根据协议的结果制作裁决书。调解书与裁决书具有同等的法律效力”。

于更好地确立医患纠纷调解在医患纠纷解决体系中的地位，具有非常重要的作用。但优秀的调解员总是稀缺的，从目前人力资源的培养看，三调解制度共享调解员资源是一种较好的协作方式。

院内调解的调解员基本上是医院医务部的工作人员，日常的工作就是处理各种医患纠纷，其经验丰富。根据《医疗纠纷预防和处理条例》第 32 条第 2 款，医患纠纷人民调解员的选拔聘任要求是，医疗纠纷人民调解委员会应当根据具体情况，聘任一定数量的具有医学、法学等专业知识且热心调解工作的人员担任专（兼）职医疗纠纷人民调解员。《上海市医患纠纷预防与调解办法》第 6 条第 2 款也有类似规定："医调委的人民调解员应当公道正派，热心人民调解工作，且具有医学、卫生管理或者法律等专业知识"。2015 年 7 月温州市司法局在《温州晚报》上刊登广告，公开招聘医疗纠纷人民调解委员会的专职调解员，招聘广告称"具有政法工作经历或医学、法学专业知识，并从事民事审判、基层调解、法律服务以及医疗纠纷处置工作，优先录用"。事实上，在医患纠纷人民调解委员会的日常工作中，真正能够发挥骨干作用的还是懂医晓法的专职调解员。①

在现行法律框架下，院内调解、人民调解和司法调解共享调解员资源，对于前两者来说，较容易实现，没有法律障碍。而前两者欲与司法调解共享调解员，则存在法律障碍，没有法官身份的调解员不可能在法院担任调解员。但是，目前人民法院实行的多元化纠纷解决机制，给共享调解员资源打开了一条通道。最高人民法院在 2012 年出台《关于扩大诉讼与非诉讼相衔接的矛盾纠纷解决机制改革试点总体方案》，尝试建立法院专职调解员制度，即由那些具有调解能力的法官或法官助理转任专职调解员，专门从事调解工作。这既能保证审判法官可以集中精力审理案件，合理配置司法资源，又能防止出现调判不分，以判压调、强制调解等问题。这证明最高人民法院认为专职调解员对于提高审判效率，促进司法公正是非常必要的。如果这条渠道打通，优秀的医患纠纷调解员可以成为法院聘用或者委托的专职调解员，共享资源的可能性就会更大。这种共享也是为将来储备人才资源。目前，人民法院是通过开展委托调解，或者聘请调解员处理法

① 笔者在 2018 年暑假对福建、上海、浙江三家医患纠纷人民调解委员会的调研中，发现了这个特点。

院调解的工作，当双方当事人达成协议之后，由法官审核通过，出具法院调解书，来解决这个合法性问题。

（四）注重衡平公正

从医患纠纷解决的需求看，调解更关注纠纷发生的实际情况。与审判相比，调解受法律刚性约束较少，这使得它在处理结构性纠纷时拥有更多的优势，有可能做到综合各方利益，平衡协调处理，最大限度地发挥衡平功能。有学者指出，调解的包容性、合作性的特点使之既可以解决需要金钱解决的问题，也可以解决无法用金钱解决的问题。① 医患纠纷调解中对衡平公正的运用主要包括两个方面。

第一，在医生不存在医疗过失或是否存在过失尚处于未知状态，但根据概率极有可能不存在医疗过失的情况下，通过调解实现对患者弱势地位的衡平。② 一般而言，医方的组织性强于患者，其防御和恢复能力也强于患者，即使医生未必比他直接面对的患者社会地位更高。在看病难、看病贵的背景下，如果患者支付了高昂的医药费，却落得“人财两空”的结局，可偏偏双方又都不存在法律上的过错，调解员可以建议医方考虑患者的具体情况，为患者提供某种方面的帮助来解决纠纷，让医患关系恢复到理性状态，真正做到“案结事了”③。虽然上述这种做法未必有实体法上的依据，但只有调解可以有效实现对患者进行适当补偿，以缓和医患关系的目的。

第二，在医方存在医疗过失的情况下，调解员在处理纠纷过程中，既要保护患者的合法权益，也要着重实现维护医疗秩序。一旦发现损害确实由医方过失引发，调解员在建议医方积极赔付的同时，也要提醒患方不能越界，要积极帮助恢复医疗秩序。因为对于医院提出过于严格的要求，从长远来看，最后受损的仍然是患者。据信息成本论的解释，只要当事人双

---

① Sheea Sybbis，Mediation in the Health Care System：Creative Problem Solving，*Pepperdine Dispute Resolution Law Journal*，Vol. 6：Iss. 3. 2006. p. 495.

② 要注意的是，此时的弱势地位是个相对概念。例如，苏力认为弱势群体的界定标准是受保护的弱势群体必须能或力求获得最大程度的社会普遍认同，而不能仅限于诉诸人们因个别人或个别事件引发的怜悯和仁慈。苏力．弱者保护与法律面前人人平等——从孕妇李丽云事件切入．北京大学学报（哲学社会科学版），2008（6）：10.

③ 在笔者的访谈中，很多调解员都提到，他们做的工作是法官可能无法做到的，因为他们关注最后案件处理的结果，而法官只要作出了判决就圆满完成其应完成的工作任务。

方由价格机制建立联系，就很难通过扩展一方责任的方式来保护另一方，因为扩展了的保护会转移到价格上去，传导给其他患者，最终由全体患者为之买单。[①] 这显然是另外一种形式的不公平。所以，调解员此时应该多考虑帮助医方和患者沟通，寻找过失产生的原因，促进医院提高诊疗质量，维护良好的医疗秩序。[②]

这种通过调解员根据具体情形进行衡平处理的方式，不大可能会造成医方的防御性抵抗。因为调解达成需要双方的合意，医方既然握有决定权，制度性的抵抗就没有必要。更为重要的是，没有法律强制性的限制，调解员会考虑医患双方的处境，不会依据举证原则直接使举证不能的一方处于劣势，所以医方也丧失了防御性抵抗的直接动力。加上调解员帮助医方找出过失存在的原因，也让医方更愿意参与调解、配合调解。由此可见，至少在这个问题上，通过调解进行的衡平处理要强于法律对权利的倾斜性配置。

（五）甄选优秀的调解员

调解员的个人水平是调解良好效果的保证。这与仲裁类似，仲裁员的水平是仲裁质量的保证，因为仲裁的质量在本质上是由仲裁员控制的，仲裁机构只负责从形式上对裁决书把关，无权修改仲裁员的裁决。对仲裁员的选择，除了法律专业人士之外，那些属于某专业领域中的资深人士，也可能被仲裁机构聘为仲裁员。例如，建筑工程行业人士、保险精算人士、航运业人士，等等，都是仲裁员的恰当人选。

虽然人民调解员本身几乎没有被设定门槛，作为群众性自治组织的成员，也不应该有专业上的门槛，但医患纠纷调解作为专业色彩浓厚的调解类型，应该设立一定的门槛以保证调解的质量。事实上，在实践中从事医患纠纷调解的门槛是比较高的。[③] 对国家来说，确保能够提供高质量的调解服务是提高社会治理能力的一项要求，直接益处就是使纠纷解决的某些社

---

① 刘国祥．医疗过失民事责任．西南政法大学博士论文，2005：53-54.

② 在笔者对调解员的访谈中，很多调解员提道，虽然报酬微薄，但多数被邀请的医学专家都愿意来参与专家咨询，这是因为他们想通过参与咨询和调解来了解医疗过失发生的具体情形，以便提醒自己和同事在工作中避免犯同样的错误。

③ 在笔者对上海浦东医调办的调查访谈中，多数调解员都提到，医患纠纷调解难度最大，能够调解医患纠纷的同事对其他类型调解容易上手，而其他同事一般不会转去调解医患纠纷。

会治理任务得以完成。如果质量不高，纠纷解决任务没有完成或完成不及时，有可能导致大规模的社会冲突。因此，要发展医患纠纷调解，巩固现有取得的成果，在把医患纠纷调解打造成专业调解的过程中，促进调解员的职业化是其中一项重要任务。职业化的首要任务是制定相关专业调解的职业标准，有了这个标准，医患纠纷调解作为其中之一，只要专业调解员可以胜任，就无须单独另设医学的门槛，应该相信当事人会作出理性选择。事实上，作为负责任的专业调解员，如果他确实感到自己不能胜任某项调解任务，可以出于对公正的追求而拒绝接受任命。

1. 确立选任条件

对于专业调解中调解员的选任，目前没有统一的、固定的指导原则。考虑到调解是一种以意思自治为基石的纠纷解决机制，比较现实可行的建议是以下两种方案：一是作出一份得到当地司法行政部门认可的调解员名册，当事人可以从名册中自由选择；二是除了上述名册之外，还允许当事人选择他们所信任的调解员。这种方式与仲裁机构规定的当事人对仲裁员的选任制度一致。例如，中国国际经济贸易仲裁委员会仲裁规则选择的就是第二种方案，允许当事人在名册之外选择仲裁员，但是必须经仲裁委员会主任确认。[①] 至于最终调解员的选任采用名册制还是名册＋自由选择制，各地医调委可以根据具体情况进行选择。

在我国，一般是通过资格考试获得某项职业资格。例如，通过法律职业资格考试，就是进入法律职业的通行证。虽然资格考试很重要，但多数人可能都会赞同某些不具有法律职业资格的人也能办好法律实务。调解更多地被看成是一种实践性活动，人民调解员资格认证不被认为是必要的，这可能是原因之一。只要能够调解成功，有没有资格证又有什么关系？应该说，传统调解所面对的纠纷，可以这样处理，以结果论英雄。但现代的专业纠纷，还采取同样的思维方式来管理，就不一定合适。例如，在加拿大专业调解的发展过程中，在劳资关系领域，广泛运用调解与和解的部门，

① 《中国国际经济贸易仲裁委员会仲裁规则》(2015 年 1 月 1 日起施行) 第 26 条规定："仲裁员的选定或指定　(一) 仲裁委员会制定统一适用于仲裁委员会及其分会/仲裁中心的仲裁员名册；当事人从仲裁委员会制定的仲裁员名册中选定仲裁员。(二) 当事人约定在仲裁委员会仲裁员名册之外选定仲裁员的，当事人选定的或根据当事人约定指定的人士经仲裁委员会主任确认后可以担任仲裁员。"

首先就成为对调解与和解职业资格进行认证的部门。在魁北克省，甚至在人们普遍认为应该是传统调解领域的家庭纠纷调解中，根据跟踪委员会的调查报告，1999年大部分家庭调解员是法学家，约50%是司法人员，15%是公证机构人员，此外还有心理学家、社会工作者和职业顾问，他们各自所占比例依次降低。[①] 这说明专业人士大量进入了这个传统领域。魁北克省的《家庭调解规则》关于调解员资格认证条件规定：获得调解员资格证书的人必须是律师、公证人、心理学家、职业顾问、社会工作者或青少年保护中心的从业人员。除了青少年保护中心的从业人员外，调解员必须是上述所列职业中的优秀人才，须经过家庭调解的正规训练以及至少具有3年的职业经历。[②] 而德国的立法机关直接在《律师职业法》中明确将调解作为律师业务的合法组成部分，一系列案件的做法认可完成一定调解培训课程的律师有权宣称自己为调解员，德国律师委员会也在2002年4月通过了具有同样效果的决议。[③] 这些例证说明调解在某些国家已完成职业化。

调解职业化的特性，使得获认证的调解员数量以及可以提供调解服务的数量都在增加。由于许多纠纷相互之间存在关联性，因而法律实务工作者在认证中占有很大比例，但这并不意味着允许法律实务工作者垄断调解。事实上，在劳资关系领域，非律师作为调解员在客观上已经产生了非常积极的效果。

医患纠纷调解员的选任，应重视专业结构的完善，具备专业知识的调解员在面对一般调解员一筹莫展的医患纠纷时，可以发挥一锤定音的效果，这对医调工作具有非常重要的意义。2018年5月，司法部中华全国人民调解员协会组织召开制定《医疗纠纷人民调解指引》研讨会，针对医调委在设立、工作程序、保障等方面亟待解决的问题，进一步规范提升医疗纠纷人民调解工作，制定统一的医疗纠纷人民调解工作规范，强化人民调解员队伍建设，以胜任新形势新时代新任务对人民调解工作的要求。

2. 进行资格认证

能够进入名册的调解员到底需要具备什么资格，应该有一个简单的量

---

① 娜嘉·亚历山大主编．全球调解趋势．王福华等译．北京：中国法制出版社，2011：96.

② 娜嘉·亚历山大主编．全球调解趋势．王福华等译．北京：中国法制出版社，2011：95.

③ 娜嘉·亚历山大主编．全球调解趋势．王福华等译．北京：中国法制出版社，2011：220.

化标准，以便于人们来选择是否从事这项职业，便于人们了解自身与该职业的差距。以最高人民法院《关于人民法院特邀调解的规定》中对特邀名册调解员的要求为例，这些要求具体包括：品行良好，公道正派，热爱调解工作，具有一定沟通协调能力，接受人民法院组织的专业培训。实际上，这些要求并不高，可以比较一下仲裁法对仲裁员的资格限制。《仲裁法》第13条规定：仲裁委员会应当从公道正派的人员中聘任仲裁员。仲裁员应当符合下列条件之一：（1）通过国家统一法律职业资格考试取得法律职业资格，从事仲裁工作满8年的；（2）从事律师工作满8年的；（3）曾任审判员满8年的；（4）从事法律研究、教学工作并具有高级职称的；（5）具有法律知识、从事经济贸易等专业工作并具有高级职称或具有同等专业水平的。8年工作经验或者高级职称的要求，其实都是暗示能够成为仲裁员一定要具有某专业领域比较丰富的经验，而且核心的条件是围绕法律职业展开的。

调解员在资格认证方面的核心点应该落在专业培训上和职业经验的积累上。前述魁北克省的家庭调解认证培训方案包括：至少80个课时的调解与纠纷解决培训；至少100个课时的专业培训（包括30个课时的心理方面和与孩子的发展方面有关的培训）；至少14个课时的司法调解方面的培训；21个课时反虐待和暴力方面的知识训练；7课时经济方面的训练；7课时职业道德方面的训练；3个课时写作和解协议方面的培训。[①] 我国医患纠纷调解员的认证培训课程还有待设计，这种认证如果能够得到医疗责任保险机构、医疗服务机构、主管机关的认可并得以实行，将会大幅度提高我国医患纠纷调解员的专业素质和水准，大力推进医患纠纷调解的发展。

二、医患纠纷调解的战术

医患纠纷调解的战术是指调解过程中，调解员应该注重的相关技巧，既包括调解的基本技能，也涵盖调解员于调解时特别需要注意的问题，例如调解中道歉的运用以及对患者同理心的表达。同时，这些技能在第三、四、五章的案例中都有实际运用。

（一）“面对面”与“背靠背”

“面对面”和“背靠背”是调解员主持调解的两种不同方式。“面对面”

---

① 娜嘉·亚历山大主编．全球调解趋势．王福华等译．北京：中国法制出版社，2011：98.

即联合调解，是当事人双方都在场的调解形式；而"背靠背"即单方调解，即只有调解员与一方当事人在场进行的调解。一般情况下，两种调解方式在调解过程中会交叉使用，使用的时间、频次则取决于案件的具体情况，由调解员自己决定。

1."面对面"使用的场合

一般情况下，调解刚开始的时候，都是采用"面对面"的联合调解方式。"面对面"的方式有助于调解员了解案件的具体情况，了解双方允许对方所了解的想法，有助于公开、公平、公正地进入调解程序。"面对面"调解的目的是搭建信息交流的平台，如果医患双方可以通过"面对面"的方式公开、坦诚地交换意见，将促进双方有效沟通，有利于双方迅速达成协议。"面对面"的方式强调调解员对于调解局面的控制，要求当事人严格遵守调解程序。在调解过程中，如果医患双方出现激烈的冲突，调解无法持续，调解员应当马上结束"面对面"的调解，转入其他方式。如果经过努力，双方对于达成协议的分歧缩小，调解员可以再次引导双方回到"面对面"的调解上来，让双方开诚布公地达成协议。

2."背靠背"使用的场合

在调解过程中，如果出现一方当事人（往往是患方）情绪十分激动，甚至不能让对方继续陈述时，此时调解员的正确做法应该是请医方暂停陈述，将患方代表带离现场，恰当地劝解其适当地控制情绪，或者请同行的其他患方代表代为安慰，然后再回到现场继续调解。如果这样做效果仍不理想，调解员也可以先安排单方调解，与患方单独交谈，从中获知患方的需求，帮助患方分析其赔偿请求数额、鉴定费请求、精神损害请求等各种需求的合理性和可行性。在充分了解患方的要求之后，再邀请患方回到主调解桌上来。一般情况下，待患方情绪得以恢复或控制之后，再重新开始联合调解。

如果医方认为患方是无理取闹，无法接受患方所谓的"狮子大开口"，很可能会拂袖而去，宁愿患方起诉也不再接受调解，此时也是调解可能破裂的时刻。调解员也应该由联合调解转入单方调解。通过与医方的单独会谈，了解医方对于纠纷解决的想法，并帮助医方进行利害关系分析。

在"背靠背"的调解方式中，调解员通过分别与一方当事人会谈的方式，了解双方的想法，并帮助双方“挖掘”更深的利益需求，传递双方的和解信息，寻找双方在解决纠纷方面的共同点。通过“背靠背”，缩小医患双方的分歧，进而形成双方均能够接受的调解方案。

（二）控制患方不合理的期待值

医患双方对于纠纷解决的期待均以获得自己认为的公正为目标。但是在很多调解案例中，患方不理解医疗风险、并发症、副作用、后遗症、过敏反应等不应该由医方承担后果的情形，对医患纠纷解决有过高的期待值，导致纠纷从一开始就陷入僵局。因此，在保障患者应享有合法权利的前提下，调解员有必要适当控制患方不合理的期待值。控制患方不合理的期待值有以下几种方式。

1. 风险评估和利益比较

调解员帮助患方认清案件事实，根据事实进行纠纷解决方式的风险评估，并进行利益衡量，让当事人的期待值保持在一个合理的范围内。在进行利益衡量时，调解员要防止当事人被锚定效应的心理偏见影响。现代认知心理学认为，人们的决策容易受到锚定效应这一认知偏见的影响，容易被第一印象支配，不自觉地给予初始信息过多的重视，在定量估测时会将某些数值作为起始值，起始值就像锚一样制约着估测值。锚定效应的基点定位就好像一只沉锚，确定了锚位，就确定了评价体系和标准。调解员在帮助当事人进行利益比较的时候，要打破锚定效应给当事人心理带来的不良预期，这种预期可能给调解过程带来难缠的影响。

在医患纠纷调解中，打破锚定效应可以采用的主要方法是诉讼风险比较法，医患双方的心理期待值往往都是与类似案例进行比较。如果不同意调解，将来要面临的诉讼风险和收益会如何？如果同意调解，会有哪些现实的好处？等等。调解员可以通过借助类似诉讼案例进行说明，在相同案例相同处理的情况下，较容易把患方的期待值降到合理水平。选择案例要注重可比性，如果案例没有选好，反而会弄巧成拙，使调解失败。调解员可以通过图示的方法向当事人说明各种风险。

2. 消除背后的支撑力量

在某些案件的调解过程中，有某些强势力量（代理律师、亲戚朋友）的支持，是导致患方期待高于合理值的原因。调解成功需要调解员化解这些支撑力量，例如单独与患方律师商谈赔偿数额问题，尝试改变律师的不合理期待及其期待带给患方当事人的不良影响。如此一来，患方才可能会逐步降低期待值，面对现实，提高调解效率。

3. 借助患方朋友熟人等第三方的支持

调解员既要化解当事一方不合理的支持力量，也要善于借助对调解有帮助的第三方资源。这些第三方资源，主要是患方的朋友熟人对患方的影响力。例如，调解员在调解前，通过观察发现，患方的身边有一位大学生，好像是学习法律专业的，则可以通过对这位大学生提出合理化建议，使之同意调解员对案件的评判看法，进而通过他去做当事人的工作，争取化解当事人的心结，降低不合理的期待值，早日调解结案。

合适的第三方包括卫生行政部门、公安部门、社会团体组织、媒体以及患方所在单位、社区、村镇的领导，等等。这种第三方与调解员作为中立第三方的性质不同，如果与诉讼比较的话，可以将其视为诉讼过程中的辅助人。第三方加入调解，是因为与其中一方有某种类型的社会联系。[①] 通过这种社会联系，帮助一方当事人改变原有不可变更的想法，缩小双方之间的分歧，尽早达成协议。从实际情况看，在中国的医患纠纷解决实践中，通过第三方介入最终解决纠纷达成协议的不在少数。例如，本书第三章“麻醉意外案”、第五章“钛夹质量案”均通过患方当事人所在单位、住所地政法委等第三方力量介入参与调解而化解纠纷。

（三）应对医患双方的僵局

调解员经常要面对的，就是如何处理僵局。引发僵局的原因有很多，有的是因为医患双方有重大分歧，有的是因为调解员处理不当，有的是因为调解方案选择不恰当，在应对分歧和僵局时，需要处理不同原因引起的僵局。

1. 因医患双方分歧引起的僵局

这种类型的僵局如果是因为医患双方在一些细节问题上的分歧所导致的，调解员可以建议他们转而先谈一些大原则的问题。当大原则问题达成共识之后，再接着谈细节问题。同样的，如果僵局是大原则谈判出了问题

① 这种社会联系是社会学意义上的社会资本，可以作为一种社会性交换资源对当事人起到某种程度的帮助作用。双方都可能利用这种嵌入性网络来打破僵局。

造成的，那就建议双方先讨论一些细节问题，双方可能在细节的讨论中达成对大原则的建构。如果上述方案均不奏效，还可以暂停当下的会谈，改天再进行；或者再次进行单方会谈，甚至进行多次单方会谈，降低当事人的期待值。这种僵局的化解方法主要有以下几种。

第一，适当强制法。当某些行为已经构成违法，既可以作为民事案件也可以作为治安案件处理，单纯的说服教育很难起到调解的作用时，调解员可以利用案件的交叉性质，以政府或者相关部门可能采取的强制手段协助调解。在本书第三章“违规使用医保案”中调解员就使用了这种方法。当事人在医疗风险分担这个问题上坚持己见，又拒绝进行鉴定，导致调解陷入僵局，调解员可以适当提示当事人如果不调整自己的方案则可能产生更为不利的后果，可能报警采取强制措施，以争取打破僵局，促进调解。

第二，多方联动法。在处理某些案件的过程中，患方当事人本人及家庭成员坚持己见，调解反复多次无法推进，则可以考虑联络其所在单位同事、领导，或者其住所地村委会、居委会负责人，或者是医疗器械生产厂家，原侵权方当事人，等等。通过多主体联动，打破僵局。本书第三章“麻醉意外案”中调解员即采用了这种方法。该案患者因交通事故入院，又出现麻醉意外，手术后还出现并发症，牵涉多方面利益，当事人众多，调解员最后通过多方联动，打破僵局。

第三，寻求关键人物法。当患方来自某些传统社区，该社区还有“权威人物”之时，当调解陷入僵局时，寻求关键人物的帮助可能是打破僵局的突破口。例如，本书第四章“脑外科术后死亡案”的调解员通过与患者住所地村委会的支书接触，说服患者丈夫及亲属，打破僵局，最后达成协议。

第四，冷处理法。在医患双方当事人发生对峙，情绪都较为激动的时候，调解员最好暂停调解。暂停的方式可以是拖延几天，等当事人情绪缓和后再开始调解；也可以是由“面对面”的联合调解转为“背靠背”的单方调解。例如，本书第六章“无人看护摔倒案”，患者入院一天后因无人看护在病房摔倒去世，当时患方家属情绪激动，调解几乎无法进行，调解员及时调整策略进行冷处理。

2. 因调解员自身处理不当引起的僵局

在这种情况下，应该考虑更换调解员来打破僵局。每位调解员都有自己的语言风格，如果当事人不喜欢调解员的风格，可能因为不喜欢调解员而对继续参加调解极为反感。因此，为了调解的顺利进行，及时更换调解员是一种方案。例如，本书第三章“重症胆管炎案”，调解时，有一位调解员不恰当地表态，引起了患方的反感，导致这位调解员被患方当事人滞留在调解室长达20个小时。之后，通过更换调解员打破了僵局。

3. 因为调解方案选择不恰当引起的僵局

在无法完全了解患方需求的情况下，提出的调解方案可能会让调解陷入僵局，此时通过换用其他备选方案的方式来打破僵局，或者调解员想办法为调解注入新的元素，促使医患双方关注之前未关注的领域，“把馅饼做大”来帮助双方达成协议。例如，很多情况下，医患双方在调解时只着重于“赔偿金额”的问题，调解员可以想办法让他们关注金额之外的其他问题：赔偿的付款时间，赔偿的方法（一次付清、分期付款还是减免已经发生的医药费），继续治疗的可能性，等等。虽然这些事项不是调解的核心问题，但可能调整调解方案，让在赔偿金额上让步的一方当事人，因为对方在这种事项上的让步而不觉得太丢面子，从而打破僵局。

（四）恰当的过程控制技巧

1. 积极聆听

调解员的调解工作主要是聆听医患双方对事件的陈述以及他们的立场和要求，通过耐心聆听双方发言，调解员显示出对事件的了解和把握，以及对双方公平发言的尊重。但调解员的聆听不是被动的，而应该有效运用积极聆听的技巧。积极聆听不仅仅是用心聆听当事人的陈述，而且应该从身体和语言反应中表现出对陈述者的尊重和鼓励，对陈述内容的关注、兴趣和正确的理解。

积极聆听的目的包括：澄清当事人表达中含混、不明确的内容，避免产生误解；使调解员能够更全面地了解争议的事实及当事人的感受；使调解员有机会检验自己某些判断的正确程度；让陈述的当事人知道调解员正在用心聆听和关注他的感受，建立当事人与调解员之间的信任；让当事人更清晰地理解自己的感受和情绪。

总之，积极聆听的技巧不仅包括最重要的“对当事人陈述的关注”，还包括适时就听到的内容发问，对当事人的说话进行复述陈述以及重构陈述，最后总结等，调解员通过这些行动向当事人表明对其表达的重视。

2. 整理说话的技巧

调解过程中，为充分理解当事人的真实意思，调解员不可避免地要复述调解对象的陈述重点，以减少误会并获得有效的信息。语言既可以传递信息也可以表达情绪，同样一句话不同的表达方式可能传递出完全不同的效果。显然，不恰当的表达方式将加剧医患双方的对立，引起更大的误解。因此，调解员的整理技巧可能为弱化双方过激的情绪表达提供很大的润滑作用。

具体来说，整理说话的技巧有以下几个层次。

逐字重复：指准确地重复当事人的话，主要用于简单的事实确认。例如：

- 患方：我希望医院要进行第二次会诊，而且胸外科和脑外科专家应该同时参加。
- 调解员：哦，你的意思是希望再次会诊，并邀请胸外科和脑外科专家参加。

同义转述：指用自己的理解来表述对方的意思，其重点是确认理解而不是确认事实。例如：

- 患方：我的主治医生在手术后就没有搭理过我。
- 调解员：嗯，我可不可以理解，手术后医生查房一般不是在你醒着的时候？
- 患方：是的，每次查房我都睡着了，医生就和家属交流了一下，我没有当面和医生交流过。

语言整理：指在调解过程中，有时候话题会跑偏，有时候焦点会模糊，进度会延宕，调解员进行语言整理的目的就是重新聚焦问题，消除语言中令人不快的情感因素，提炼谈话重点，把控调解进程。例如：

- 患方：医生查房经常迟到。
- 调解员：他一般在什么情况下迟到？……他迟到有什么影响？
- 患方：我不喜欢这名护士。
- 调解员：你不喜欢护士的什么状态？

在这些例子中，调解员通过语言整理的技巧，不动声色地避开当事人发言中的情绪和不正确认知，并提出正确的问题，这些正确的问题可以帮助当事人打开思路，找到真正解决问题的钥匙。

意义重塑：指在反馈过程中，将发言人的话语调整到某一个意义方向。这是调解员的主观操作，其目的不是客观地反馈对方的意思，而是用自己的方向意识重塑对话的基本结构，试图将对话带往调解员期待的方向。例如：

- 患方：护士是一个懒惰而不负责任的人。
- 调解员：那么你希望护士怎么做？
- 医方：患者从不合作。
- 调解员：患者在什么情况下不合作？需要合作做什么的时候，他持否定态度？
- 患方：这家医院简直糟透了。
- 调解员：嗯，看来您确实是遭受到了某些不公正的待遇。

意义重塑不是追求对当事人话语的准确理解，或者说客观准确不是意义重塑的主要目标，意义重塑是调解员主动介入对谈话的控制，通过重构、修复、提炼使得对话始终朝着积极和未来的方向（包括但不限于纠纷解决的方向）发展。

3. 控制调解的节奏

医患纠纷调解进行中，调解员应该是调解会议的程序控制者，不能让其中任何一方主导了调解过程，否则调解难以成功。当下的医患纠纷，有不少的情形是患方聚集了很多亲朋好友到医院讨说法，带有群体性纠纷的色彩，如果调解员不能很好地控制节奏，可能导致场面失控，不但调解不能成功，还会带来更多的负面影响。因此，调解员在选择调解场所时，应该有所考虑，应该选择自己能够有主动权的地方。同时，把握节奏的方式与整个调解的推进有密切关系。一旦发现节奏不由自己控制，应该想办法马上结束当次调解，换时间换地方再重新开始。

为预防调解失控的局面，调解员可以做以下准备工作。

- 事先告诉医患双方调解程序对于调解成功的重要性。

● 事先告诉医患双方调解员对调解程序有控制权。

● 正面强调当事人对调解员指示遵从的重要性，例如：陈医生，谢谢您的合作，在对方发言时耐心等待，现在请您对事实的具体情况进行陈述。

● 担任调解员的工作不是说服，而是促进、推动当事人达成调解协议。

● 双方会谈时，把重点放在聆听问题上，把背后的利益和解决问题的可能性放在单方会谈时再提及。

● 通过单方会谈，再次强调调解员对调解程序的控制权，并提醒当事人如果不遵守调解程序的后果，例如：王女士，我发现你没有认真聆听刘医生刚才所说的话，而且还打断他的发言。这样的情况如果继续下去，医方可能会要求终止调解。终止调解对你们双方都没有好处，你是否可以减少出现这种情况？

● 创造时间间隙，缓和双方情绪，例如：张女士，对方可能需要暂停一下，去一下洗手间。

4. 尽量中立

中立是调解员应该遵守的基本伦理价值，调解员在调解过程中应该运用恰当的语言技巧告知当事人自己是以中立的姿态进行调解，避免给任何一方以偏袒的印象。例如：

● 患方：医院对所有的风险都应该有预判，所以出现麻醉意外当然应该由医院承担全部责任。

● 调解员：你觉得法官会采纳你的这种说法吗？

● 患方：如果我同意这个协议，医院会马上付款吗？医院会不会再找麻烦？

● 调解员：你觉得需要什么样的信息，才能让你确信是在知情的情况下达成协议？

● 医方：患者家属在病房支起电炉，天天熬中药，谁能说患者的死亡不是家属给他胡乱喝药造成的呢？

● 调解员：在没有专家作出判断之前，我们对因果关系不能随便下结论。

● 医方：在选择进行移植手术前，我们已经提醒患者家属移植手术即使成功，也不能保证不发生排斥反应。现在发生了排斥反应，后果应由患方自负。

● 调解员：法律规定，医务人员应该保障患者的知情权，但不是说，保障了知情权就可以免除一切责任，仍然应该根据实际情况来分清责任才对。

5. 运用幽默感

适当运用幽默感是一项重要的调解技巧，会心的微笑能够有效缓和紧张局面，拉近双方距离，让当事人放松。在适合的情境下，调解员可以用幽默的方法带出一些重要观点。

● 患方：这家医院管理太差了。

● 调解员：感谢你对医院管理水平的监督。

● 患方：我明明来看肚子疼的，医生却要我去检查头部，这不是南辕北辙吗？

● 调解员：是啊，中国人还有一句古话，牵一发而动全身。所以肚子疼要去看头啊。

6. 学会适时对责任划分进行模糊处理

虽然了解案件真相是调解成功的因素之一，但并不是成功的前提条件。有些医患纠纷的起因是对治疗结果的不同认识，医方认为是医疗意外，而患方认为是医方诊断有误、治疗有误、护理不当造成的，这样的纠纷往往都是“多因一果”，责任划分十分困难，不但当事人、调解员无法判断，鉴定意见也未必能够给出肯定的答复。

应对责任不明，本身就是一个复杂问题，所有人都看到了患者死亡的结果，但导致患者死亡的原因如何，专业人员的鉴定也许只能列举一二，何况有些案件无法提交鉴定意见。当调解遇到这样的难题时，也可以考虑采用转移焦点的方式推进调解的进行。医患双方可能在调解员的引导下慢慢从责任划分转移到赔偿金的协商上。例如，在药品器械纠纷中，患方因植入固定物的钢板断裂要求医院承担责任，但固定物断裂的原因不明，在调解中如果医患双方一味争执到底是谁的责任导致固定物断裂，在没有权威检测结果出来之前可能是无谓之争。此时，患方必须做第二次手术重新植入固定物，时间不能耽误。此时，对责任划分进行模糊处理，把争议焦点转移到第二次手术费用的适当减免上，是更有利于双方的选择。

（五）重视道歉

医患纠纷调解进行中，患方遭遇了难以接受的医疗后果，先不论该后果是否应该由医方承担责任，对患方进行心理安慰和致歉是一种有效的缓和关系的手段。1982 年日本航空公司在东京湾发生空难之后，该公司总裁迅速拜访了这场空难中受害的所有家庭，向他们致以歉意并提供赔偿，结果没有一个受害家庭向法院起诉，纠纷得以顺利解决。这种性质的道歉在日本很普遍，并且常常促成纠纷的解决而无须诉诸诉讼。[①] 医患矛盾正是非常适宜运用道歉来解决纠纷的领域。根据某些医疗领域的调查发现，遭受医疗损害的患者有很多着眼于“理”而并非“钱”。一项针对医疗诉讼中患者诉求的调查表明，41%的患者完全没有提及金钱赔偿，35%的患者将金钱赔偿列为次要目标；只有 18%的患者将金钱赔偿视为主要目标，6%的患者视之为唯一目标。[②] 在这种需求下，道歉虽然不足以解决纠纷，但能够缓解紧张气氛并缓和当事人之间的关系，从而使与人身相分离的问题得以尽快解决。并且，在以持续性关系为背景而发生的纠纷中，道歉对于修复因纠纷而受损的关系具有重要价值。从这个方面可以说，道歉有助于服务于调解的目标之一：修复当事人受损的关系。在美国，有的医疗机构就合理地利用了道歉这种方式来帮助解决医患纠纷。例如，莱克星敦退伍军人医疗中心（Lexington Veterans Affairs Medical Center，Lexington VAMC）的医疗过失沟通方案在解决医患双方调解合意时，主动邀请患方来院协商，大大降低了患方的愤怒和不快程度，降低了不必要的诉讼成本，并让患者及时获得了补偿。该院的道歉和协商方案出台之后，受到很多医院和保险公司的效仿。[③] 从医院角度看，为患者提供良好的服务，减少医患纠纷，维

---

① 斯蒂芬·戈尔德堡等．纠纷解决：谈判、调解和其他机制．蔡彦敏等译．北京：中国政法大学出版社，2004：150.

② Tamara Relis，“It's Not About the Money”：A Theory On Misconceptions of Plaintiffs' Litigation Aims，*Pittsburgh Law Review*，Vol. 68，No. 2，2007.

③ Gabriel H. Teninbaum，How Medical Apology Programs Harm Patients，*15 Chapman Law Review*. 307，2011.

护医患关系，是医院的主要目标。又如，芝加哥市 Rush 医院医患纠纷调解项目中一个关于道歉功能的典型案例。一个患有唐氏综合征的幼儿，因为被注射了十倍于他能够承受剂量的药物而死亡。而这张注射的药方是由孩子的父亲提供给医院的，护士拿到药方之后没发现这个问题，医生也没有检查出来，孩子在接受这张药方上剂量的注射后死亡。在调解这个案子的过程中，调解员意识到孩子家人的悲伤情绪，他们认为调解的目的除了解决这起纠纷，还应该对孩子的家人表示点什么。所以在调解结束的时候，他们对孩子的家人道歉了。这个道歉也是一种治疗，带走了深深的犯罪感，让这家人感到安慰。[①]

在医患纠纷处理过程中，对于患者所遭受的不良后果，医方表达同情与歉意，并及时提出有效的治疗方案，是缓解患者情绪，缓和医患关系紧张的重要方法，也是尊重患者权利，保障医疗服务质量的体现。

但是，医方往往担心同情或者歉意的表达，有时可能会成为患方证明医方过错的证据，从而使医方对此望而却步。道歉作为人类心理的正常需要，将道歉制度纳入医患纠纷调解体系完全必要。制度化的道歉与日常道歉的差别在于，制度化道歉会设置一些法律义务。制度化的道歉条款应该包括以下内容：医务人员愿意道歉的，不作为证据用于证明其行为具有损害后果并承担过错。患方及其家属愿意道歉的，也不作为证据用于证明患方的责任。在这项制度化的道歉正式立法之前，可以通过调解员在调解过程中代表自己同时也代表院方向患方表示道歉，以促进该制度的推广。例如：

- 调解员：上午好，感谢您选择调解来解决您与医院之间的医疗损害纠纷。首先，我代表自己对患者的去世表示深深的哀悼，请您节哀。
- 患方：来医院之前，我母亲尚能生活自理，没想到是站着进来躺着出去。
- 调解员：院方对这样的结果也表示非常遗憾，这也不是他们愿意看到的局面，他们对此表示十分歉意，请你们节哀顺变。

---

① Max Douglas Brown, Medical Malpractice: Innovative Practice Applications: Transcript: Panel 1: Alternative Dispute Resolution Strategies in Medical Malpractice, *6 DePaul J. Health Care L.* 249, 2003.

● 患方：如果不是医院抢救不及时，就不会出现这样的结果，他们的服务质量和服务态度都太糟糕了。

● 调解员：不理想的结果肯定不是医院的初衷，关于本案的责任划分与认定，还需要进一步讨论。如果经过确认，该由医院承担的责任，医院自然不会推卸。而且，即使不是他们的责任，他们也愿意表示道歉，为如此让人难过的结果而道歉。也许主动道歉会引起误解，误以为他们是心虚理亏了。但即使这样，他们仍然想表达对于母亲去世给你们带来的伤痛的慰问。

第三章　非诊疗技术过错类纠纷调解

非诊疗技术过错类纠纷，主要指患者在就医过程中发生的，非医方诊疗技术过错引发的纠纷。这些纠纷多数是因为违反医疗伦理及违反医院管理规范而导致患者损害；此外，还包括医疗风险和医疗意外，这些也不是由诊疗技术过错引起的。例如，医院在医保报销方面的违规操作，医院在病房管理方面的疏漏，医生越级操作手术，或者患者已经院前死亡，依然送院抢救，家属对结果不理解，或者是院方在处理患者知情同意方面有过错，侵犯了患者的隐私权，等等。

一、违规使用医保案

本案看似是患方对诊疗结果不满而与院方发生的争执，但实际上是由于违规使用医保报销造成的纠纷，不是诊疗技术过错导致的不良后果。患者掌握医院违规报销的相关证据，以举报为要挟，要求不合理赔偿。院方为避免行政处罚，投鼠忌器，没能坚决要求进行鉴定，不得不忍受患方无理由逗留医院，与之在调解桌上进行拉锯战。本案带来的各种麻烦都在提醒医院：规范使用医保。

（一）案情介绍

患者李某，男，28 岁，因头晕乏力 9 个月，诊断为尿毒症，为求肾移植于 2008 年 11 月 12 日入住某医院移植外科 5 病室，诊断为：（1）慢性肾功能不全（尿毒症期）；（2）肾性贫血；（3）肾性高血压。经完善术前检查与术前准备，于 2008 年 11 月 15 日在全麻下进行亲体供肾肾移植术，肾移植手术过程顺利，术后一天出现尿量少，血压下降，临床考虑为移植肾超急性排斥反应，于 2008 年 11 月 16 日在全麻下进行急诊移植肾切除术，术后进行抗炎、纠正贫血、降压、定时血透等治疗，病理结果回报为移植肾超急性排斥反应，符合临床判断。患者于 2009 年 1 月 18 日办理出院手续，但未曾实际出院而一直寄住在医院，门诊行降压、透析治疗。

患方因对肾移植术后出现超急性排斥反应不理解，认为院方存在诊疗过错，要求赔偿，与院方发生纠纷。

李某在手术后，以要求赔偿为由，寄住医院时间近一年。每当医生查房时，要么挥舞水果刀，要么砸凳子，采用各种粗暴的方式威胁医生和护士，其所居住的病房不能安排其他患者入住，影响恶劣。住院期间，患方为减少开支，违反相关法律规定，不但拿同事的医保卡恶意套保，而且拒绝缴纳剩余的医药费用。

为解决该纠纷，医院医务部一直在积极进行调解。医患双方第一次达成调解协议时，协议约定院方赔偿患方 1.3 万元结案。但是因为种种客观原因，协议未获得上级签字批准。所以有后来的二次、三次直到多次调解。

（二）调解过程

此案经过很多次调解，患方反复纠缠，又不肯进行医疗事故鉴定，也拒绝向法院起诉，只是一味向院方要求巨额赔偿，以下记录一次院内调解和一次派出所调解过程。

院内调解：受移植科室和患方的委托，医院医务部对此案进行调解。调解会由医务部工作人员担任调解员，出席调解会的医方是治疗科室医生代表，患方是患者的父母。调解一开场，调解员首先申明调解会的目的和纪律。患者父亲选择先发言，他提出由于夫妻两人均已下岗，收入微薄，李某一直是家里的希望，刚刚从某大学毕业准备考研，突然患病之后，为了治疗花了十几万元，家里早已债台高筑，他认为：（1）手术存在风险，医院虽然不能负全责，但是也要承担相应的责任；（2）通过询问专家和网上查找资料，医院术前没有给患者打抗排异的针，导致排异的风险加大；（3）医院术后处理不及时耽误了治疗。听闻此言，医方代表表示患方的理解有误，手术有风险，医生只要没有违反诊疗规范，风险就不应该由医方承担，也没有法律规定如此风险应该由医方承担。双方各执一词，调解员询问患方是否愿意申请鉴定，待鉴定意见出来之后再讨论如何分清责任的问题，遭到患方的断然拒绝。医方不同意对手术风险承担责任，双方无法达成共识，调解失败。

派出所调解： 由于患者经常在病房大吵大闹，医院曾报警请求附近派出所出面解决。有鉴于此，受医院和患方的委托，医院所在辖区派出所委派宁警官主持了一次调解。调解开场后，调解员（即宁警官）首先申明了调解会的目的和纪律，告诫患方遵守调解秩序，尊重对方当事人。患者本人首先发言，提出在肾移植手术之前，手术医生没有打抗排异针，是导致移植失败的主要原因。他认为，据其同班同学的月均工资（两万元左右），肾移植成功之后的平均寿命 10 年～12 年，医院应该赔偿他 300 万元人民币，一分都不能少。医方代表听后，表示对患者提出的无理要求无法接受，如此狮子大开口，没有诚意，调解无法进行下去，患方只能去法院起诉要求法院判决解决问题。调解再次失败。

拉锯近一年之后，2009 年某日上午，患方又申请医院所在地某区联合人民调解委员会对此事进行调解，经过努力，双方最终达成调解协议，并提交所在地人民法院进行司法确认，原通过院内调解草签的协议作废，医患双方一次性解决此纠纷。

（三）调解结果

调解协议书约定医方补偿给付患方人民币 11 万元，该款于 2009 年某日一次性付清。同时，医方自愿放弃对患方所欠医疗费的追偿权。患者保证在 2009 年 7 月 15 日前下午办理出院手续，保证在收到补偿款后即刻离院。医方保证患者在离院前的正常药物治疗。患方保证在收到补偿款后，双方纠纷一次性处理完毕。双方一致同意之前签订的协议书即刻失效。

该案在调解结束、患者父母拿到赔偿款后，还发生了一个小插曲，患者本人继续在病房大闹，不按照约定履行调解协议搬出病房，后来经有关人员出面才予以阻止。冲突中，患者滑倒致轻微伤被送往急诊治疗，最后院方又赔偿了患方几百元医药费。

（四）过程评析

【调解启动】

此案调解经历了院内调解和人民调解两个阶段。院内调解由患方申请启动，调解不成，又由双方申请人民调解，过程反复多次，最后达成人民调解协议，再由法院进行了司法确认。

【是否适用鉴定或专家咨询】

患方拒绝申请鉴定，医方申请鉴定而患方拒绝配合。

【双方争点评析】

1. 患方拒绝承担任何风险。器官移植是高风险手术行为，手术前医方已经向患方告知手术可能产生的各种风险。术后发生排斥反应，患方对此不理解，要求院方承担手术风险，这是对医疗风险的不正确认知。

2. 患方的行为给医院的诊疗秩序造成极坏的影响。患方一味强调院方责任，置客观事实于不顾，每日在所在科室打打砸砸，无人可以约束，医院报警也不能解决问题。

3. 医方违规操作医保。医院方面为帮助患者做肾移植手术，减轻患方手术费用的负担，违规默许患方套用他人医保，这增加了患方谈判的筹码，患方以举报为要挟把院方拉到调解桌上。

4. 医方坚持应该通过鉴定来分清双方的责任，而不是由着患方随心所欲地敲竹杠，双方就赔偿数额一直存在分歧。

5. 医方内部存在利益分歧，科室主任与医院领导对处理此案有不同看法，导致之前已经达成的协议没有得到医院签字盖章，以致作废，才会有之后的反复调解。

【核心调解技巧或教训】

本案调解员要面对的最大难题是：医方在诊疗方面没有过错，调解如何进行？从上述争点可以看出，患方无理，但握有医方的短处，准备打持久战。医方不想承担行政处罚的后果，要维护医院正常诊疗秩序，无时间陪患方消耗精力，需要尽快解决纠纷。这给调解提供了一定的空间，调解员可以通过风险评估和利益比较，从医方的时间和秩序利益入手，建议医方适当考虑患方的补偿要求，以促进双方达成协议。医方最后选择了时间利益，在持续了近一年的调解之后，在妥协、妥协、再妥协的过程中艰难地达成了协议。此外，本案患方无理擅自霸占病房，扰乱诊疗秩序，违反了《治安管理处罚法》的相关规定，调解员还可以利用患方的这个短板，指出患方应该承担的责任，采用适当强制法以降低患方的期望值，打破调解中的僵局。

也许有人会说，此类案件调解，是助长某些当事人的非法行为。从医患纠纷调解解决的思维方式看，医方虽然没有诊疗过错，但在管理方面医院确有违规行为，付出代价可以警示下一次不再违规操作，提高医院的管理水平。

（五）参考案例

【案例名称】

付中华与鄂州市鄂城区杜山镇卫生院医疗损害责任纠纷，案号（2015）鄂鄂城民初字第 00754 号。

【案例内容】

该案原告提出，被告有套用他人医保卡的行为，限制了原告的知情权、选择权。但是，审理法院并未对原告的该项主张进行评价，而是根据“谁主张，谁举证”的原则判决原告败诉。

法院认定该案事实如下：

2014 年 4 月 15 日，原告付中华因需要取出内固定物，在被告杜山卫生院处就诊，就诊时原告付中华的姐姐董敏将其名字报为杨敬东，被告杜山卫生院入院诊断为右股骨骨折内固定术后。当天，董敏签署了《鄂州市杜山卫生院麻醉同意书》《杜山卫生院手术同意书》，被告杜山卫生院为原告付中华进行内固定装置取出手术，原告术后于 2014 年 4 月 17 日出院，所用医疗费 1 310.58 元。因被告杜山卫生院为原告付中华进行手术时髓内针未取出，原告付中华于 2014 年 4 月 21 日在武汉市普爱医院治疗，该院入院诊断为右股骨骨折术后，于 2014 年 4 月 24 日行右股骨干骨折内固定物取出术，原告于 2014 年 4 月 29 日出院，所用医疗费 9 904.20 元。故原告付中华起诉至本院。在诉讼过程中，原告付中华申请本院对被告杜山卫生院过错行为与患者损害结果之间的因果关系及过错参与程度，以及伤残等级、护理、休息时间、后期治疗费作出司法鉴定，但其拒不提供鉴定资料和鉴定费用，经催交仍不闻不问导致鉴定无法进行。

法院认为，医疗损害责任纠纷是指患者在医疗机构就医时，由于医疗机构及其医务人员的过错，在治疗护理活动中受到损害的，医疗机构应承担侵权损害赔偿责任而引起的民事侵权纠纷。根据湖北省高级人民法院《关于审理医疗损害责任纠纷案件若干问题的意见》第 27 条的规定，“人民法院确定医疗损害责任的大小，应根据医疗损害鉴定意见，综合考虑医疗损害后果、治疗过失行为在医疗损害后果中的原因力，对医疗损害后果与患者原有疾病之间的关系以及患者个体差异等因素进行认定”。原告付中华未向本院提交医疗损害鉴定意见，本院无法确认医疗损害责任的大小，故其要求被告杜山卫生院赔偿各项费用21 059.78元的诉讼请求，本院依法不予支持。据此，依照湖北省高院《关于审理医疗损害责任纠纷案件若干问题的意见》第27条的规定，判决驳回原告付中华的全部诉讼请求。

【案例指导意义】

原告方以被告方医疗机构有套用医保的欺诈行为作为诉讼理由之一，欲证明被告方严重违反我国法律法规的规定，要承担损害赔偿责任，但未获法院支持。法院认为原告无法提交医疗损害鉴定意见，则无法确认医疗损害责任大小，故对原告的诉讼请求不予支持，判决驳回诉讼请求。从该案例中我们可以发现，套用医保等证据不足以用于证明医方对损害后果的责任。该案可以帮助调解员控制患方不合理的期待值。

二、患方“自甘风险”案

本案的核心要点是手术医生违反手术分级分类规范，类似只有B证驾照却驾驶了A证驾照才能开的车。但因为与患者有亲戚关系，医生在患者家属要求下超越专科范围，越级手术，手术结果没有达到患者的预期。结果是，虽然手术本身没有技术错误，但为了减少自己的损失，患方投诉了医生，要求医院赔偿。

（一）案情介绍

患者刘某，女，77岁，因上腹疼痛7天于2015年2月14日入某院普外一科住院治疗。诊断为：（1）胆总管下段结石；（2）双肾囊肿；（3）胆囊切除术后。经完善相关检查及术前准备后，患者于2月16日在静脉麻醉下行十二指肠镜下奥狄氏括约肌切开取石术，术后予以抗感染、补液等对症支持治疗。

术后第二天，患者出现腹部疼痛，考虑为急性胰腺炎所致。经抗感染、活血等对症治疗后，患者症状未见明显好转，并出现呼吸困难，于2月18日凌晨转入该院ICU继续治疗。患者病情稳定后，于3月8日转回普通外科病房，2015年5月19日康复出院。

患者家属对其手术后发生急性胰腺炎不理解，认为医院有过错，与该院发生医患纠纷。该纠纷经医务部及当事科室负责人多次与患方代表沟通协商调解，始终无法达成一致。患方遂以手术医生不具备相应资质，越级手术导致严重并发症，花费高额医疗费用为由，于 2015 年 7 月向某区人民法院提起民事诉讼。经某区人民法院开庭审理并通过法院调解于 2015 年 12 月就相关问题达成一致，并由法院出具调解书。

（二）调解过程

此案因涉及手术医生与患方的亲戚关系，患方曾主动要求以调解方式解决纠纷，也经过了很多次调解，以下记录一次主要调解过程。

院内调解：受普外科室和患方的委托，医院医务部对此案进行调解。调解会由医务部工作人员担任调解员，出席调解会的医方是治疗科室医生代表，患方是患者的女儿。调解一开场，调解员首先申明调解会的目的和纪律。患者女儿选择先发言，因与手术医生是亲戚关系，不想追究手术医生的责任，但由于手术效果不理想，导致后期过高的医疗费用，希望院方能够负担全部医药费。一旦起诉，需要做医疗损害鉴定，不想影响该医生的声誉。科室代表提出，选择该医生进行手术是患方自己要求的，而且手术很成功，急性胰腺炎与手术效果无关，是正常并发症，患方要求医方承担全部医药费于法无据。听了医方代表的发言，患方马上表示，自己没有要求该医生单独进行手术，是医方安排不当造成。调解员指出，患方只要求赔偿但不期望追究手术医生的责任，是不切实际的想法，赔偿与责任是必然联系在一起的。最后，因双方争议数额差距较大，院内调解没有成功。

（三）调解结果

当事人诉至人民法院后，经法院调解达成协议，医方支付患者刘某医疗费、护理费、营养费、精神抚慰金等共计人民币 120 000 元，于 2016 年 1 月 20 日前一次性付清。

（四）过程评析

【调解启动】

此案调解经历了院内调解和司法调解两个阶段。院内调解由患方申请启动，经过多次院内调解，由于医患双方对于赔偿数额差距太大，始终无法达成一致。于是患方起诉到某区人民法院，最后经由法院调解，双方当事人达成调解协议。

【是否适用鉴定或专家咨询】

医患双方均未提起鉴定或者专家咨询。

【双方争点分析】

1. 手术医生不具备手术资质而越级操作四类手术，违反了诊疗规范，有法律上的过错。但这是在患方明知和极力主张的情况下进行的，因此医方主张患方是“自甘风险”行为，应该免除医方责任。

2. 患方否认是“自甘风险”，认为治疗行为和损害结果之间存在因果关系，医方又有违反诊疗规范的行为，存在过错，应该赔偿。

3. 手术医生无法提供证据证明患方当初的主张。

4. 医方认为此案术后发生急性胰腺炎，属于手术合理风险范围。如果同意赔偿，就是认定医方具有过错，是对医方名誉的损害。

【核心调解技巧或教训】

本案调解员面临的最大问题是，即使明确知道患方是“自甘风险”，也无法要求患方自认，在证据方面患方占据明显优势。这与前面案例类似之处是，患方掌握了医方违规操作的证据，要求医方赔偿损失。不同之处是，本案中医方的行为符合《侵权责任法》第 58 条的情形，患方诉至法院会得到支持。而前案医方虽然违规，但涉及的是行政法规，不直接导致损害赔偿。因此，本案患方掌握有利证据证明院方违反了诊疗规范，对胜诉胸有成竹，当患方请求的补偿数额远远超出医方所认同的数额范围时，分歧更难调和。最后患方诉诸法院，通过法院调解结案。在法院调解过程中，医方承认违反了相关规定，尽管患方“自甘风险”，最后同意以 40%以内的次要责任进行赔偿。其实，对医方来说，除了赔偿数额这个争点之外，维护本院的名誉也是一个重要争点，调解员在处理这种医方有显而易见法律过错的纠纷时，可以建议医方适时妥协反而可以节约之后为应对诉讼而付出的精力和时间。

本案留给医方的教训是，为预防此类纠纷再次发生，一定要重视遵守诊疗规范，杜绝感情用事，加强内部管理。

三、麻醉意外案

本案的患者在遭遇交通意外进院进行紧急抢救时，发生罕见的麻醉意外，造成严重后果。患方不能接受该风险，认为是医院的诊疗过错造成患者损害，纠缠医院进行赔偿。由于当事人和案件背景十分复杂，本案经过了极其烦琐的调解过程。

（一）案情介绍

患者周某，女，38岁，体型较胖。2007年10月3日由于他人交通肇事在某市某地段发生交通事故，致患者“左肩关节脱位，左肱骨外科颈粉碎性骨折，左额部头皮血肿，左额部软组织挫伤，左膝部软组织擦伤，颅底骨折”，当时急送某市一医院神经外科，住院行护脑、抗炎等治疗，因肩关节复位后未见明显好转，于10月7日转入某三甲医院骨科。其间因手术过程中发生麻醉意外造成周某三级伤残，但经市、省两级医疗事故技术鉴定，均认定不属于医疗事故。医院认为患者以肌阵挛为主的脑病表现，是多因素共同作用的结果，是不能预见也是不可避免的并发症。在对患者的诊疗过程中，院方严格遵守了临床常规和操作规程，没有医疗过错，也不构成医疗事故。

但是，患方家属对周某的治疗结果不满，认定院方有过错，当事三方（包括交通肇事责任承担方）因赔偿问题产生纠纷，自行协商未果，后由某市维稳办、某区政法委员会多次组织当事人及相关部门召开协调会，并经某区联合人民调解委员会调解结案。

（二）调解过程

本案发生时，患方家庭住所地正在进行征地拆迁，各种利益冲突和各方矛盾十分尖锐，患方基于拆迁经验，认为把事情闹大是解决问题的要诀，在医院闹事不少于10次，其住所地政府担心此事会影响拆迁进程和社会稳定，也介入对此案的处理。本案解决最终以人民调解为主，相关行政机关参与促成调解，这使得本案带有明显的中国特色。调解经过多次，以下记录一次主要的调解过程。

人民调解：该次人民调解由某区司法局副局长和维稳办主任共同主持，除当事人之外，参与人还包括某区政法委维稳办主任、某市政法委维稳办主任、某区医保局、肇事方及保险公司、患方住所地的村镇政府领导以及村民小组成员。

维稳办主任担任调解员，一开场即明确表态：今天的调解会一定要解决问题，希望各方积极配合。患方首先发言，申明对交通肇事方没有意见，矛头指向医院，对医院有意见。接下来，肇事方发言，表示同意负担患者的残疾赔偿金和非麻醉意外引起的治疗费用。随后，是医方表态，医方代表提出，本案属于正常的医疗风险，医院没有过错，实际上不应该承担任何责任。患方听后，表示不同意医方专家的意见，麻醉意外虽然不是医方造成的，但三级伤残的损害后果应该是医方责任。医方代表反问道，没有因果关系，谈何责任呢？调解员要求其他参与各方表态，大家都各自声明己方没有责任。

调解员提出，本案因果关系复杂，当事各方都有自己的立场。如果大家都只坚持自己的立场，那案件就无法解决。考虑到该案拖延时间过长，应该尽早解决问题，各涉事单位应顾全大局，放弃固有的看法，共同商量如何把问题解决。然后，调解员向医方代表提出，因为该案情况特殊，希望医院能够分担一部分责任。接着，调解员又把话题转向患方，请患方家属提出具体的补偿数额要求。患方首先提出 50 万元的请求，在场各方均不赞同。在调解员的组织下，经过几轮磋商，患方把数额降到 40 万元之后，各参与单位最终同意按照等份来承担该数额。经过这次调解，各方达成了协议。

（三）调解结果

经各方协商，达成以下调解协议。

1. 交通肇事责任方谢某在中国平安保险公司理赔后，应将赔偿款（含交通事故部分医疗费、护理费、误工费、再次手术费、住院伙食补助费、交通费、残疾赔偿金等）全额支付给受害人周某。除上述赔偿款项外，谢某本着人道主义的精神还自愿给付患者周某现金 2 万元。

2. 医方自愿给付患者周某补偿款人民币 3 万元，用于患者周某住院医疗费，从补偿款中补交医疗费用并结算后周某的医疗费欠款余额，医方承诺不再要求患方承担。

3. 医方积极配合患方办理新农合保险医疗费用报销事宜。

4. 谢某和医方在调解协议生效后 3 日内支付上述款项，并将该款汇入某区某镇政府（周某户籍所在地）账户。

5. 上述款项全部到账后，在领款前，患方家属应办理出院手续，将周某从该院接回家。

6. 根据多次协调会议精神，周某交通事故、医疗纠纷及相关救济的费用应由某镇综治办协调给付周某，周某所在村村委会监督使用。

7. 周某交通事故人身损害赔偿纠纷和医疗纠纷就此一次性解决。本调解协议生效并履行后，患者周某及家属不得以任何形式和理由向肇事方谢某和该医院提出协议以外的要求。

（四）过程评析

【调解启动】

此案启动是多方作用的结果，以维权为理由，患方发动了许多亲戚朋友聚集在医院吵闹，医方调动了各方资源组织调解。调解协议最终由某区人民调解委员会作出，是多方参与调解的结果，除了医患双方，市维稳办、患者家庭所在地政府都参与了调解。

【是否适用鉴定或专家咨询】

该案经过两次鉴定，均认定医方没有医疗过错，但这没有阻止患方的无理请求。

【双方争点分析】

调解员须应对的该案主要争点梳理如下。

1. 患者因交通事故入院治疗，出现麻醉意外，手术后又出现并发症，治疗结果很不理想，患方将之归结为医方过错。

2. 患方发动住所地亲戚朋友们来医院闹事，扰乱医院的正常诊疗秩序，意图迫使医院答应其诉求。

3. 医方认为，麻醉意外和并发症均不是医生可以控制的，属于不可控的医疗风险，医方无责。

4. 医方需要迅速恢复诊疗秩序，但不希望为正常医疗风险埋单，不希望被患方讹诈。

在法律上没有责任但又不得不补偿的情况下，很难说调解对医方利益的处理是公正的。从程序角度看，双方出于迅速解决纠纷的需要，基于自愿原则参与了调解，这符合调解的基本要求。只是我国目前的某些现实困境，使得调解员在调解时要综合各方利益，不仅仅是对案件本身进行评价，还必须考虑社会效果，这是基于现实考量之后所作出的利益最大化的选择。

此案的调解，充分体现出调解在转型社会的衡平功能。本案调解之所以有如此多的参与方，主要目的是想集合各方力量，大家凑钱给患者提供治疗费用，这是典型中国式的调解和处理难题的方式。

【核心调解技巧或教训】

本案调解员面对的难题是：属于医疗风险，双方均无过错，应该由谁承担责任？患方以扰乱医院正常诊疗秩序的方式来维权，该如何承担不良后果？本案调解缺乏自然公正的基础，医方没有过错，不存在承担责任的问题。在斟酌权衡各方利益之后，最终达成调解协议，是出于利益选择的结果，是两害相权取其轻。

该案不是普通意义上的调解，而是掺杂了中国特色的调解（调处），以人民调解为基础，夹杂了行政权力的渗透，以满足尽快恢复社会秩序的愿望。患者周某以肌阵挛为主的缺血缺氧性脑病的表现，是多因素共同作用的结果，是不能预见也是不可避免的并发症。医院在诊疗过程中，严格遵守了临床常规和操作规程，没有医疗过错。

调解员在调解此类案件时，应该对医疗意外有基本认识，也应该帮助患方当事人对此有所认识。本案采用了“多方联动法”打破调解僵局，调解员（本案调解员是行政官员）利用自己的权威要求各方妥协。这种妥协可能导致调解丧失公正的基础。这也是调解解纷遭到某些批评的主要原因。

（五）参考案例

【案例名称】

罗玲利与温岭市妇幼保健院医疗损害赔偿纠纷再审，案号为（2008）浙民再字第 84 号。

【案例内容】

该案原告的损害后果考虑为因药物高敏反应所致的神经毒损伤，属麻醉意外，二审认定原审被告妇幼保健院在诊治过程中未见过错行为，不负赔偿责任。当事人不服生效裁判，提起再审申请。

再审法院认为：本案中认定罗玲利在妇幼保健院分娩过程中因实施麻醉致左腰骶神经损害造成单肢瘫（肌力 4 级，为玖级伤残）事实的证据充分，当事人在一、二审中也并无争议，关键是妇幼保健院在诊疗过程中是否有过错。对过错问题，在本案中，确实存在两份结论不同的鉴定书。作为法定和专业医疗事故鉴定机构的浙江省医学会，其根据医患双方提供的材料和陈述的意见，在医疗事故技术鉴定书及复函中，明确妇幼保健院在给罗玲利的诊治过程中，麻醉操作过程符合规范，麻醉药物使用剂量、浓度在正常范围，妇幼保健院在罗玲利术后出现左下肢乏力等症状后治疗措施符合诊疗常规，妇幼保健院在给罗玲利的诊治过程中未见过错行为。罗玲利的损害后果考虑为因药物高敏反应所致的神经毒损伤，属麻醉意外，不属于医疗事故。

罗玲利麻醉针刺部位在上，损伤的左侧腰骶神经在下，也不可能针刺形成损伤。现有证据不能认定妇幼保健院在对罗玲利实施麻醉过程中存在过错。罗玲利认为麻醉记录单系事后伪造，妇幼保健院在本案中存在过错的理由不能成立。医疗损害赔偿纠纷案件中，确定医疗机构对患者在就医过程中造成的损伤承担责任必须具备：医疗机构存在过错行为，且过错行为与损害结果之间存在因果关系。基于前述分析，因不能认定妇幼保健院在本案中存在过错，而罗玲利在妇幼保健院分娩时因实施麻醉造成左侧腰骶神经损伤，浙江省医学会在医疗事故技术鉴定书及复函中明确不属于医疗事故，认为罗玲利的损伤系因麻醉药物高敏反应、自身体质等因素所致的麻醉药物神经毒损伤可能性为大。故罗玲利申诉认为妇幼保健院应对其就医造成的损伤承担赔偿责任的理由，无事实和法律依据，二审改判妇幼保健院不承担赔偿责任的事实和法律依据充分，可予维持。当然，基于罗玲利因就医造成损伤的事实存在，二审根据公平原则，判令妇幼保健院补偿罗玲利损失 16 004 元，并不失当，再审再予增加补偿金额理由并不充分。综上，原二审判决认定妇幼保健院在本案中没有过错依据充分，据此作出的实体处理得当，应予维持。罗玲利的再审申请理由不能成立，不予支持。根据再审查明的事实，虽然一、二审未对罗玲利已支付鉴定费3 500 元的事实及该鉴定费由谁负担作出认定和处理存在疏漏，但由于妇幼保健院在本案中不存在过错，该鉴定费按照国务院《诉讼费用交纳办法》的相关规定应由罗玲利负担，再审时无须另行处理。

再审裁判结果：维持台州市中级人民法院（2008）台民一终字第 73 号民事判决。

【案例指导意义】

二审法院认定医疗机构无过错，患者损害是麻醉意外，只是根据公平原则，要求医疗机构补偿患者 16 004 元。在诉讼费用的分配方面，“一审案件受理费 7 550 元，鉴定费 3 500 元、其它诉讼费 300 元，二审案件受理费 6 710 元，共计 18 060 元，由温岭市妇幼保健院负担 2 690 元，罗玲利负担 15 370 元”，原告负担了大部分诉讼费用，这也说明了法院的态度。该案为调解员调解正常医疗风险范围内医院无过错的类似案件提供了较好的例证，对降低患方的期待值有较好的说服作用。

四、“院前死亡”案

本案的患者在某诊所就诊时，诊所医生予以输液治疗，不久后发现患者情形不对，将其紧急送往邻近某三甲医院，由于处理不及时，患者在送院时已经死亡。患方对医方的行为有误解，与该院发生纠纷，实际上是患方罔顾事实的医闹行为。

（一）案情介绍

患者杨某，2014 年 2 月 12 日、13 日连续两个上午在某个体诊所就医，按照诊所开具的处方输液治疗。13 日下午 13：00 时，患者病情加重，被家人紧急送至该个体诊所，该诊所李医生见患者杨某的病情危急，经抢救无效，就通知救护车将杨某送到附近某三甲医院。该院当天下午 13：55 分接诊患者杨某，诊断为“院前死亡”。虽然该院当时进行了 80 分钟的抢救，但不能提供抢救记录。患方认为该医院在接诊患者并确定患者仍有心电活动的情况下，对患者诊断为“院前死亡”明显错误，且拒不提供诊治抢救记录，违反了《病历书写基本规范》，应当对患者的死亡承担相应责任。

该院认为杨某到院已经死亡，本院的诊疗行为不存在过错。而杨某首诊的个体诊所在对其诊疗过程中，检查欠仔细，对其病情认识不足，存在过错，其行为与杨某的死亡有一定的因果关系。

双方就纠纷协商调解未果，患方向某人民法院起诉请求该个体诊所和该医院赔偿。

（二）调解过程

杨某一案，是因患方对医方有误解而产生纠纷的典型案例。患者明显是“院前死亡”，但是患方家属或许是因为不了解情况而在医院大闹，或许是为了拿到大医院的赔偿款执意认为患者是在该院死亡的。该案在医院经过了几次院内调解，调解时患方曾经在医院大吵大闹，坚持认为患者是在该院治疗后才死亡的，所以应该由医院赔偿。医方提出患者家属应该补齐急救费的要求，也被患方拒绝。

医院医务部组织了三次沟通调解，医方参与了前两次调解，对患方的赔偿要求表示不能接受。第三次，医方拒绝再次调解，建议对方起诉，因为双方基本观点存在巨大差异，无法达成一致。以下记录一次主要调解过程。

院内调解：本次调解由医务部工作人员担任调解员，医方代表是急诊科医生、120 救护车驾驶员，患方代表是患者女儿。调解一开场，医方代表首先陈述接诊的具体过程：120 救护车什么时候到达现场，患者上救护车时的病情如何（当时做心电图就已经是一条直线），到达急诊科时的病情描述，抢救情形的描述，抢救费用的产生，再现当时抢救过程，认为医方对后果没有过错和责任并且要求患方承担急诊的医疗费用。患方听后，表示不同意医方的意见，认为患者只是感冒，是在该院治疗时死亡，拒不承担急诊费用。同时，患方反复要求医方提供急诊病历。医方向患方申明病历上标明是无名氏，说明首诊诊所在患者上急救车时没有交接病情，也没有交付病历，患者所患可能是重症心肌炎，病情凶险，到院时已经死亡，对该后果该院没有任何责任。调解员听后对双方提出，既然双方同意以调解方式结案，建议在弄清抢救过程之后拿出各自的解决方案，争取早点解决纠纷，而不是把时间花在无谓的争论上。医方代表回应说，己方无过错，不应该承担责任，没有让步的空间，也没有其他共同利益可考虑。本次调解无果。

（三）调解结果

院内调解无果。患方向当地人民法院起诉，法院根据鉴定意见，判决首诊诊所向患方支付 42 824 元，该院则不承担任何法律责任。

（四）过程评析

【调解启动】

此案由患者申请启动院内调解，因患方不合理的要求，调解不成功。

患方诉至法院，由法院判决结案。

【是否适用鉴定或专家咨询】

此案进行了鉴定，鉴定机构出具意见书认定该院无过错。根据某司法鉴定中心的鉴定意见，医院对杨某的诊疗行为不存在过错。而杨某首诊的个体诊所在对其诊疗过程中，检查欠仔细，对其病情认识不足，存在过错，且与杨某的死亡有一定的因果关系，建议过错参与度为10%。

【双方争点分析】

1. 患方认为医疗机构院前急救不及时，罔顾患者已经院前死亡的事实。

2. 患方为达目的，在医院聚众闹事，扰乱正常诊疗秩序。

3. 医方认为不存在任何过错，拒绝赔偿。

【核心调解技巧或教训】

本次调解中患方认为在医院无理纠缠就可以获得医方妥协，得到期待的赔偿，但没有成功。医方在此案的处理过程中，坚持自己的观点和立场，不为患方的暴力手段所动。调解员在调解时告知患方法律上的各种可能性，但患方坚持己见，不一定是不知道自己理屈，可能是抱着侥幸心理。

对调解员来说，患方抱持如此心理，是一种严峻考验，既需要把控正确的方向，又需要纠正患方的投机行为。可见我国目前医患纠纷调解所处的社会生态，需要应对许多无理取闹。这也是卫计委等相关部门联合发文要求未经过责任认定，医院不得赔钱息事的主要原因。①

本案调解时，尽管医院没有过错，但是调解员仍然可以利用诉讼风险评估法，帮助患方对风险进行评估，降低当事人的期待值。

（五）参考案例

【案例名称】

滕黄站、覃桂连等与来宾市兴宾区寺山乡中心卫生院医疗损害责任纠纷，案号（2015）来民三终字第134号。

【案例内容】

该案原告是患者的父母，治疗过程中涉及两家医疗机构，来宾市兴宾区寺山乡中心卫生院是初诊医院，来宾市中医医院是转诊医院，该案

---

① 2016年3月30日，卫计委再次颁发《关于进一步做好维护医疗秩序工作的通知》，要求“医疗纠纷责任未认定前，医疗机构不得赔钱息事”。

死者被送到转诊医院后被诊断为院前死亡，程序上存在两个医院交接的环节。原审原告一审仅起诉了来宾市兴宾区寺山乡中心卫生院，要求赔偿。

本案一审审理过程中，原告单方委托来宾市桂中司法鉴定所对来宾市兴宾区寺山乡中心卫生院在对本案死者黄宝月的诊疗过程中是否存在医疗过错及黄宝月死亡与该医院诊疗行为有无因果关系进行鉴定。2013 年 1 月 20 日，来宾市桂中司法鉴定所出具（2012）临分字第 241 号法医学分析意见书，鉴定意见为：来宾市兴宾区寺山乡中心卫生院在对被鉴定人黄宝月诊疗过程中未尽到专业上高度注意义务而存在医疗过错，其医疗过错与被鉴定人黄宝月死亡后果存在因果关系。

2014 年 3 月 25 日，被告向一审法院申请重新鉴定，鉴定内容包括：（1）黄宝月的死因；（2）被告对黄宝月的诊疗行为是否存在过错；（3）黄宝月的死因与被告的诊疗行为是否存在因果关系。2014 年 4 月 29 日，原、被告经过协商一致同意选择广西金桂司法鉴定中心作为重新鉴定机构，并由一审法院办理委托鉴定事项。2014 年 7 月 21 日，广西金桂司法鉴定中心复函认为，黄宝月死后未进行尸体解剖检验，而根据现有的病历资料无法明确黄宝月的死亡原因，会影响判断“来宾市兴宾区寺山乡中心卫生院在对黄宝月的诊疗过程中是否存在过错，与黄宝月的死亡有无因果关系”。广西金桂司法鉴定中心决定对该案重新鉴定不予受理。

一审法院认为，患者黄宝月被送往被告处治疗，双方即建立和存在医患治疗及接受治疗的权利义务关系，被告应当在其医疗设备及医疗技术范围内对患者黄宝月的病情负高度注意义务。被告辩称其没有 CT 医疗设备，2012 年 11 月 5 日上午 9 时至下午 18 时 35KV 蒙村站 10KV 寺山线停电技改施工，救护车出诊来宾未回，接诊医生也采取了相应的医疗措施，医疗行为不存在过错。如果被告没有相关的医疗设备又在停电的情况下不能确诊黄宝月的病情，就应采取相应的措施立即转院到上级医院进行治疗。另外，在救护车出诊来宾的情况下，被告并没有向相关部门求助，争取转院时间。因此，医院在为病患提供医疗服务过程中，对黄宝月的病情认识不足，在自身不能确诊的情况下，未能及时将病患的病情告知患者及其亲属，又未能及时转诊，此过失与黄宝月的死亡有一定的因果关系。2013 年 1 月 20

日，来宾市桂中司法鉴定所出具（2012）临分字第 241 号法医学分析意见书，鉴定意见为：来宾市兴宾区寺山乡中心卫生院在对被鉴定人黄宝月诊疗过程中未尽到专业上高度注意义务而存在医疗过错，其医疗过错与被鉴定人黄宝月死亡后果存在因果关系。本院对此依法予以采信。患者黄宝月在被告处治疗后转院过程中死亡，在没有弄清死亡原因的情况下，医患双方均有义务依照程序申请行政处理，被告作为国家医疗单位应当意识到不进行尸检将导致无法确定死因的结果，而放任这一结果的发生，为此被告应承担相应的责任。原告在庭审中提出被告未提示患者家属进行尸检，医疗机构也无法提供证明其曾提示患方进行尸检的有效证据。医疗机构未提示患者家属进行尸检，未履行告知义务，是导致本案鉴定无法认定因果关系的主要原因，应由医疗机构承担举证不能的后果。

最高人民法院《关于民事诉讼证据的若干规定》第 4 条第 8 项规定，因医疗行为引起的侵权诉讼，由医疗机构就医疗行为与损害结果不存在因果关系及不存在医疗过错承担举证责任。被告未向法院提出证据证明其医疗行为不存在过失或过错，也不能证明死者的死因与卫生院的治疗无因果关系，且在诊疗过程中患方没有不配合院方治疗的行为。为此，被告作为国家专业的医疗机构应承担民事赔偿责任。关于原告的诉讼请求：（1）患者黄宝月在来宾市中医医院抢救时花费医疗费 469.67 元及原告委托来宾市桂中司法鉴定所鉴定时花费鉴定费 4 300 元，有正式发票为凭，本院予以确认；（2）丧葬费17 076 元（职工月平均工资 2 846 元/月×6 个月）和死亡赔偿金 104 620 元（农村居民人均纯收入 5 231 元/年×20 年），根据 2012 年《广西壮族自治区道路交通事故损害赔偿项目计算标准》计算，本院予以确认；（3）交通费 300 元，原告没有提供正式票据，根据原告因就医实际发生的情况，本院予以确认；（4）精神损害抚慰金 30 000 元，结合所在地平均生活水平，本院予以确认。以上各项共计：156 765.67 元。综上所述，依照《中华人民共和国侵权责任法》第 54 条，最高人民法院《关于审理人身损害赔偿案件适用法律若干问题的解释》第 19 条、第 22 条、第 27 条、第 29 条、第 35 条及最高人民法院《关于确定民事侵权精神损害赔偿责任若干问题的解释》第 10 条之规定，判决：被告来宾市兴宾区寺山乡中心卫生院赔偿给原告滕黄站、覃桂连医疗费、丧葬费、死亡赔偿金、交通费、鉴定费及精神损害抚慰金共计 156 765.67 元。本案受理费3 435 元，由被告来宾市兴宾区寺山乡中心卫生院负担。

原审被告对一审判决不服，提起上诉。

二审法院认为：判断上诉人在诊疗过程中是否存在过错应先查明黄宝月的死亡原因，而死因的明确依赖于法医病理鉴定。法医病理鉴定是指运用法医病理学的理论和技术，通知尸体外表检查、尸体解剖检验、组织切片观察、毒物分析和书证审查等，对涉及与法律有关的医学问题进行鉴定或推断。由此可见，尸体解剖检验是得出医疗鉴定意见的一个重要方法。来宾市桂中司法鉴定所在没有尸体解剖检验的情况下，仅根据死者的门诊、病历记录等书面材料作出鉴定意见，鉴定方法单一、不科学，鉴定意见不客观，且是被上诉人单方找鉴定所作出的，在鉴定程序上存在瑕疵。故此，本院对来宾市桂中司法鉴定所作出的（2012）临分字第 241 号法医学分析意见书不予采信。

根据审理查明的事实是，黄宝月死亡主要是心肺功能衰竭，系自身疾病所致。而造成黄宝月没有尸检的原因不能完全归咎于上诉人，上诉人已用救护车将黄宝月送往来宾市中医医院，来宾市中医医院也实施了抢救行为，虽诊断为院前死亡，但程序上存在两个医院交接的环节，因两院交接，上诉人称没有告知被上诉人尸检符合客观事实，但其也存在一定过失。2011 年 11 月 5 日上午 8 时黄宝月因发热、呕吐到上诉人门诊部治疗，当天因停电及该院设备落后无法对患者进行相关检查，上诉人按照普通扁桃体发炎的救治手段为黄宝月进行诊治，由于上诉人对病症判定不准确，又未及时告知患者转院治疗，延误了救治的最佳时期，因而上诉人在医疗过程中存在一定过错，该过错与黄宝月死亡之间有一定的因果关系。综合全案事实，本院确定来宾市兴宾区寺山乡中心卫生院承担 40%的民事责任。一审法院认定上诉人承担全部责任错误，应予纠正。关于被上诉人的损失问题，本院确认一审法院确认的被上诉人各项损失共 156 765.67 元，该损失应按照双方的责任比例进行分担，则来宾市兴宾区寺山乡中心卫生院应赔偿 62 706.27 元（156 765.67 元×40%）。上诉人的上诉理由部分成立，本院予以支持。

【案例指导意义】

1. 本案涉及转诊问题，患者送达转诊医院时即诊断为院前死亡，转诊医院与患者死亡之间无因果关系。

2. 本案应该适用《侵权责任法》第 54 条确立的过错责任原则来分配举证证明责任，一审法院却适用最高人民法院《关于民事诉讼证据的若干规定》第 4 条第 8 项规定来分配举证证明责任，属于适用法律错误。二审法院对此有所修正。

3. 本案二审法院否定了缺乏足够鉴定资料、鉴定程序有瑕疵、且由单方申请鉴定的鉴定意见的证据效力。

4. 本案二审法院在缺乏有效鉴定意见，已经无法进行尸检的情况下，综合案件事实，认定初诊医院对患者的损害承担 40%的次要责任。这说明在司法实践中，在缺乏有效科学证据的情况下，法官也可能根据事实来对过错程度进行判断。

五、重症胆管炎案

本案中患者家属非常强势，全力动员各种资源向医方施压，要求不合理的赔偿。

（一）案情介绍

患者童某，女，70 岁。因右上腹反复疼痛 3 天，伴胸闷、气促半小时，于 2009 年 7 月 1 日 15：00 入某医院普外科治疗。入院诊断：（1）休克查因：过敏性？感染性？（2）胸闷、气促查因；（3）胆囊结石。予以对症、支持等相关治疗，患者病情无好转，于当晚 19：35 转入 ICU 治疗。2009 年 7 月 6 日 0 时 4 分患者心率下降，血压测不出，经全力抢救无效，于 2009 年 7 月 6 日 0 时 54 分死亡。患者家属不能接受童某的死亡，认定医院有过错，引发纠纷。在某市政法委及医院辖区派出所的主持下，双方就此事进行沟通，患方选择与医院调解解决争议，达成调解协议。

（二）调解过程

2009 年 7 月某日下午，某派出所接受该院和患方的委托对此案进行调解。调解会由该派出所所长担任调解员，出席调解会的医方代表是治疗科室医生，患方代表是患者的儿子、孙子及其他亲戚，还有患者住所地镇党委副书记，自称代表当地村民找医院维权。

调解一开场，调解员首先申明了调解会的目的和纪律，希望双方保持冷静，通过合法手段解决纠纷。患方代表一开场就表现得十分激动，提出此事若不能满意解决，就带人包围并封堵医院，还当场威胁当事医生及护士。患方代表认为，医院对患者死亡的后果有着不可推卸的责任，是一起严重的医疗事故，希望院方拿出诚意，承认过错，积极赔偿。如果不同意赔偿，在省卫生厅有熟人可以打招呼，医院最后还是要赔偿。医方代表回应说，此案经院内专家讨论后认为医方在患者的治疗过程中没有过错，不存在赔偿问题。但可以根据人道主义原则考虑对医疗费予以适当减免。若患方坚持认为医方有责任，甚至构成医疗事故，可以申请医疗事故鉴定，通过诉讼方式解决。患方听后提出，不能做鉴定，因为医学会和医院肯定是相通的，并坚持认为医方有责任，门诊处方有更换，如果院方承认错误作出赔偿，便不再追究医疗事故的责任，同时坚决拒绝通过诉讼解决纠纷，要求通过调解解决。双方争议较大，本次调解无果而终。

调解过程中，由于双方对此案的认识差距很大，一度僵持不下，陷入僵局。其间，患方的无理要求还影响到医院正常的诊疗秩序和医院周边的社会秩序，为给院方施压，患方约请了近200人聚集到医院实施武力威胁，还采取了一些极端手段，例如派人躺到救护车车轮下阻止救护车开动。为避免过于被动影响正常的诊疗秩序，院方不得不针锋相对，组织了200人的保安队伍驻院以保障安全，报案后某区特警人员驰援，防止发生恶性事件。患方在发现暴力无法威胁医院的情况下，最终不得不放弃过高的期待值，双方达成调解协议。

（三）调解结果

患者住院期间共发生住院费用（自付部分）7 261.05元，院方ICU科室同意退还住院费用1 200元，同时医院同意减免患者住院费用1 000元，双方一次性解决此纠纷。调解协议生效时封存的病历自动解封。患方承诺在协议履行之日按有关规定将死者的遗体移出医院，双方不再就此事以任何形式向对方主张赔偿及其他权利。

（四）过程评析

【调解启动】

此案由患方申请启动院内调解，但患方的主要目的是想规避法律，试图通过调解获取不正当利益。

【是否适用鉴定或专家咨询】

患方拒绝提起鉴定。

【双方争点分析】

1. 医方认为己方完全没有过错。患者所患重症胆管炎，在急诊时已经休克几次，抢救过来之后收入重症监护病房住院，治疗无效一周之后死亡。

2. 患方认为患者死亡的结果本身即证明此案是重大医疗事故，要求医方承担全部责任。

3. 患方拒绝通过鉴定分清责任。

4. 患方采用暴力手段威胁医方，扰乱医院正常诊疗秩序，动用了各方面的社会资源介入纠纷解决过程，要求医方妥协赔偿。

【核心调解技巧或教训】

此案的调解过程是典型的拉锯战，调解员面对的最大难题是如何压制消解患方戾气，不但不受之威胁，还要促使患方回到正常状态，使调解能够在力量平等，而不是一边倒的局面下得以顺利进行。为了达到这个目的，本案调解员采用了"多方联动法""适当强制法"。医务部联系调动特警到医院维持秩序，让患方召集来医院闹事的人不敢轻举妄动，使双方在外部支持力量方面维持一种平衡，使得调解能够在力量平等的状态下进行。

假如本案中涉事医院没有这种动员各方资源维护秩序的能力，该院的日常工作肯定会极受影响，患方基于此可能获得更多的话语权，使得调解于完全不对等的状态下进行，医方可能被迫答应患方的赔偿请求。从这个角度来看，这种调解似乎已经不是我们日常意义上理解的调解，而是当事人在资源动员上的对峙。患方在对峙失败之后，调解桌上的调解才回到真正意义上的调解，是根据案件的具体情况来衡量、确定各方利益。此案的核心调解技巧不在于调解本身，反倒是在调解之外，即如何才能让双方处于对等地位，坐在调解桌前进行谈判磋商。

六、器官移植案

本案的起因是患者所需肾源的相关费用没有通过医院财务收支，因而引起患方不必要的猜疑，在手术失败后患方状告医生的违规行为，进而要求医院承担本应属于正常风险的手术后果。

（一）案情介绍

患者刘某，女，因患有慢性肾炎于 2014 年 6 月 4 日在某医院治疗，治疗期间，患者的主治医生张某建议患者进行肾移植手术，要求患方给另一位医生丁某的账户汇款 15 万元作为寻找肾源的费用，患者丈夫为了妻子肾移植手术的顺利进行，按照安排向丁某的账户汇款 15 万元。换肾手术后，患方还给院方送了锦旗表示感谢。不幸的是，患者于 2014 年 10 月 4 日因肺部感染死亡。移植术后，由于患者免疫系统被摧毁，肺部感染是常见并发症。

患方对治疗结果不满，医务部及当事科室负责人多次与患方代表沟通协商，因意见分歧较大，始终无法达成一致意见。患方于 2015 年 1 月 21 日诉至某区人民法院。法院经审理，驳回了患方全部诉讼请求。患方不服上诉，中级人民法院驳回上诉，维持原判。

（二）调解过程

2014 年 11 月 19 日上午，该院医务部接受移植科室和患方的委托对此案进行调解。调解会由医务部工作人员担任调解员，医方代表是治疗科室医生，患方代表是患者的丈夫、姐夫、姐姐、表弟及其他亲戚数十名。调解开场之前，调解员向患方提出只能留不超过五位的代表在现场参与调解，其他亲戚朋友在隔壁等候。待患方选出五位代表之后，调解员宣布调解开始。调解员首先介绍了参与调解的双方人员，申明了此次调解会的目的和纪律，对患者因病逝世表示哀悼，对家属表示慰问，希望双方能够冷静、客观、妥善地处理纠纷。

患方代表首先发言提出为什么十几万元的肾源费用不是通过医院而是通过医生个人收取？医院作为诊疗机构，不得收取医疗费以外的其他费用。主治医生作为该医院职工，乘人之危，使患方在违背真实意思的情况下支付了肾源费用，应该属于强制乱收费。根据相关法律规定，医院职工在诊疗过程中的行为属于履行职务或与履行职务相关的行为，所以医生收款行为的法律后果应当由医院承担连带责任。对于患者的疑问，调解员要求医方对此进行回应。医方代表对此问进行了详细的解答，医生收取的该笔费用用于以下几个方面开支：捐赠者家属的精神抚慰费用，捐赠器官的保存、运输费用，以及捐赠者的遗体安葬、住院费用，等等。根据相关法律规定，没有捐赠者及其家属同意，医院不能随便透露捐赠者的个人信息，因此不能告诉患方肾源来自何人何处。患方代表不依不饶，一定要求医方告知肾的来源（这不属于患方应当知晓的信息，调解员可以提醒解释）。医方代表告诉患方，肾源是通过捐赠的方式获得的，并非患方认定的地下非法肾源，出于对捐赠者的保护，不便透露更多的信息。医院并无乘人之危的行为，接受捐赠器官是患者及亲属的真实意思表示，本院只是代为收取相关费用，是患者接受捐赠器官实际发生的费用，并非不当得利。患方要求返回十几万元没有事实与法律依据，违反了诚实信用原则。调解继续进行，但最终由于双方意见分歧较大，没有达成调解协议。

（三）调解结果

院内调解没有成功。患方向法院起诉，法院最终判决驳回原告全部诉讼请求。

（四）过程评析

【调解启动】

此案经历了院内调解，但没有成功。因为患方要求赔偿肾源费用，但院方并没有所谓的“收黑钱”，移植手术也很成功，院方不接受患方提出的退费方案。

【是否适用鉴定或专家咨询】

医患双方均未提起相关鉴定或者专家咨询。

【双方争点分析】

1. 医务人员有义务为器官移植的供体、受体的个人资料保密。根据《人体器官移植条例》第 3 条规定：任何组织或者个人不得以任何形式买卖人体器官，不得从事与买卖人体器官有关的活动。该条例第 23 条规定：从事人体器官移植的医务人员应当对人体器官捐献人、接受人和申请人体器官移植手术的患者的个人资料保密。而且基于实际情形中的伦理、情感等因素，也不提倡供体和受体见面。

2. 医方认为己方不存在诊疗过错，也没有违反法律规定的行为。

3. 患方认为医方收费的方式违反规定，对于患者的死亡，应该承担赔偿责任。

【核心调解技巧或教训】

调解过程主要是医方正式再次向患方解释所支付的十几万元费用的去

向，实际上患方也明白费用是付给捐赠者了。尽管手术效果很好，但由于出现术后并发症，患者仍然死亡，患方期待能够通过投诉，索回相关费用，减少己方的损失，这是明显违反诚信原则的做法。在这种情况之下，调解员无法帮助医患双方找到共同利益点，所以调解失败。患方转而向法院提起诉讼，但没有得到法院的支持。

从此案可以看到医方在收费过程中有不规范行为，应该作为教训，防止以后出现类似的行为。但对于患者来说，要通过正常排队获取肾源，可能要等待很久的时间。在等待不及的情形下，采取了由医生直接联系肾源的办法，也是下下之策。调解员应该建议医方规范管理，防止再次出现患方以管理不规范为由提出无理要求。

七、院内自杀案

本案患者在医院自杀死亡，与医院的治疗行为没有直接关联。虽然自杀是患者的选择，但家属要求院方承担监护不当的责任，经沟通，双方达成调解协议。

（一）案情介绍

患者白某，男，59 岁。因全喉术后 20 余月，发现左颈部肿块 18 余月，于 2012 年 3 月 29 日入某医院耳鼻喉科住院治疗。入院诊断：全喉切除术后并颈部淋巴结复发。完善相关检查及手续后于 2012 年 3 月 30 日行左侧颈部肿块切除＋根治性颈部清除术，手术过程顺利，术后予以抗炎、对症支持等治疗，患者恢复可。2012 年 4 月 12 日，患者无明显诱因于中午在该院跳楼自杀身亡，患方家属因对白某的意外死亡不理解而与院方发生纠纷。

（二）调解过程

2012 年 5 月某日上午，该院医务部接受治疗科室和患方的委托对此案进行调解。

调解会由医务部工作人员担任调解员，医方代表有治疗科室护士长代表陈某，患方代表有患方的四名亲戚。调解一开场，调解员首先对患者白某的死亡表示哀悼，对家属表示慰问，同时也表示期待患方能够冷静、客观、妥善地处理纠纷。接着调解员示意患方先发言，患方的儿子提出：患者曾辗转三家医院，均被拒绝收治，该院接受了患者住院并给患者做了手术，本来是很感激医院和医生的。但是，术后患者仍不能写字，因此应该是医疗事故。还没出院，患者又突然在医院自杀，医院对此应该有不可推卸的责任。治疗期间，除主治医生和护士长，其他人对待患者的态度很差。患者不能讲话，很可能是与护士沟通时受到了刺激，这才是引起患者自杀的主要原因。医方代表听后回应说，自杀是个人的故意行为，患者有家人陪护，医方只有看护和护理的义务，监护义务不应由院方承担。自杀的后果当然是由患方自己承担责任。患方质问院方，当时患者前胸还有三个洞，如何判断就可以出院？并且家属事先根本不知道安排周一出院。患者出事后，遗体一直摆在雨中，几个小时无人理会。事故发生后，院方除护士长外无人理会家属，处理太失礼。医方反对患方的这种说法，强调事情发生的时候患者神志清楚，有完全民事行为能力。患者跳楼爬上窗台使用的凳子是患方家属提供的，显然是家属没有尽到照看义务。但是调解时没有看到当时陪护的家属，是不是为回避己方责任担心当面对质而有意回避？听完双方的表述，调解员表示对事件发生的具体情形有了基本的了解，询问双方是否愿意开始协商补偿事宜。医方提出，医院没有过错，不应该承担任何责任。患方则坚持，医院应该承担全部责任。

由于双方分歧较大，该案经两次院内调解未成。患方组织一些群众去医院闹事，试图给医方施压，因医院报案，医院驻地附近派出所也出面帮助协调调解，建议医院适当补偿患方一点费用，以便患方有台阶可下。在这种情形下，双方达成了协议。

（三）调解结果

院方同意支付患方现金 3 900 元，双方一次性解决此纠纷。患方承诺在双方签字后两日内搬走死者遗体，太平间费用由患方承担。

（四）过程评析

【调解启动】

此案由当事人申请启动院内调解。

【是否适用鉴定或专家咨询】

因患者院内自杀，家属不理解，医患双方均未提起鉴定或者专家咨询程序。

【双方争点分析】

1. 医院认为不存在诊疗过错。

2. 医方认为己方不存在监护不到位的责任。

3. 患方认为患者自杀，医方服务态度不好是主要原因，而且监护不到位。

4. 患方认为医院同意收治患者，但没有达到期待的效果，就应该属于医疗事故。

5. 患方为达到目的，邀请了残联的人来医院闹事助威，影响了医院正常的诊疗秩序。

【核心调解技巧或教训】

本案的调解，应该重视道歉的作用。虽然医院对于患者的死亡不应该承担责任，但为了拉近心理距离，调解员可以对患方表示道歉，在调解过程中向患方家属说明院方尽到了应尽的义务和责任。

患方在调解时为助长己方声势，邀请残联的人来医院参与调解，目的是获得更多的赔偿。邻居家的老人在另外一家医院去世，他们家有两个儿子通过吵闹获得几万元的赔偿。患方认为自己家里有五个儿子，如果什么都不赔，太没面子。在此情形之下，调解员应该掌握患方的这种心理，寻找家庭中的关键人物，促使其改变这种想法，端正其参与调解的目的，从而成功达成调解协议。

（五）参考案例

【案例名称】

王秀芳、蒋艳飞等与盐城市第一人民医院生命权、健康权、身体权纠纷，案号为（2017）苏民申 1000 号。

【案例内容】

该案所涉当事人在盐城市第一人民医院自杀身亡，原审原告认为医院存在医疗过错，应该承担相应的责任。再审法院驳回了再审申请。

再审法院认为：根据《中华人民共和国侵权责任法》第 54 条、第 27 条的规定，患者在诊疗活动中受到损害，医疗机构及其医务人员有过错的，由医疗机构承担赔偿责任。损害是因受害人故意造成的，行为人不承担责任。本案中，蒋东系跳楼自杀死亡，其近亲属蒋艳飞在出具给公安机关的材料中，亦对蒋东自杀的事实无异议。蒋东自杀是其对自己生命健康权的放弃，与盐城市第一人民医院诊疗护理中有无过错没有必然联系，王秀芳、蒋艳飞、蒋鹏飞申请再审称，盐城市第一人民医院在蒋东跳楼自杀后未能及时如实填写《医院投诉登记表》，未能及时通知王秀芳、蒋艳飞、蒋鹏飞到场当面封存病历，未对两次协调本案纠纷制作谈话笔录和提供协调谈话的录音资料，该主张内容与蒋东自杀死亡没有因果关系，故王秀芳、蒋艳飞、蒋鹏飞要求盐城市第一人民医院承担50%赔偿责任的请求缺乏事实和法律依据，一、二审法院不予支持并无不当。

【案例指导意义】

患者在医院自杀，如果与医院的诊疗行为没有因果关系，医院不应该承担责任。医院也无权看管、限制患者的人身自由。调解员在调解此类案件时，可以援引此案法院的意见作为劝解患方的参考依据。

八、美容纠纷案

本案属于医学美容纠纷，患方在无法提出确切证据，也没有进行司法鉴定的情况下一味要求医院赔偿，于情不符，于法无据。

（一）案情介绍

患者王某，女，30岁。2013年6月21日上午因双侧乳房过小，胸脯低平，欲行隆胸术，前来某院整形美容门诊就诊。接诊医师经体查及门诊相关常规检查后，告知患者因胸部过平，乳房下垂，最佳方案为硅凝胶假体隆胸手术，嘱咐患者慎重考虑。患者于当日下午5时左右再次来到该院整形美容门诊，强烈要求手术，并预约好7月4日上午门诊手术。7月4日上午，患者如约前来，要求行隆胸手术的态度坚决，经再次术前谈话，在手术同意书上签字。根据患者的身高体型，选用180ml容量假体。手术在局麻、静脉输液及监护下进行，选择腋下切口，再次检查假体正常，遂将硅凝胶假体置于双侧胸大肌后间隙，整个手术过程顺利，麻醉满意，术后观察双侧乳房大小形态基本对称。术后经常规抗炎、换药等处理，伤口一期愈合。手术一月后遵医嘱来院复查见手术切口愈合良好，两侧乳房基本对称。术后一个月，患方找到医院，提出在医院行隆胸手术后觉得身体不适，认为身体不适与隆胸有关，要求医院赔偿。

（二）调解过程

医务部接受美容科室和患方的委托对此案进行调解，一共进行了三次，均无功而返。患方每次只有患者本人参加，每次参与时态度很平和，从不激动骂人，只是边哭边倾诉希望院方赔偿，没有采用过任何暴力行为。以下记录一次主要的调解过程。

院内调解：调解会由医务部工作人员担任调解员，医方代表是美容科室陈医生，患方代表是患者本人。患方首先发言，提出在医院行隆胸手术后觉得身体不适，后在多所医院挂号治疗，均没有明显好转。身体不适自隆胸后发生，肯定与隆胸有关，因此医院应该赔偿自己的损失。医方代表发言认为，在为患者手术过程中没有违反诊疗规范的行为，患者双侧乳房低平为隆胸的适应证，未发现禁忌证，术中选择的术式是隆胸术的规范术式，选用的假体是正规厂家生产的合格产品，经临床验证没有免疫系统副作用反应。术后手术切口愈合良好，双乳对称，假体无移位。因此，医院的医疗行为不存在过错，也与患者反映的全身多处不适不存在因果关系。患方坚持要求医院赔偿，而医方表示无法理解患者的要求，手术成功，没有感染，不应该承担任何责任。调解员询问患者是否能够提供相关证据，是否愿意调解一次性解决？患者表示目前没有相关证据提供，很高兴医院愿意赔偿，但一旦医院根据调解协议所支付的费用花完了，还要来找医院。听了这个话，反而是医方代表提出不可能调解，根据患者的想法和做法，调解没有办法结束。患方并不是诚意同意调解。看到患方如此态度，调解员也觉得不好调解，遂宣布调解结束。

因调解不成功，患方将该院诉至某区人民法院，要求医院承担责任，赔偿损失。在审理过程中，医方申请就其医疗行为进行医疗事故技术鉴定，但因患方拒绝通过鉴定方式来查明案件事实，要么与鉴定专家发生争执，要么赠送财物干扰鉴定，导致医疗事故技术鉴定无法完成。

因原告对该案未能提供充分证据证明其请求，一审法院判决其败诉。王某不服一审判决上诉，某中级人民法院认为原审法院认定事实清楚，适用法律正确，驳回上诉，维持原判。

（三）调解结果

因患者的态度和思考问题的方式比较特殊，也没有可以帮助做决定的家属陪同，因此本案调解没有成功。患者起诉到法院，被驳回。上诉，也被驳回，维持原判。

（四）过程评析

【调解启动】

此案由患方到医务部投诉启动院内调解。

【是否适用鉴定或专家咨询】

医方在诉讼过程中曾申请鉴定，但患者通过反复干扰鉴定人的方式来阻止鉴定（例如为了认识某位有鉴定人资格的美容医生，特意去挂该位医生的专家号看门诊）。A市医学会受干扰后退回鉴定申请，转到B市医学会，患者每天去B市医学会“上班”。最后该案的鉴定申请均被鉴定机构的专家拒绝，导致鉴定无法完成。

【双方争点分析】

1. 医方认为对患方的损失没有任何过错，不应该承担责任。

2. 患方认为自己的不适是在隆胸之后发生的，那么隆胸手术的医院就应该对此负责。至于有没有证据，自己的不适就是证据。

【核心调解技巧或教训】

本案中，医方本无任何过错，但为避免进一步纠缠，医方同意参与调解。患者有一定程度的心理问题，为寻求形体改变进而期待改变生活状况而进行隆胸手术。术后对结果不满意，纯粹为寻求补偿而反复纠缠。本案的这种具体背景对调解员工作的挑战性较大，患方在调解时虽然表现得并不强势，但实际上是最不好相处的调解对象，比强势的当事人更难把握。因此，调解员在对患方进行心理疏导无效之后及时放弃，是明智选择。

九、病房摔倒案

本案起因很普通，患者来医院探望母亲，结果在卫生间滑倒受伤，要求院方赔偿治疗费用。

（一）案情介绍

患者付某，女，55岁。2014年12月10日到某医院神经内科探望其母亲，去卫生间时因为踩到盥洗室的防滑塑料垫，走路不太稳当，高跟鞋卡到防滑垫的缝里，不慎摔倒致右股骨颈骨折，遂入该院骨科住院治疗。完善相关检查及手续后，于2014年12月14日行右全髋置换术，手术过程顺利，术后予以相应对症、支持治疗，患者恢复较好，于2014年12月30

日出院。付某认为在医院卫生间不慎摔倒致右股骨颈骨骨折应该由医院承担责任，于是与医院发生纠纷。

（二）调解过程

本案的争议不大，调解过程十分简单。

院内调解：本次调解由医务部工作人员担任调解员，医方代表有当事科室的护士长，患方代表是患者本人。调解一开场，患方就明确提出医院应该为其摔倒承担责任，要求支付医药费、误工费、护理费等。医方代表表示，每天进出病房的人有很多，为什么只有你受伤，别人都没有受伤，难道自己不应该为此承担责任吗？患者说，在医院受伤，就应该由医院负责。医方代表提出，出于负责的考虑，病房的各项设施不能让患者处于危险状态，防滑垫设置不合理，医院可以承担相应的责任，但不能过高。调解员对医方的态度表示赞同，向患方强调不是所有医院都有这样的担当，有的医院就会认为摔倒是当事人自己造成的，医方没有责任。患方表示对医方负责任的做法非常感谢，提出要医院承担全部的治理费和护理费，误工费可以放弃。调解员找到该院发生的一个类似案例，医院承担了 30%的责任，建议患方考虑。

（三）调解结果

医院补偿患方现金 1.5 万元（是患者除医保报销之外的自付部分），双方一次性解决此纠纷，其余费用由患方自己承担。

（四）过程评析

【调解启动】

此案由患方到医务部投诉启动院内调解。

【是否适用鉴定或专家咨询】

此案未经鉴定或专家咨询。

【双方争点分析】

本案双方争议不大，医方同意为病房设施的不完善买单，既是对患者负责，也是对医院负责病房管理的部门提出更高要求，要求他们吸取教训提高管理水平，防止类似事件再次发生。调解程序规范，患方满意调解结果。

【核心调解技巧或教训】

本案调解中调解员提醒医方从提高医院管理水平、保障患者安全的角度考虑问题，并从长远发展的角度考虑问题，圆满地解决了该案，为该院赢得了良好的口碑，值得借鉴。调解员在此类案件中可以采用"换位思考法"，从当事人的角度来看待问题，合理地调解纠纷，同情、理解当事人是取得当事人信任的前提。

（五）参考案例

【案例名称】

陈厚发与武汉大学中南医院、武汉克林物业管理顾问有限责任公司医疗服务合同纠纷，案号为（2015）鄂武昌民初字第00381号。

【案例内容】

原告认为被告中南医院保洁人员用湿拖布将原告所在的病房拖湿后没有继续处理，地面留有大量水渍，因地面过于湿滑以致原告在返回床位时摔倒，中南医院应承担相应责任。

案件在审理过程中，经法院主持调解，双方意见不一，分歧较大，调解未果。

法院经审理认为：原告陈厚发于2014年5月23日因四肢麻木入住被告中南医院住院治疗，双方医疗服务合同关系成立。两被告抗辩原告摔倒时保洁人员并未上班，原告所述因地面留有大量水渍导致摔倒与事实不符，因两被告不能证明两者之间签订的物业服务合同实际履行情况，所以两被告的抗辩不具有必然否定性，结合原告"我从厕所出来，正碰到保洁人员拖地从里面拖到门口，我还和她说了两句话"的陈述，以及中南医院黄姓主任的陈述，可以认定原告摔倒时，被告中南医院保洁人员确实在病房内拖了地。

现原告陈厚发在住院期间在病房内摔倒，原告认为是因为诉请原因导致摔倒，两被告应承担连带赔偿责任，被告中南医院、被告克林物业公司均认为原告是因自身身体不适，致使身体失衡摔倒，不应承担赔偿责任，因被告中南医院虽然事发时在病房拖了地，但原告没有证据证明原告摔倒系因为病房拖湿后并没有继续处理，地面留有大量水渍，过于湿滑以致原告在返回床位时摔倒，也就是不能证明原告摔倒与被告中南医院正常履行医疗服务合同——保洁人员在病房内拖地之间存在因果关系。同时，被告中南医院在原告入院时，已告知原告护理要求，即"留陪，需要下床活动时给予扶助”，而原告及其家属均未引起重视，未给予加强护理，结合原告入院时患者半月余前无明显诱因出现四肢麻木无力，且程度逐渐加重至双手不能端碗筷，走路以右腿拖行，无头昏头痛，伴有腰部疼痛的症状，两被告抗辩系原告自身原因摔倒属合理质疑。综上，医疗服务合同纠纷作为普通民事纠纷，不适用举证责任倒置，根据“谁主张谁举证”原则，原告应对其主张负有举证责任，现原告无证据证明被告中南医院在履行医疗服务合同过程中存在违约行为，故其要求中南医院赔偿其损失的主张证据不足，本院不予支持。

原告主张被告克林物业公司应承担连带责任，因原告与克林物业公司之间没有直接医疗服务合同关系，其主张本院不予支持。

鉴于原告陈厚发在病房摔倒后造成严重后果，本院根据双方当事人实际情况，酌情判令被告中南医院补偿原告陈厚发 28 000 元。案件受理费 20 117 元、鉴定费 5 000 元，计 25 117 元由原告陈厚发自行负担。

【案例指导意义】

本案原告在医院病房摔倒，但没有能够举证证明摔倒是被告过错导致的，最后法院以证据不足不予支持原告要求被告医疗机构赔偿损失的请求。但又提出被告补偿原告 28 000 元，案件受理费和鉴定费则由原告负担，两项正负折合几乎抵消。该案有助于指导调解员在处理类型案件时，降低患方的期待值，当患方执意要求过高的赔偿（补偿）请求时，督促患方换位思考。

十、呼吸机使用沟通不当案

本案中患方接受肾移植手术后因肺部感染死亡，鉴定意见认定医方存在 5%的过错。抢救过程中，本来给这名患者采用该院唯一一台新型高频振荡呼吸机抢救，但因为还有一位患者需要这台设备而且其病情更适合用这台设备救治，医方将该设备移用于另外这位患者。沟通过程中，患方家属不理解，事后寻求鉴定，鉴定认定有轻微过错。

（一）案情介绍

患者黎某，女，46 岁。因发现泌尿系结石 10 余年、乏力 1 年余，于 2012 年 2 月 14 日入住某院移植外科治疗，诊断为：（1）慢性肾功能衰竭

（肾衰竭期）1）肾性贫血 2）肾性高血压；（2）双肾结石；（3）甲状旁腺瘤。入院后给予减压等对症支持治疗，完善相关检查及术前准备，于 2012 年 2 月 23 日在全麻下行同种异体肾移植术，手术过程顺利，术后第二天肾功能即恢复正常，但术后第三天出现急性排斥反应，与家属交代病情，并告知相关风险，给予即复宁抗排斥治疗后，肾功能逐渐恢复，患者小便增多，肌酐下降，并维持在 160 ummol/l。

2012 年 3 月 12 日，患者因不慎滑倒发生移植肾破裂出血，于当晚急诊行移植肾探查＋移植肾修补＋移植肾切除术，术后给予积极抗炎、护胃及规律透析治疗，患者病情控制不佳，予以积极完善相关检查及会诊，于 2012 年 3 月 28 日再次转入 ICU 积极抢救治疗，但病情逐渐加重，发展为多器官功能衰竭，经抢救无效，于 2012 年 4 月 2 日死亡。

患方因对患者最终死亡不理解而与该院发生纠纷，于该院进行多次调解，但双方分歧太大，未达成一致。2012 年 10 月患方向某区人民法院提起民事诉讼，请求医方因过错赔偿患方损失 10 万元。

（二）调解过程

在患方向法院起诉之前，医患双方曾在医院进行了几次调解，以下记录一次主要调解过程。

院内调解：本次调解由医务部调解员主持，医方由肾移植科医生参加，患方由患者的丈夫和女儿参加。调解一开始，患方就质问医方代表为什么不给患者使用高频振荡呼吸机？医方回答说，高频呼吸机不适用于患者病情，患者的病情使用哪一种呼吸机作用都差不多，救不回来。患方表示说，即使差不多，也不应该将正在用于患者的呼吸机撤走。医方的这种做法与患者的死亡有直接因果关系，应该赔偿。医方反问道，别的患者如果能够用这台呼吸机活命，而该患者的病情无论用哪一台呼吸机效果都一样的时候，作为医生，不应该努力试试救别人吗？人怎么能如此自私？为了防止双方对立情绪升级，调解员适时阻止了医方的发言，开始询问患方对于解决此案的想法。患方提出 10 万元的赔偿请求，医方表示无法接受。最后，由于双方在数额上无法达成一致，医务部调解未果。之后，患方向法院起诉。

某区人民法院在审理该案期间，委托中山大学法医鉴定中心就此案进行医疗损害责任鉴定，鉴定意见认为医院对患者黎某的医疗行为存在轻微不足，并与损害后果之间存在轻微的间接因果关系，参与度拟为5%。鉴定意见出来之后，医患双方在法官的组织下进行了调解，于2013年10月9日就医疗赔偿问题达成一致，法院就此案出具了民事调解书，顺利结案。

（三）调解结果

经双方确认，患方的各项损失合计为1 050 000元（其中包含肾脏移植的相关所有费用），患方尚欠医院医药费10 000元，鉴定意见提出医院的责任比例为5%，结算之后医院于2013年11月10日前一次性支付患方赔偿款4万余元。

（四）过程评析

【调解启动】

此案调解经历了院内调解和法院调解两个过程。院内调解由患方申请启动，调解不成，患方起诉，最后根据鉴定意见，通过法院调解结案。

【是否适用鉴定或专家咨询】

在调解过程中，医患双方均未提起鉴定或专家咨询。诉讼过程中，提起了司法鉴定。

【双方争点分析】

1. 患方认为损害的发生是由于医方有意不使用高端设备，只要使用了高端设备，患者即无性命之虞，因此医方过错明显。

2. 医方认为造成患者死亡的原因是患者自身的病情，与是否使用高端设备没有关系，不是医方过错。而且，既然没有关系，则应该将该高端设备用于其他更可能获得救治的病人。基于此认识，医方拒绝对患方进行损害赔偿。

【核心调解技巧或教训】

从鉴定意见可知，医方过错程度较轻，引起纠纷的主要原因是沟通不当。医方在更换呼吸机时，与患方沟通不够，引起误解，使患方抱有成见。类似本案这种情况，如果患者提出的赔偿请求不高，调解员可以建议医方接受调解方案，反而可以免除很多后续的麻烦。因为一旦患方起诉，医方也需要为应付诉讼付出很多时间精力。即使无须赔偿，诉讼费和鉴定费也有可能判由医方支付，这些都将提高医院的运营管理成本。

调解员可以采用策略性地提出建议的方法来引导医方。无论是医方还是患方，在参与调解时对纠纷都已经抱有成见，调解员一下子把自己的建议全部抛出，可能会让当事方难以接受，而逐步引导患方改变预期、让医方调整想法，使双方差距慢慢缩小，这一点是可能做到的。本案的院内调解不成功，医方的观念没有转变是重要原因。

（五）参考案例

【案例名称】

高志光、卢永芳与酒泉市人民医院医疗损害责任纠纷，案号为（2015）甘民申字第337号。

【案例内容】

本案申请人高志光、卢永芳之子出生两天后，无明显诱因突然口鼻腔出血伴呼吸困难，经申请人酒泉市人民医院诊断为“新生儿肺出血”，并经抢救无效死亡。高志光、卢永芳诉讼请求酒泉市人民医院承担赔偿责任。酒泉市中级人民法院针对当事人的请求作出（2014）酒民一终字第350号民事判决之后，双方当事人均不服该判决，向甘肃省高级人民法院申请再审。

再审法院经审查认为，患者在医疗机构诊疗活动中受到损害，医疗机构及其义务人员存在过错的，医疗机构应当承担赔偿责任。申请人酒泉市人民医院作为医疗机构，救死扶伤的确是其应当履行的义务，但同时，对于一些疑难杂症患者、病情危重患者或者依据其自身医疗条件，即使尽到了安全防护、及时治疗义务，仍然难以治愈，而使患者不能及时康复或死亡的，应当减轻或者免除其赔偿责任。本案中，申请人高志光、卢永芳之子出生两天后，无明显诱因突然口鼻腔出血伴呼吸困难，经申请人酒泉市人民医院诊断为“新生儿肺出血”，并经抢救无效死亡。高志光、卢永芳诉讼请求酒泉市人民医院承担赔偿责任，则酒泉市人民医院在对高志光、卢永芳之子在诊疗活动中是否存在过错，其过错行为与高志光、卢永芳之子死亡之间是否存在因果关系，成为本案的焦点问题。

本案中，申请人高志光、卢永芳先行单方委托鉴定，因申请人酒泉市人民医院对鉴定结论有异议，申请重新鉴定。在双方当事人均同意的基础上，原审法院委托甘肃法医学会司法医学鉴定中心对酒泉市人民医院的诊疗行为是否存在过错、患儿死亡的原因、酒泉市人民医院的医疗行为与患儿死亡有无因果关系进行鉴定。依据最高人民法院《关于民事诉讼证据的若干规定》第 26 条“当事人申请鉴定经人民法院同意后，由双方当事人协商确定有鉴定资格的鉴定机构、鉴定人员，协商不成的，由人民法院指定”，以及第 28 条“一方当事人自行委托有关部门作出的鉴定结论，另一方当事人有证据足以反驳并申请重新鉴定的，人民法院应予准许”的规定，本案鉴定程序，符合上述规定，对此事实本院予以确认。甘肃法医学会司法医学鉴定中心经过鉴定，出具的鉴定意见为：（1）酒泉市人民医院对卢永芳之子的诊疗行为存在过错。（2）原告之子死亡的原因，该案新生儿死亡后未行病理尸检，具体死亡原因不明确。（3）酒泉市人民医院的医疗行为与原告之子死亡有无因果关系不能确定。另，原审法院又组织双方当事人对甘肃法医学会司法医学鉴定中心司法鉴定人冯升进行质询，符合法定程序。依据最高人民法院《关于民事诉讼证据的若干规定》第 71 条“人民法院委托鉴定部门作出的鉴定结论，当事人没有足以反驳的相反证据和理由的，可以认定其证明力”的规定，原审法院采信上述《司法鉴定意见书》，符合法律规定。因申请人高志光、卢永芳在鉴定过程中，对其子尸体进行尸检的建议不予采纳，导致鉴定机构病理尸检不能进行，故对该行为导致的法律后果，其应承担对其不利的法律责任。

《司法鉴定意见书》载明：“根据申请人高志光、卢永芳之子发病死亡过程和临床表现分析，患儿所患疾病凶险、快速，多考虑肺出血。酒泉市人民医院存在过错，观察病人不仔细，未早期察觉新生儿所患疾病，抢救措施不利，尽快应用呼吸机，而并非院方所采取的呼吸气囊辅助呼吸，此举措不利于被鉴定人体外呼吸循环的建立，不足以应对被鉴定人当时危重的病情，可导致被鉴定人缺氧情况进一步加重”。另，依据鉴定人冯升出庭陈述，申请人高志光、卢永芳之子所患“新生儿肺出血”疾病即使早期发现，使用了呼吸机，孩子的死亡率还是会很高。故酒泉市人民医院在本次诊疗行为中，虽然存在过错行为，但患儿本身疾病亦是导致死亡的原因之一。又因申请人高志光、卢永芳不同意对孩子进行尸检，导致孩子死亡原因与酒泉市人民医院的过错行为之间是否存在因果关系不能确定。根据《侵权责任法》第 54 条“患者在诊疗活动中受到损害，医疗机构及其医务人员有过错的，由医疗机构承担赔偿责任”的规定，原审法院在综合考量本案案情，依据鉴定结论，明确划分本案双方当事人过错的基础上，判决由申请人酒泉市人民医院赔偿申请人高志光、卢永芳主张的各项损失的30%，并赔偿精神抚慰金10 000元，并不存在认定事实不清、适用法律不当的情形。故申请人高志光、卢永芳及申请人酒泉市人民医院的申请再审理由均不能成立。

再审法院裁定驳回高志光、卢永芳及酒泉市人民医院的再审申请。

【案例指导意义】

本案与调解案例均与使用呼吸机有关。调解案例中涉及的是医患沟通问题，本案涉及的是急救处置失误的问题。但无论是否使用呼吸机，两案中患者的病情发展都不以是否使用呼吸机而改变。调解员在调解类似案件时，此案的指导意义在于提醒患方：（1）对于一些疑难杂症患者、病情危重患者或者依据其自身医疗条件，医疗机构即使尽到了安全防护、及时治疗义务，仍然难以治愈，而患者仍然不能及时康复或死亡的，应当减轻或者免除医疗机构的赔偿责任。（2）因患方的原因导致医疗行为与患者死亡之间有无因果关系不能查明的，应该由患方承担举证不能的不利后果。

十一、知情同意权处理不当案

本案是医方在沟通告知方面有过失，属于保障患者知情同意权不当的纠纷。

（一）案情介绍

患者赵某，女，76岁。因右上腹痛4天，加重1天，于2015年3月2日入住某医院普外三科。诊断为腹痛查因：急性胆囊炎？恶性肿瘤？经完善相关检查及术前准备后，患者于3月4日行胆囊切除术＋胆囊造瘘术＋肠粘连松解术。术后患者恢复顺利，于2015年3月18日出院。4月27日患者又重新办理住院手续，入住普外三科，于4月29日拔除胆囊造瘘管。之后，患者因腹痛伴皮肤巩膜黄染2天，于7月1日再次入住该院普外三科，诊断为：胆道狭窄。经完善相关检查及术前准备后，患者于7月11日行经内镜胆道支架植入术。术后恢复可，患者于7月17日出院。

患方家属因对患者赵某在住院期间病情告知及医疗过程不满意引发纠纷。患者儿子李某认为，主治医生玩忽职守，未及时查看检查报告，未尽及时告知义务，导致癌细胞扩散，失去最佳治疗时期，给病人造成身体和精神的双重痛苦，给家属也带来一定的经济负担。双方就此案进行了多次沟通与协商，患方同意接受院内调解。

（二）调解过程

2015 年 9 月 2 日下午，该院医务部对此案进行调解。

调解会由医疗安全办工作人员担任调解员，出席调解会的医方代表有治疗科室主任医师刘某、主治医师杨某，患方代表有患者儿子、女儿、外孙及代理律师。

调解一开场，调解员申明了调解会的目的和纪律，此后患方代表首先发言，叙述了患者的病情和前后诊疗经过。患方律师代表家属提出：医方不负责任导致患者为治疗多花了不少冤枉钱，这些增加的开支应该由医方承担。同时，医生未及时告知患者及家属病情，侵害了患者的知情权，也应该承担相应的责任。医方代表回应表示，根据患者的病历资料，结合参与治疗的经历，介绍了患者的治疗方案及过程，这些都可以说明医方对患者的诊疗符合规范要求。但患方家属认为，针对患者的后两次治疗本无须进行，治疗费用不该发生，医院的漏诊导致患者没有得到有效的治疗，应该对患者进行一定的精神抚慰，因此总计赔偿金额不应少于 20 万元。医方代表承认管床医生未及时向主治医师汇报病理检查结果，导致对患者病情判断的某些瑕疵，但是未造成实质的损害后果和延误治疗。患方律师表示，实际损害后果是明摆着的，增加了后两次的医疗开支。调解员询问医方对于患方提出的 20 万元的赔偿请求，是否有不同看法。医方表示 20 万元的赔偿数额太高，暂时无法考虑。调解员询问患方是否打算进行申请相关鉴定以分清责任，并简单介绍了申请鉴定的流程和方法。患方表示太麻烦不愿意进行鉴定，希望能够在院内解决该案。

经双方充分协商，在医务部的主持下，患方家属表示自愿放弃医疗事故技术鉴定、医疗损害责任鉴定和提起民事诉讼，本着平等自愿、公平合理的原则与医方达成调解协议。

（三）调解结果

医方同意补偿患方现金人民币 60 000 元，该补偿款于协议签订日起 5 个工作日内付清，患者其余医疗费用等由患方自行承担。

（四）过程评析

【调解启动】

此案由患方申请启动院内调解。

【是否适用鉴定或专家咨询】

医患双方均未提起鉴定或专家咨询。

【双方争点分析】

1. 医方有一定的过失，主要在于病情告知不及时，治疗方案告知不充分，引起了患方误解，没有充分保障患方的知情同意权。

2. 医方认为虽然有疏忽，但这未造成对患方病情的延误以及任何实质性损害。

3. 患方认为医方的疏忽及告知不充分，导致己方损失扩大，要求医方赔偿后两次治疗费用，以及精神损害抚慰金。

4. 患方拒绝申请鉴定，双方责任在事实上无法分清。

【核心调解技巧或教训】

在本案的调解中，调解员有较大的斡旋空间：患方想尽快解决纠纷，他们不愿意进行相关损害鉴定，觉得耗时太长。医方虽然在保障知情同意权方面有一定的瑕疵，但从治疗过程看，没有造成实质性损害。因此，从双方各自的角度考虑，对医方而言，因为确实在尊重知情同意权和内部管理上有不完善的地方，应该可以接受合理范围内的索赔请求。如果调解员在充分告知患方鉴定流程保护其知情权的基础上，建议患方提出一个较为恰当的赔偿请求，将有助于双方达成协议。调解员的工作就是想办法缩小双方的差距。6 万元的赔偿数额是患方第二次医疗费用的自付部分数额，调解员采用了适时固定总结成果的方式，促使双方达成协议。调解过程中，调解员帮助医方发现内部管理方面的问题，敦促医方对患者权利保护的重视。

（五）参考案例

【案例名称】

安桂芬与通海县杨广中心卫生院侵害患者知情同意权责任纠纷，案号为（2014）通民一初字第 804 号。

【案例内容】

这是一起知情同意权纠纷。

法院经审理认为：（1）关于被告主张的诉讼时效的问题。诉讼时效期间从知道或者应当知道权利被侵害起计算。本案中，原告在被告处行取环术后，因腹痛一直在各家医院进行治疗，但均未确诊为节育器残留，仅是残留可能。因此，原告并不是从手术后就当然知晓其腹痛是因被告的诊疗行为造成的，诉讼时效不应从手术时开始计算，因此诉讼时效并未超过。故本院对被告认为已超过诉讼时效的主张不予采信。（2）关于被告是否应当承担侵权责任的问题。医务人员在诊疗活动中应当将病情和医疗措施、医疗风险等如实告知患者或者其家属，医疗机构施行手术应及时向患者说明医疗风险，并取得书面同意。因此，患者有权了解和认识自己所患疾病，有权参与涉及其医疗计划的一切决定。医务人员未尽到上述义务，造成患者损害的，医疗机构应当承担赔偿责任。侵害患者知情同意权责任应以医务人员未履行告知义务与患者损害结果之间有因果关系为基础。基于医疗技术的复杂性、医疗活动的专业性等特性，医疗纠纷中医疗单位有无过错以及医疗行为与损害后果之间有无因果关系，均需借助专业、权威的机构进行鉴定。本案的争议已有昆明医科大学司法鉴定中心作出的鉴定意见书和补充说明为证，该鉴定意见和补充说明客观、真实，与本案有关联性，且原、被告双方均对其三性予以认可，本院予以采信。根据该鉴定中心出具的意见，本次医疗争议虽不构成医疗过错，但被告在行节育环取出手术前未履行书面告知义务，属于医疗工作中的不足，该不足与最后的损害结果之间不存在因果关系。因此，被告为原告提供的节育环取出手术不构成医疗过错。根据原告的诊疗过程、后续治疗结果和鉴定意见，原告在被告处接受节育环取出手术后产生腹痛，节育环残留可能等症状，为现代临床医学难以完全避免现象，属于放置宫内节育器的并发症之一。被告作为医疗机构在医疗活动中并无不当，但鉴于被告在手术并发症告知方面未予充分解释和沟通，存在一定不足之处。被告应当告知原告节育环放置时间过长可能会发生嵌顿，取出时会导致节育环残留以及行该手术可能会引起的术后并发症等，现被告未履行该义务导致原告丧失了是否行手术治疗的选择权利。本案原、被告对于原告所受损害的发生均没有过错，可以根据实际情况，由双方分担原告所受到的损失。本院结合本案实际情况考虑，酌情确定由被告一次性补偿原告已经支付的医疗费及后期治疗费合计人民币 7 500 元。原告已经支付的鉴定费 7 600 元，由原告负担 5 000 元，由被告负担 2 600 元。

【案例指导意义】

患者知情同意权是指患者有权知悉自己的病情，并可以对医务人员所采取的医疗措施、药物使用等医疗服务决定取舍的权利，具体包括了解权、被告知权、拒绝权和同意权，是患者在接受医疗服务的过程中充分行使自主权的前提和基础。该权利要求医务人员必须用通俗易懂的形式尽量向患者说明情况，让患者在知情的情况下作出承诺并履行签字同意。

医疗机构未充分保障患方的知情同意权，如果该告知不足与损害结果之间不存在因果关系，则医疗机构不应该承担赔偿责任。本案中，审理法院酌情考虑双方分担原告损失的同时，判决原告负担主要的鉴定费，原告收支相抵后，所得不多。有鉴于此，调解员在调解此类案件时，可以本案例告知双方当事人如果放弃调解，在诉讼中可能产生的各项费用的分配，尽早促使当事人选择通过调解结案。

十二、告知不全案

本案起因在于医方违反告知和提醒义务，擅自扩大手术范围，主治医生在行胆囊切除术时，探查发现患者肝左叶有钙硬化现象，出于善意的目的，为避免二次开腹手术，在切除胆囊的同时切除了患者的肝左叶，没想到发生了严重的后果。手术操作本身没有问题，但老年人肝脏储备功能不好，且扩大手术范围导致手术时间延长，对患者预后情形估计不足，身体消耗太过，爆发性肝衰竭，大出血。

（一）案情介绍

患者易某，女，64 岁。因反复上腹部疼痛，伴发热 2 个月，于 2012 年 8 月 22 日入住某医院普外二科，诊断为：（1）腹痛查因 a. 胆总管下段炎性狭窄？b. 肿瘤？c. 结石？（2）糖尿病；（3）胆囊切除术。经完善相关检查后，患者于 8 月 29 日在全麻下行胆道探查＋左肝外叶切除＋胆总管切开探查＋T 管引流术。术中出血量大，患者术后不能脱呼吸机，转入 ICU 治疗。予以积极止血、抗感染、护肝、护心、护胃、补液、维持循环等对症支持治疗。患者因病情持续恶化，经抢救无效，于 2012 年 9 月 2 日死亡。

患者家属因对其术后死亡不满意而与该院发生纠纷，经某区联合人民调解委员会调解，双方于 2012 年 10 月 12 日达成协议。

（二）调解过程

人民调解： 2012 年 10 月某日下午，某区联合人民调解委员会接受医患双方委托，委派两名调解员对此案进行调解。调解会由某司法局副局长和一名专职调解员担任调解员，出席调解会的医方代表有治疗科室刘医生、医院法律顾问肖律师，患方代表有患者的丈夫、儿子、女儿及女婿。调解一开场，调解员首先哀悼了死者，并向患者家属表示慰问，然后简单介绍医患双方代表，申明调解会的目的和纪律。之后，调解员邀请患方代表先发言。患方代表首先表达了对医方治疗结果的不满，然后提出几项质疑：（1）医生在切除肝脏时未尽到告知义务；（2）患者家属认为患者在出现低血糖时，使用木糖醇是错误的；（3）家属托人从血站调来血后，为何不及时置换？患方要求医方代表针对患方提出的问题及整个诊疗过程作出合理说明。医方代表刘医生应调解员的要求，针对患方的质疑作了一个简单的说明，承认操作上存在瑕疵，并表示愿意承担相应的责任。

调解员表示自己负责促使双方作出决定，但能否就赔偿费用达成一致意见，应该由双方自己决定。随后双方就赔偿费用问题展开讨论，在医疗费用、死亡赔偿金和丧葬费上双方产生较大分歧，医方代表提出已经将该案情形提交专家讨论，认为医院只承担次要责任，赔偿金额不应高于 5 万元，而患方的请求远高于此，当天双方未能达成一致意见，调解未能成功。

两天后，双方又再次向某区联合人民调解委员会申请调解。这次联合调解之前，调解员与医患双方分别进行了沟通，双方的分歧主要是如何确定补偿费用的数额。调解员询问医方是否考虑高于 5 万元，如果不成，通过诉讼，还有增加的律师费等各项费用。最后经过调解员耐心细致的工作，双方达成了协议。

（三）调解结果

医院于 2012 年 10 月 13 日前一次性支付患者家属补偿款现金人民币 85 000 元，双方纠纷一次性解决。

（四）过程评析

【调解启动】

此案由患方申请启动人民调解。

【是否适用鉴定或专家咨询】

医患双方均未提起专家咨询，也没有申请鉴定。

【双方争点分析】

1. 医方愿意为擅自扩大手术范围的做法承担责任，但认为这只是瑕疵，而不应该是全部责任。

2. 患方认为医方违反了告知与提醒义务，擅自扩大了手术范围，事先并未与家属沟通和征得其同意，且没有预计到患者的身体状况无法承受，术后患者突发肝衰，以致大出血死亡，如此严重后果，应该由医方承担全部责任。

【核心调解技巧或教训】

从调解过程来分析，本案应该属于促进式调解，调解员没有对调解方案提出个人意见，而是要求当事人自己决断。根据病历，患者没有对切除肝脏的确认，患者家属也没有同意的记载。医方坦然认可本案情形是对患者知情同意权的侵犯，并愿意承担相应责任。这是双方达成协议的前提，本案符合调解公正性的期待。

本案患者的女婿系某派出所所长，在调解过程中患方一直处于强势地位，并且积极推动调解的进行。这对于医方和调解员来说，其实是值得庆幸的事。根据经验，这样的当事人往往是好的谈判对手，在双方各有立场的情况下，患方代表有决断权，可以更加快捷有效地达成调解协议，调解成功的可能性很大；相反，那些相互之间意见分歧大、群龙无首，又常常无理取闹的患方家属，顺利达成调解的概率会小很多。

本案提出了一个重要的法律问题：手术过程中，医生开腹之后，发现术中情形与术前诊断有差异，出于善意扩大了手术的范围，没想到带来了不好的结果，此时到底该如何认定医生的行为？

《侵权责任法》第 55 条规定：医务人员在诊疗活动中应当向患者说明病情和医疗措施。需要实施手术、特殊检查、特殊治疗的，医务人员应当及时向患者说明医疗风险、替代医疗方案等情况，并取得其书面同意；不宜向患者说明的，应当向患者的近亲属说明，并取得其书面同意。医务人员未尽到前款义务，造成患者损害的，医疗机构应当承担赔偿责任。

根据该法，治疗应当取得患者及其近亲属的同意，保障患者的知情同意权和自主决定权，是医生行使治疗权的前提。如果擅自扩大手术范围并带来损害，医生及医疗机构应当对后果负责。

《侵权责任法》还规定了另外一种可以不经患者及其近亲属同意的紧急情况，该法第 56 条规定：因抢救生命垂危的患者等紧急情况，不能取得患者或者其近亲属意见的，经医疗机构负责人或者授权的负责人批准，可以立即实施相应的医疗措施。只有在这种情况下，医生有权在未保障患方知情同意的情况下行使紧急处置权。但是，对于“不能取得患者或者其近亲属意见的”的理解，在实践中一直有争议。2017 年 12 月施行的最高人民法院《关于审理医疗损害责任纠纷案件适用法律若干问题的解释》第 18 条对此进行了细化①，详细列出了四种具体情形加兜底条款以明确什么是“不能取得患者或者其近亲属意见的”，并且明确对医务人员经医疗机构负责人或者授权的负责人批准立即实施相应医疗措施，患者因此请求医疗机构承担赔偿责任的，不予支持。如果医疗机构及其医务人员怠于实施相应医疗措施造成损害的，患者则有权请求医疗机构承担赔偿责任。

（五）参考案例

【案例名称】

任某某与大荔县某医院侵害患者知情同意权责任纠纷，案号为（2012）荔民初字第 00073 号。

【案例内容】

原告骑电动自行车不慎摔伤后入住被告处就诊治疗，诊断为左腿胫骨中上段粉碎性骨折、右腓骨中段骨折。被告在对其进行手术治疗时，被告医生在未告知患者具体手术方案的情况下，将患者的一段腓骨截去用于修补胫骨，给该名患者造成终身伤害，腓骨功能丧失、右腿残疾。

法院经审理认为，本案被告在给原告提供医疗服务的过程中，虽尽了一定的告知义务，但没有证据证明在给原告实施手术前就具体的用取自体腓骨修补胫骨的手术方案与原告进行有效、详尽的沟通，并取得原告或其

① 因抢救生命垂危的患者等紧急情况且不能取得患者意见时，下列情形可以认定为《侵权责任法》第 56 条规定的不能取得患者近亲属意见：（1）近亲属不明的；（2）不能及时联系到近亲属的；（3）近亲属拒绝发表意见的；（4）近亲属达不成一致意见的；（5）法律、法规规定的其他情形。

委托代理人的签名同意，因取自体腓骨移植修补胫骨并非医治原告病情的唯一手术方案，被告在未征得原告书面同意的情况下自行给原告实施手术，显然侵犯了原告的知情同意权，故对被告辩称未侵害原告知情同意权的主张不予采信。对于因被告未全面履行告知义务的过失产生的损害结果，原告主张其各项损失共计10万元，因其未提供因为被告手术而产生的肢体残疾及治疗过程中交通费的证据，且其医疗费、护理费、误工费、住院伙食补助费、营养费的发生原因是其病情产生后身体康复的实际治疗支出，与本案中被告未尽到相应告知义务没有因果关系。同时，被告取用原告腓骨的目的是为原告治疗疾病，并非用于其他盈利之目的，也无证据证明该手术方案扩大了原告的经济损失，故对原告要求赔偿医疗费、住院伙食补助费、营养费、误工费、护理费、残疾赔偿金、交通费的主张不予支持；原告术后经陕西省人民医院确认有右腓骨上段阙如的症状，因该症状的产生与被告未详尽履行告知义务有关联，原告因医疗自主权利被侵犯而产生的精神伤害，被告应进行适当的赔偿。为了维护社会和谐稳定，保护当事人的合法权益，依据《侵权责任法》第55条、最高人民法院《关于确定民事侵权精神损害赔偿责任若干问题的解释》第8条第2款之规定，判决如下：由被告大荔县某医院于本判决生效后10日内赔偿原告任某某精神损害抚慰金人民币3 000元。案件受理费2 300元，由原告任某某负担2 000元，被告大荔县某医院负担300元。

【案例指导意义】

法院认定医疗机构侵犯了患者的知情同意权，但患者所支出的医疗费、住院伙食补助费、营养费、误工费、护理费、残疾赔偿金、交通费均是其病情产生后身体康复的实际治疗支出，与医疗机构违反告知义务没有因果关系。因此，医疗机构无须赔偿。

但是，法院认定患者右腓骨上段阙如的症状，该症状的产生与医疗机构未详尽履行告知义务有关联，患者因医疗自主权利被侵犯而产生的精神伤害，医疗机构应进行适当的赔偿。法院判决支付精神损害抚慰金3 000元。

调解员在调解此类侵犯知情同意权纠纷时，可以以此为例，建议当事人放弃过高的期望值，尽早达成协议。

十三、擅自扩大手术案

本案同样是未取得患方同意，医生在手术台上即根据实际情况扩大了手术，在切除肝囊肿的同时，为患者做了自体肝移植。争执发生之后，鉴定意见认定构成四级医疗事故。

（一）案情介绍

患者周某，女，68岁。2015年7月20日因体检发现肝囊肿一年余，伴恶心、纳差及腹胀十余天，就诊某医院。门诊拟“肝囊肿，脂肪肝”收住入院。入院后完善术前检查，于7月29日在全麻下行腹腔镜肝囊肿开窗术。手术顺利，痊愈出院。出院诊断：（1）肝囊肿；（2）肝硬化；（3）脂肪肝；（4）冠心病。患者于2016年3月25日再次就诊该院，检查提示肝囊肿复发，再次因肝囊肿复发、脂肪肝、冠心病收住该院。患者于2016年4月8日在全麻下行半离体肝囊肿切除术、胆囊切除术。术中在肝囊肿切除后行开放血流时，患者突然出现血压下降和快速心律失常，抢救后立即恢复。术后发现患者腹腔有出血，于次日凌晨2时再次入手术室行再次剖腹探查术。术中发现肝脏创面弥漫性渗血，给予止血处理后再次入ICU行监护治疗。后来出现多器官功能衰竭，给予积极的对症治疗无效，2016年4月23日下午患者家属经商量后放弃抢救，签字自动出院，出院后患者随即死亡。家属对患者死亡不理解而引发医疗纠纷，经调解无果。患方于2016年7月诉至某区人民法院，某区人民法院多次组织医患双方就此案进行沟通和交流，最终医患双方在法院的调解下达成协议。

（二）调解过程

患者死亡之后，医患双方曾经多次进行调解沟通，以下记录一次主要调解过程。

院内调解：本次调解由医务部工作人员担任调解员，参与调解的医方代表是肝外科医生，患方是患者的女儿、女婿。调解一开场，患方提出患者身体不好，主治医生扩大手术范围是导致患者死亡的直接原因，侵犯了患方知情同意权和健康权，应该赔偿全部经济损失。医方则认为，患者患有肝囊肿，主治医生对患者进行自体肝移植手术以期根治囊肿，医方无客观过错，主观过错也很小（诉讼中申请鉴定，结论是四级医疗事故）。主治医生作为本院著名的外科医生，名气和威望很高，他本人也认为医方不存在任何过错。如果患方一味主张是医方过错，医方则不打算再参与调解了。听闻此言，调解员询问患方是否坚持在认定医方有过错的基础上确定赔偿数额。患方表示不能妥协，医方则表示患方的态度让己方无法接受。在此情形下，双方均同意放弃调解。随后患方起诉，诉讼中通过法院调解结案。

（三）调解结果

经协商一致，医院于 2016 年 11 月 2 日前一次性支付患方家属经济损失补偿费 350 000 元（其中包括退还患者的预交医疗费余款 58 259.85 元），双方一次性解决纠纷。

（四）过程评析

【调解启动】

此案调解经历了院内调解，未达成协议。患方起诉，最后通过法院调解结案。

【是否适用鉴定或专家咨询】

起诉后，提交了医疗事故鉴定，结论是四级医疗事故。

【双方争点分析】

1. 患方认为医方违反了告知与提醒义务，扩大了手术范围，没想到患者的身体无法承受，带来了不好的结果，所以医方应该承担全部责任。

2. 患方要求医方承担全部责任，为此，在调解时调动了各种社会资源。例如，患者直系亲属中有两位是政府某部门的领导，在调解争执阶段曾明确表态会动用影响力，作出有医疗过错结论的鉴定意见。

3. 患方为要求医方答应己方的赔偿数目，多次跟踪医生，并当面吵闹威胁，医生不堪其扰，这直接导致医方后来拒绝参与调解。

4. 医方认为诊疗过程不存在任何过错，唯一不合适之处是未保障患者的知情同意权，但这也是为了患者利益才未及时告知。

5. 医方认为手术方案是为根治患者的囊肿，方才在切除囊肿部位之后，做了自体肝移植手术，客观上手术本身是成功的，主观上过错也很小，不应该承担过多的责任。

【调解核心技巧或教训】

本案调解过程中，调解员面临较大的压力。患方态度极其强势，并且多次骚扰主治医生，调解员无法约束患方的行为。医方因为不堪其扰，也保持强势对抗的态度，在此情形下调解已经无法进行。加之双方对于关键问题分歧很大，调解员无法争取到调解空间，最后调解只能无果而终。

本案如果能够寻找到影响患方决策的关键人物，在这种人物的影响下，调解则有可能成功。

第四章　诊疗技术过错类纠纷调解

诊疗技术过错类纠纷，主要指患者在就医过程中发生的，因医方在诊疗方面的技术过错而导致的纠纷。这些纠纷的起因主要是医生在诊疗技术方面的失误，患者的损害后果与医方的诊疗技术过错有因果关系，医院应该承担相应的法律责任。

一、预后情形考虑不周案

本案医方有过失，起初医生考虑到患者的病情，本来建议不施行手术，但患方到处托人情要求手术治疗，医生在人情压力下抱着试试看的心理同意手术，最后导致纠纷发生，有深刻的教训。

（一）案情介绍

患者刘某，男，66岁。因外伤致颈部、腰部疼痛及四肢无力，不能行走5天，于2015年3月2日入某医院住院治疗，诊断为：（1）脊髓型颈椎病；（2）颈椎管狭窄症；（3）颈脊髓损伤；（4）腰椎间盘突出症；（5）强直性脊椎炎；（6）高血压。3月6日在全麻插管下行颈椎前路C3/4椎间盘核摘除＋Gage植骨椎间融合＋前路钢板内固定术，3月7日在全麻下行颈椎后路C3. C4全椎板切除椎管减压＋颈椎前路C4椎体次全切＋血肿清除＋钛笼植骨＋前路钢板内固定术，3月19日，患者病情突然恶化，入重症监护室继续治疗，5月27日凌晨在该院抢救无效死亡。医患双方对刘某术后效果不佳及最终抢救无效死亡发生争议，双方经过医务部调解多次，未能达成一致，后在某镇司法所、某街道司法所组织的再次调解下，达成调解协议。

（二）调解过程

此案经过数次沟通和调解，以下记录一次主要的院内调解和人民调解过程，具体情况如下。

院内调解：2015 年 5 月某日下午，本次调解由医院医务部工作人员担任调解员，出席调解会的医方代表是科室医生及医院的法律顾问，患方代表有患者的侄儿等。调解一开场，调解员首先介绍双方参加人员，申明调解会的目的和纪律，并询问患方是否有新的投诉补充意见。患方代表先发言，直接对医院的治疗提出怀疑：为什么入院以前患者身体还好好的，治疗之后反而没希望了？患方代表陈述完毕后，调解员要求医方代表发言。医方由医生代表陈某先发言，陈医生根据患者的病历资料，结合自己参与治疗的经历，介绍了患者生前的治疗方案及过程，申明针对患者的治疗方案都曾向家属介绍和确认过，是在家属知情和同意下进行的，家属邀请来的两名外院专家也认可本院医生的治疗方案。为更好地掌握患者的病情发展情况，术后陈医生自己和另外两名教授住在医院观察。但是，手术后出现并发症，这不是医生可以控制的。患方一位亲戚插话对此表示不认可，提出患者第一次手术三个小时后就发生了病情变化，在做了检查后医院又告知要做第二次手术，之后就一直发高烧，并且需要进行第二次手术事先并没有告知家属。医方代表李医生就家属对第二次手术的疑问回复说，患者术后出现并发症，做了个 MRI，发现颈椎神经压迫呈进行性加重状态，当时组织教授会诊分析制定了诊疗方案，包括讨论意见都告知了家属。当天第二次术后已经是凌晨六点了，手术医生没有回家，在手术室休息两小时之后，八点钟又去观察患者的状态，不存在患方指责的医生不负责的情况，而且这些事情患方家属当时就知情。双方发言结束后，调解员提醒，由于目前患者病情复杂，生命体征不稳定，随时都有生命危险，建议家属尽早就一些关键性事项作出决定。医方代表针对患者的情况，告诉患方家属，治疗是对身体侵入性过程，谁也不能保证手术效果达到家属的心理预期。至于是否存在家属认定的医疗过错以及如何承担过错，医院不会推诿责任，按照事实和法律该承担的一定会承担。如果实在无法在调解中达成一致，必要时还可以通过诉讼途径，希望患方家属认真考虑，有不同意见均可以提出。此时，患方家属代表马某提出要求医方赔偿 30 万元。医方代表回复说，任何赔偿请求均需要有事实和法律的依据，有依据的话，肯定会按照规定赔偿。调解员对医方说法表示认可，建议患方拿出 30 万元赔偿数额的计算依据。另一位患方家属代表刘某表示，自己文化程度不高，没有能力指出过错何在，就希望医方能够拿出具体的解决方案。调解员建议其必要时可以请司法局的相关人员来参与调解。

由于双方对过错认识不同，无法达成调解协议，院内调解无果。之后，医院辖区司法所介入此案继续进行调解。

人民调解：2015年5月某日下午，双方邀请了某司法所所长担任调解员，调解开场后，调解员要求患方首先陈述事情经过。患方陈述完毕后，调解员询问其他亲戚朋友是否还有补充，患方家属表示还需要退还医药费、补偿丧葬费。然后，调解员要求医方陈述意见，主治医生因客观原因缺席调解，故由下级医生介绍了诊疗过程。其后医务部工作人员回复了患方的其他诉求，对患者作为五保老人的特殊情况表示理解，建议患方进行相关鉴定，并表示医院会根据事实和法律承担相应的责任。但是，患方拒绝提出鉴定申请，要求调解员对此案的赔偿数额提出建议。在此情况下，调解员提出和医方代表进行单方会谈，会谈之后，医患双方就数额达成了一致。

（三）调解结果

双方达成以下调解协议：刘某为五保户，其亲属为其缴纳的医疗费56 000元由医院开具发票交予患者侄儿，补偿现金35 000元也交予其侄儿；就诊期间所欠的医疗费用由医院做减免处理。

（四）过程评析

【调解启动】

此案的调解由患方投诉启动，经过人民调解结案。

【是否适用鉴定或专家咨询】

医患双方均未申请鉴定或专家咨询。

【双方争点分析】

1. 医方对手术风险判断不准确，考虑到患者身体情况，不应该进行手术。

2. 医方所在科室有绩效考核的任务，案件久拖不决，压力很大。

3. 患方是五保户。所有的患方家属都“只有权利没有义务”，患者尚欠治疗科室十几万元医药费，没有人为之承担责任。

4. 患方拒绝进行鉴定。患方家属只关心为刘某垫付的医药费是否可以收回，对于是非对错不是特别关心，又以为司法鉴定烦琐复杂，不同意提交鉴定申请以分清责任，只是反复强调医院应该承担责任。

【核心调解技巧或教训】

本案在进行高风险手术谈话时，医生的建议是不做手术，但由于患方亲戚在医院有熟人，反复要求手术治疗，医方没有过得了人情关，虽然知道风险大，但抱着侥幸心理，还是决定手术。其实，谈话期间已经发现了蛛丝马迹，虽然纠纷预防机制已经开启，可是没有发挥应有作用。

本案的调解需要掌握当事双方各自的心理：对患方家属来说，不想查明事情真相，不想分清责任，只想尽快解决问题，把垫付的医药费要回来。对医方来说，需要解决医药费结算问题，涉及国家对五保户医药费减免政策等一系列问题的处理。在此情形下，双方都不愿意过多纠缠。

本案属于评价式调解，因为患方请求调解员对调解方案提出建议，并最终接受了该建议。这与司法所所长所拥有的法理权威紧密相关。应该说，本案属于成功运用“多方联动法”的案例。

（五）参考案例

【案例名称】

上诉人李加祥与被上诉人江苏省人民医院医疗损害责任纠纷，案号为（2014）宁民终字第 4029 号。

【案例内容】

该案的核心争点是：江苏省人民医院在术前是否详细评估了患者在 21 天之内能否承受两次较大的手术创伤，能否选择其他手术创伤较小的术式及选择更恰当的手术时机。

原审法院分析认定如下：根据鉴定结论，医方第二次手术未达到手术目的，咽瘘未得到有效的修补及愈合，增加了患者第二次手术的痛苦和经济上的负担，故江苏省人民医院对李加祥第二次手术期间产生的相关费用应承担赔偿责任。李加祥咽瘘的发生原因与其肿瘤临床 T 分期、术前放疗、放疗剂量、感染、营养状况、糖尿病等因素有关，是此类肿瘤患者经手术治疗常见的和难以避免的并发症。故对李加祥要求江苏省人民医院赔偿后续治疗咽瘘产生的相关费用及其他损失不予支持。

二审法院依职权向江苏省医学会就江苏省人民医院实施的第二次手术

即胃咽吻合术未达到手术目的，对于李加祥咽瘘的治疗所产生的影响进行了调查。江苏省医学会称，虽然咽瘘是喉癌的并发症，但是对于本案患者的情况不应该进行手术治疗，一般采取局部换药、禁食、刮匙等方式，以促进新鲜肉芽生长，从而达到愈合的目的。由于第二次手术未达到手术目的，患者现已没有其他合适的组织去补瘘，后续治疗几乎不可能。

二审法院认为，根据江苏省医学会鉴定书关于因果关系及责任程度的分析意见以及相关调查笔录意见，由于江苏省人民医院在对李加祥进行第二次手术时，在手术时机以及手术方式方面选择不妥，存在超范围手术以及与患者沟通不够等方面的过错，从而导致第二次手术未达到手术目的，咽瘘未得到有效的修补及愈合，造成李加祥丧失了治愈咽瘘的最佳机会，亦对其今后的咽瘘治疗产生不利的影响，对此江苏省人民医院应承担相应的赔偿责任。由于咽瘘系喉癌切除术的并发症，李加祥本人亦应承担一定的责任。考虑上述两个因素对于李加祥损害后果原因力的大小，结合江苏省医学会鉴定书的分析意见，本院确定江苏省人民医院对于李加祥第二次手术后治疗咽瘘的费用承担70%的赔偿责任。

综上，原审法院判定江苏省人民医院赔偿李加祥第二次手术期间产生的费用（含第二次手术的医疗费、护理费、住院伙食补助费、交通费、住宿费、鉴定费）及精神损害抚慰金（30 000元）共计60 425.44元正确，本院予以维持。原审法院对于李加祥主张的江苏省建湖县人民医院治疗咽瘘期间产生的费用不予支持不当，本院予以纠正。因李加祥在江苏省建湖县人民医院治疗咽瘘产生的费用为28 941.4元，江苏省人民医院应按责赔偿20 259元（28 941.4元×70%），故江苏省人民医院合计应赔偿李加祥80 684.44元。

【案例指导意义】

医疗损害结果往往是多因一果造成的，医疗机构的不当行为是造成患者损害的原因之一，但肯定不是唯一原因。因此，调解员在调解此类案件时，可以此案为例，提醒当事人不能把所有后果均归结于医方责任，以便促使当事人尽快达成协议。

二、医生判断失误案

本案患者的病情很严重，医方在手术操作过程中对骨筋膜室综合征的经验不足，判断失误，医方认可承担次要责任。

（一）案情介绍

患者谢某，男，78 岁。因反复左下肢疼痛伴进行性间歇跛行 4 年余，于 2013 年 5 月 12 日入某医院普外一科住院治疗。诊断为：(1) 双下肢动脉硬化闭塞症；(2) 腰椎间盘突出症；(3) 2 型糖尿病；(4) 高血压病 3 级(极高危)。经完善相关检查及术前准备后，患者于 5 月 18 日在局麻下行 DSA 左侧髂股动脉成形术。经抗凝、止痛、扩血管等对症支持治疗，患者仍出现术肢皮温下降，考虑为腹主动脉远端及髂动脉急性血栓形成所致。经完善术前准备后，患者于 5 月 21 日行 DSA 腹主动脉、髂动脉溶栓术。患者术后转入中心 ICU，继续予以溶栓、抗凝等对症支持治疗。患者于 2013 年 5 月 23 日凌晨 4 时左右突发病情变化，立即予以气管插管、呼吸机辅助呼吸等积极治疗。院方考虑患者合并存在右下肢骨筋膜室综合征，且病情危重，预后极差，向家属告知相关病情及下一步治疗方案后，家属表示理解，并于当日签字出院。

之后，患方家属对其死亡及其在医院的医疗过程不理解，引发纠纷。该事件经医务部出面帮助当事科室负责人与患方代表多次沟通协商。医患双方于 2013 年 6 月某日共同向某街道人民调解委员会申请调解。经第三方多次调解，医患双方于 2013 年 6 月 17 日就此事件达成一致，并签署调解协议书。

（二）调解过程

本案经过多次院内调解和人民调解，以下记录一次主要调解过程。

人民调解：2013 年 5 月某日上午，由医院辖区附近某司法所所长担任调解员，出席调解会的医方代表是治疗科室委托的医院医务办工作人员，患方代表是患者的两个儿子。调解一开场，调解员首先介绍了医患双方代表，申明此案调解会的目的、纪律以及调解的过程和原则。由于在这次正式调解之前，医患双方已经过了多次沟通，医方代表表示，同意患方的意见，承认这是一个失败的手术，双方对医方责任并无异议。但是医方坚持认为应该将此案看成一个医疗纠纷，而非医疗事故。① 患方代表提出，由于

---

① 在医方看来，医疗事故的责任要大于医疗纠纷的责任，实际上，这是两个不同性质的概念，医疗事故涉及行政处罚，医疗纠纷只涉及民事责任。

医方在手术中存在告知不充分等过错，要求赔偿 32 万多元。医方提出不存在赔偿之说，应该采用补偿的方式。调解员建议患方认同医方的观点，按这种方式商谈补偿数额，以便达成协议结案。

2013 年 6 月某日，双方再次在该街道办事处人民调解委员会见面，签署调解协议。这次调解过程很简单，因为双方其实已经达成协议，只是通过医患纠纷人民调解委员会对结果进行确认。

（三）调解结果

该院一次性支付患方现金人民币 5.48 万元整，双方自愿不再就此纠纷提出其他要求或引起新的矛盾。

（四）过程评析

【调解启动】

此案调解由患方申请启动，通过某街道人民调解委员会调解结案。

【是否适用鉴定或专家咨询】

医患双方均未申请鉴定或专家咨询。

【双方争点分析】

1. 医方认可过错，对手术风险的判断不足，血液外科医生对骨筋膜室综合征的判断缺乏经验，但不认为本案属于医疗事故。

2. 医方不同意作出“赔偿”，而要求认定为补偿。

3. 患方要求医方承担责任，同意放弃“赔偿”“补偿”的争论。

【核心调解技巧或教训】

在本案的调解过程中，患方有家庭成员是人大代表，动员了一些社会资源，也找过有关领导疏通，并且找了行内专家了解赔偿情况，对医院的过错也很清楚。正是因为患者家属有一定的社会地位，懂理知法，不胡搅蛮缠，对合理维权的预期也比较到位，在医方有过错的情况下，双方快速达成了调解协议。

此案带给调解员一项经验：调解时，患方自身的实力越强反而越容易达成调解协议，较强的实力意味着患方对调解目标、数额、相关法律规定有清晰、明确的认识，甚至更有自信，这都是协议更容易达成的原因；而自身能力较弱的患方往往瞻前顾后，目标不明确，自信心也不足，反而不容易达成协议。面对这样的局面，调解员应该有一个基本的预判，便于选择恰当的调解思路。

（五）参考案例

【案例名称】

孙远太、杨玉兰、王展鹏、王星硕诉长征医院医疗损害赔偿纠纷，案号为（2011）商梁民初字第2492号。

【案例内容】

原告主张被告长征医院的医疗行为侵犯了原告及患者孙雪贞的合法权益，因被告诊疗存在过错和过失，孙雪贞于2009年1月4日23时58分死亡。

法院经审理认为：患者孙雪贞因胸闷、气喘、呕吐一天，意识恍惚半天到被告长征医院就诊，双方已形成医患关系。医院作为从事医疗服务的特殊机构，其执业活动应当遵循有关法律规定，并应当以救死扶伤、防病治病为宗旨，保证患者获得及时、周密的诊治。被告长征医院在诊疗过程中，对患者孙雪贞的病情认识不足，诊断有误，错失最佳抢救时机，且对疾病的发生、发展认知不足，处理过程不规范。经商丘商都法医临床司法鉴定所鉴定，长征医院在孙雪贞就医期间从诊断到治疗均存在有过错：（1）对病情认识不足，诊断有误。（2）对病情观察不细致，错失最佳抢救时机。（3）对疾病的发生、发展认知不足，处理过程不规范。（4）医患沟通不到位，未尽到告知义务。被告长征医院对孙雪贞从诊断到治疗均存在过错，且与孙雪贞的死亡存在事实上的因果关系，应当承担相应的损害赔偿责任。原告要求赔偿经济损失，理由正当，部分应予支持。孙雪贞到被告长征医院诊治时已胸闷、气喘、呕吐一天，意识恍惚半天，住院仅4个多小时便死亡，死亡结果的发生与孙雪贞自身的身体情况也有一定关系，长征医院的诊疗过错并不是孙雪贞死亡唯一原因，因此原告方应承担50%的过错责任。四原告要求被告赔偿全部损失的请求，依法不予支持。根据赔偿项目及数额如下：丧葬费13 678.5元（27 357元/年÷12个月×6个月＝13 678.5元）、死亡赔偿金363 896元（18 194.8元/年×20年＝363 896元）、王展鹏抚养费55 512元（12 336元/年÷2×9年＝55 512元）、王星硕抚养费61 680元（12 336元/年÷2×10年＝61 680元）、鉴定费1 500元，以上合计为496 266.5元。被告长征医院承担496 266.5元赔偿部分的 50%，即 248 133.25 元。孙雪贞的死亡给四原告造成了很大的思想压力和精神痛苦，精神抚慰金酌定支持 20 000 元为宜，因此被告长征医院共赔偿四原告 268 133.25（248 133.25+20 000）元。

【案例指导意义】

医疗机构从诊断到治疗均存在过错，但也只需要承担其相应的责任。通过此案，调解员可以提醒患方当事人，医疗机构即使有过错，也应该考虑患者的病情对于后果所产生的影响。

三、多科室连环过错案

本案是患者手术肠穿孔引起的纠纷，涉及两个科室，医方有过失应负主要责任。

（一）案情介绍

患者丁某，女，78 岁。2013 年 12 月 16 日至某医院消化科门诊就诊，主诉：下腹痛 1 月。当天下午行肠镜检查后腹痛加重，考虑降结肠穿孔。12 月 16 日急诊行剖腹探查：降结肠穿孔修补术。术后，因患者既往基础疾病多，血氧饱和度低，无法拔管，遂入 ICU 进一步治疗。12 月 18 日，患者病情相对稳定后，转入普外一科继续治疗。患者术后剧烈咳嗽，伤口脂肪液化、感染，于 12 月 29 日出现切口疝，伤口裂开，并出现肠梗阻症状，2014 年 1 月 2 日 15 时患者咳嗽时切口处伴大便渗出，考虑肠穿孔肠瘘。经完善术前准备后，立即行剖腹探查：小肠部分切除＋肠吻合＋肠粘连松解术，因患者既往基础疾病多，术后血氧饱和度低，无法拔管，再次转入 ICU 继续治疗。1 月 5 日，患者病情好转后回普外一科继续治疗。1 月 12 日患者因仍伴咳嗽，出现伤口部分呈裂开。予以加强换药，胶带拉拢、负压引流伤口分泌物、补充白蛋白及静脉营养后，1 月 14 日，患者剧烈咳嗽后再次出现伤口崩裂，再次在急诊全麻插管下行剖腹探查：小肠切除＋肠吻合＋肠粘连松解术＋伤口减张缝合术，术后返回普外一科继续治疗。1 月 18 日凌晨 3 点，患者突然出现意识丧失，呼之不应，颈动脉搏动消失，立即予以心肺复苏，3 点 18 分自主心率（160 次/分）、血氧饱和度（98%）、血压恢复（150/93mmHg），无自主呼吸，意识丧失，双侧瞳孔散大（直径约 5mm），对光反射消失，再次转入 ICU 治疗。经积极抢救无效，患者于 2014 年 1 月

22日死亡。患方家属对丁某行肠镜检查后结肠穿孔，经多次手术，花费巨额医疗费用后仍然死亡，表示强烈不满与质疑，引发纠纷。

（二）调解过程

该医患纠纷由患方家属自2013年12月19日在该院医务部投诉后，由医务部牵头，多次组织治疗科室与其家属进行调解沟通，最终于2014年1月30日双方达成调解协议。

院内调解：本次调解会由医务部工作人员担任调解员，出席调解会的医方代表有消化科医生、患者主治医生、医院法律顾问。患方代表有患者儿子、女儿、女婿及孙子等。调解一开场，调解员首先申明调解会的目的和纪律，介绍医患双方的人员，强调调解的程序和事项。医方代表消化科伍医生先发言，介绍了行肠镜检查和肠穿孔后消化科的治疗过程。患方家属提出疑问，称其母亲是因腹部隐痛来医院的，在外科看过之后建议做肠镜检查，在患者进手术室做肠镜检查后的几分钟，其间听到母亲多次痛苦的叫喊，询问时却被告知没事，直到几个小时后被一位自称主任的女医生和一位男教授告知是肠穿孔，后来患者被送往普外科住院并手术，这期间是否有时间上的延误？对患方的疑问，医方代表再次详细介绍了普外科的治疗过程。

针对普外科的治疗，患方提出，穿孔的位置很低，但是手术的切口却很长，至少有七寸，还拐了一个弯。术后情况还没好的时候，医生就把伤口的线拆了。后来患者因咳嗽导致伤口裂开，涌出许多水和血块，肠子都漏出来了。虽然有医生做了处理，但有一位医生不负责任，拿了一个灯要患者家属自己烤伤口，要求家属自己把握分寸。之后伤口又裂开了，另外一位医生过来安排患者去手术室缝合，又说这种缝合方法不行，肠子又破了，再次做了手术，后来恢复得也不好，没有立即转到ICU去，直到患者心跳停止又经抢救过来后的第二天上午才转到ICU，那个时候人已经深度昏迷了。每天只换一次药，还是我们去求人来换，后来我们多次要求才改成一天换四次药。医德医风和服务如此之差，希望医院能妥善处理，承担相应的责任。

针对患方的不满，科室医生代表认为：（1）消化内科针对患者病情，选择行肠镜检查符合医疗原则，肠镜检查后出现并发症“肠穿孔”，此后立即联系了普外科，以便急诊手术进行肠修补。（2）术前准备充分，手术医生符合手术分级要求。后续行多次手术，患者仍然死亡，应该考虑与患者自身身体状况及手术后出现严重并发症相关。

调解员提出，此案涉及两个科室，从双方陈述案情来看，医方在治疗过程中确实有处理不当之处，存在某些过错。两个科室之间如何分担责任，是医院内部处理的问题。现在应该面对患方的要求，积极回应并承担相应责任。

（三）调解结果

医方同意减免患者丁某本次住院医疗费用中所欠医保自付部分，并补偿患方现金人民币 16 万元，其余医疗费用等由患者家属自行承担。双方一次性解决此纠纷。

（四）过程评析

【调解启动】

此案由患方申请启动院内调解。

【是否适用鉴定或专家咨询】

医患双方均未申请鉴定或专家咨询。

【双方争点分析】

1. 患方认为医方在诊疗过程中出现连环错误，在消化科的肠镜检查（医方过错占到 70%～80%）和普外科的手术中均存在过错，两度出现肠穿孔，应该承担相应的责任。

2. 医方没有否认有过错，但要求考虑患者自身的病情。

【核心调解技巧或教训】

本案属于有较为严重医疗过错的案件，治疗过程中涉及两个科室，科室之间的衔接出现问题，医院内部管理失误，有严重教训。

（五）参考案例

【案例名称】

上诉人刘佑玲与被上诉人桂林市妇女儿童医院医疗损害赔偿纠纷，案号为（2013）桂市民一终字第 146 号。

【案例内容】

该案涉及多科室的治疗情况，原告因急腹症到被告处就诊并住院治疗，被告对在原告的医疗行为中存在过错没有异议，双方的争议焦点是医方承担过错责任的比例到底是25%还是75%。

一审法院经审理查明：2010年4月21日9时20分，原告因突然腹痛到被告处急诊科就诊，经检查，急诊科初步诊断原告为肠痉挛。同日10时10分，急诊科医生请外科会诊，外科医生会诊后拒绝书写会诊意见。急诊科给予注射颅痛定后原告腹痛仍无好转，使用杜冷丁后疼痛缓解。为进一步治疗，急诊科以“疼痛待查：急性胰腺炎”将原告送入内三科住院治疗。住院后初步诊断，腹痛查因：急性胰腺炎、急性胆囊炎，消化性溃疡，尿路结石，并制订了相应的诊疗计划。4月22日，经内三科请外科、妇科会诊，诊断原告属宫外孕，同日11时22分转入妇科手术治疗。

一审法院认为：原告因急腹症到被告处就诊并住院治疗，双方形成医患关系，被告在对原告的医疗行为中存在过错，双方没有异议。原告根据桂林市正诚司法鉴定中心正诚司鉴（2010）临鉴字第809号司法鉴定意见书，认为被告过错行为的参与度为75%，被告根据广西司法鉴定中心（2011）法鉴字第148号司法鉴定意见书及桂林市医学会的医疗事故技术鉴定书，认为被告的过错行为的参与度为25%或承担轻微责任。原、被告的主要分歧在于对止痛剂杜冷丁使用问题上，原告认为被告在未确诊病因的情况下，予其使用止痛剂杜冷丁药物，掩盖真实病情，违反医疗原则，影响对疾病的进一步诊断，其依据是引用的人民卫生出版社2005年8月第一次印刷的《外科学》第四节急腹症的处理原则“病情观察过程中，应禁用吗啡类止痛药，以防掩盖病情”（桂林市正诚司法鉴定中心正诚司鉴（2010）临鉴字第809号司法鉴定意见书中引用）；被告认为对急性腹痛的处理原则是诊断与治疗相结合，对于止痛剂的使用应根据病情需要在观察病情下应用，是慎用，并非禁用。其依据是人民卫生出版社2008年1月第1版的《急诊医学》第三节急性腹痛急诊处理第三项：“慎用如下措施：应用止痛剂时，应密切观察病情……”本院认为，原告因急性腹痛到被告急诊科就医，急诊科根据原告的病情对其使用杜冷丁符合《急诊医学》的规定，并非医疗过错。原告的自身疾病是导致损害后果的主要原因。被告的过错只是不能及时阻止病情的发展，为次要原因，被告应承担事故25%的责任。故对被告关于医疗过错的辩解，本院予以采信。因原告的小肠被切除3/4，且未施行逆蠕动吻合术，根据《关于广西公众司法鉴定中心（2011）法鉴字第 211 号司法鉴定意见书修改的函》，原告的伤残程度为三级伤残。对此结论，本院予以采信。被告辩称活体的成人小肠长度 3～5.5 米，应按照活体成人小肠长度 3～5.5 米，平均 4.25 米计算，伤残程度为八级。理由不充分，本院不予采信。关于原告的营养费问题，原告以起诉前委托桂林市正兴司法鉴定所对小肠切除后营养费的鉴定结论为依据，要求被告赔偿 46 年的营养费 440 737.5 元，理由不充分，本院不予支持，根据原告的病情，本院可酌情支持其 20 000 元营养费。

根据最高人民法院《关于审理人身损害赔偿案件适用法律若干问题的解释》及 2011 年度《广西壮族自治区道路交通事故损害赔偿项目计算标准》的相关规定，原告的经济损失包括：医疗费 15 697.6 元（凭医疗费发票），住院伙食补助费 600 元（40 元×15 天），护理费 1 200 元（15 天×80 元/天），误工费 6 426（按美容行业属服务业计算，25 703÷12×3）元，交通费 224 元，残疾鉴定费 700 元，医疗过错鉴定费 4 200 元，鉴定人出庭费 1 100 元（凭鉴定机构发票），营养费 20 000 元，被扶养人生活费 30 319.20［（4 211×20+4 211×16）×80%÷4］元；根据最高人民法院《关于适用〈中华人民共和国侵权责任法〉若干问题的解释》第 4 条“人民法院适用侵权责任法审理民事纠纷案件，如受害人有被扶养人的，应当依据《最高人民法院关于审理人身损害赔偿案件适用法律若干问题的解释》第二十八条的规定，将被扶养人生活费计入残疾赔偿金或死亡赔偿金”的规定，应将该 30 319.2 元计入残疾赔偿金，被扶养人生活费不再作为赔偿项目，故残疾赔偿金为 331 983.2［（18 854 元×20 年×80%）+30 319.2］元。精神损失费原告主张 60 000 元，根据原告的身体状况及受损程度，酌情支持 10 000 元。以上共计 392 130.8 元。因被告承担 25%的责任，故被告需赔偿原告经济损失 98 032.72 元。

一审判决作出后，原审原告不服一审法院判决，认为被告将原告的病情误诊为“宫外孕”，手术后却发现是小肠坏死，对后果负有不可推卸的责任，遂提起上诉。

二审法院经审理认为：上诉人是因急腹症到被上诉人医院急诊科就诊的，急诊科初步诊断上诉人为肠痉挛，商请外科会诊，外科医生会诊后拒绝书写会诊意见。急诊科给予注射颅痛定后上诉人腹痛仍无好转，使用杜冷丁缓解疼痛。急诊科以“疼痛待查：急性胰腺炎”将上诉人送入内三科住院治疗。住院初步诊断，腹痛查因：急性胰腺炎、急性胆囊炎，消化性溃疡，尿路结石。后经内三科请外科、妇科会诊，诊断上诉人属宫外孕，转入妇科手术治疗。手术过程中，妇科医生发现原告腹腔有不凝血 500ml，子宫、附件未见异常，大部分小肠呈暗红色，考虑肠道疾患所致腹痛，立即请普外科上台探查，考虑小肠裂孔疝，经普外科会诊，转入普外科手术治疗。普外科医生在全麻插管下给上诉人施行手术，术中见小肠系膜裂孔疝嵌顿致大部分小肠缺血坏死，遂行部分小肠切除术、肠吻合术、阑尾切除术，保留空肠 115cm 及回肠 6cm（距回盲瓣）。上诉人在被上诉人医院就诊中被多次误诊，多科室治疗，妇科医生进行开腹后发现肠坏死，由普外科医生进行部分小肠切除术、肠吻合术、阑尾切除术。被上诉人在对上诉人的医疗行为中存在过错，双方没有异议。依据桂林市正诚司法鉴定中心正诚司鉴（2010）临鉴字第 809 号司法鉴定意见书，认定被上诉人过错行为的参与度为 75%，以及依据广西司法鉴定中心（2011）法鉴字第 148 号司法鉴定意见书与桂林市医学会的医疗事故技术鉴定书，认定被上诉人过错行为的参与度为 25%，本院认为被上诉人的医疗行为存在一定过错，应承担相应的民事赔偿责任，但上诉人自身疾病是导致损害后果的主要原因，根据司法鉴定意见及案件情况，上诉人应承担 60%的责任，被上诉人应承担 40%的责任。上诉人的经济损失包括：医疗费 15 697.6 元（凭医疗费发票），住院伙食补助费 600 元，护理费 1 200 元，误工费 6 426 元，交通费 224 元，残疾鉴定费 700 元，医疗过错鉴定费 4 200 元，鉴定人出庭费 1 100 元，营养费 20 000 元，被扶养人生活费 30 319.20 元计入残疾赔偿金，残疾赔偿金为 331 983.2 元；精神抚慰金上诉人主张 60 000 元，根据上诉人的身体状况及受损程度，酌情支持 10 000 元，以上共计 392 130.8 元。因被上诉人承担 40%的责任，被上诉人应赔偿上诉人经济损失 156 852.32 元。

【案例指导意义】

本案是多科室治疗的典型案例，前后有三份鉴定意见，一份鉴定意见认定医疗机构过错行为的参与度为 75%，另外两份鉴定意见认定医疗机构过错行为的参与度为 25%。在此情况下，法院没有按照任何一份鉴定意见进行判断，而是根据患者的疾病及鉴定意见综合认定医疗机构应该承担40%的责任。法官没有在判决书中更详细地说理，为什么最后参与度确定为40%。笔者只能猜测，可能是法官认为医疗机构应该承担次要责任，于是选择了次要责任中较高的一档40%。调解员在调解此类案件时，可以考虑参照类似的方式说服当事人对过错参与度的认定。

四、肠穿孔损伤案

本案医方有一定的过失，在消化内科诊断时导致患者肠穿孔。

（一）案情介绍

患者顾某，男，71岁。因反复左下腹疼痛1年余，再发加重2月，于2014年11月1日入某医院消化内科住院治疗。诊断为：（1）腹痛查因：结直肠炎？结肠息肉？消化道肿瘤？（2）回盲部憩室；（3）高血压病（3级高危组）；（4）脂肪肝；（5）颈椎病；（6）甲状腺功能减退；（7）慢性支气管炎；（8）颈动脉硬化；（9）前列腺增生。患者于11月3日在行肠镜检查后腹痛加重，考虑肠穿孔所致，立即转入普外二科手术治疗。经完善相关检查及术前准备后，患者于当日急诊行剖腹探查＋肠切除肠吻合术。术后予以抗感染、护胃、护心等对症支持治疗，患者病情稳定，于2014年12月15日出院。患方因对患者在医方的诊疗过程中发生肠穿孔不满意产生纠纷。

（二）调解过程

患方向医务部提出调解申请，双方于2014年11月某日下午进行了调解。

本次调解会由医务部工作人员担任调解员。医方代表是检查科室的医生，患方代表是患者的孙女和孙女婿。调解一开始，患方即提出，肠镜检查之前患者并没有出现肠穿孔症状，检查前医生也并未告知可能存在的风险。患者肠穿孔后，因腹部疼痛难忍，以致昏迷，急转普外科做了肠切管手术。术后发现患者说话不清楚，嘴巴歪斜，头部昏眩，不能坐立，逾8日未能进食，医院应该主动承担责任。医方回应说，肠穿孔是肠镜检查的正常风险。患方不满意医方的回答，质疑道：为什么术后找到给患者做肠镜检查的张医师，要求出示3日电子肠镜检查的报告单，却被搪塞了一张9日的报告单，是不是当日报告单已经被销毁？请医方作出合理的解释。接着，患方还告诉调解员，11 日家属再次找到张医师，要求就肠穿孔事件给患者及家属一个满意的答复，张医师却推脱说自己没有责任。患者因肠镜检查致肠穿孔是不可否认的事实，而且造成患者左腹隐痛的真正病因仍未查出，延误了最佳治疗时机，对此医生及医院有着不可推卸的责任。医方提出，肠镜本身有风险，穿孔算不上医疗过错，也不应该只由肠镜操作医生承担责任。对此，调解员表示知晓和理解。调解员询问患方是否要申请鉴定以分清责任，患方表示肠穿孔的事实已经可以证明医方存在过错，无须通过鉴定证明。调解员建议医方考虑患方的赔偿请求，经过反复磋商，在调解员的主持下，医患双方协商一致达成了调解协议。

（三）调解结果

院方同意减免患者本次住院医疗费用中医保自费部分 982.46 元，并补偿患方现金人民币 4 万元；其余医疗费用等由患方自行承担。双方一次性解决此纠纷。

（四）过程评析

【调解启动】

此案由患者投诉启动院内调解。

【是否适用鉴定或专家咨询】

医患双方均未申请鉴定或专家咨询。

【双方争点分析】

1. 患方认为，肠穿孔由肠镜检查引起，二者之间的因果关系十分明确，无须鉴定证明，因此医方应该承担全部责任。

2. 医方认为，肠穿孔是肠镜检查的正常风险，不是医疗过错，要求肠镜操作医生承担全部责任不符合权利义务对等原则。

3. 医方认为，在没有鉴定的情况下，谁都难以判断这种因果关系是导致患者不利后果的全部原因。

【核心调解技巧或教训】

对于诊疗过程中发生的很可能难以避免的医疗意外，调解员应该熟悉相关的业务内容，这是促进调解达成协议的必备知识。但是关于肠镜的正常风险应该由谁承担，是实践中一个重要的问题。为解决这个难题，考虑设立医疗意外险，共同分担风险，这可能是一个可行的办法。

（五）参考案例

【案例名称】

原告赵桂兰诉被告广元市中心医院医疗损害责任纠纷，案号为（2014）广利州民初字第1058号。

【案例内容】

本案原告认为在被告处行腹腔镜胆囊切除手术过程中，因被告医生医疗过错导致原告横结肠穿孔，造成原告损害，请求赔偿。

法院针对被告是否存在过错经审理认为：由于对西南司法鉴定中心（2015）鉴字第1360号司法鉴定意见经原、被告双方质证均无异议，因而该鉴定意见本院予以采信。该鉴定意见书分析认为：原告赵桂兰因反复右上腹疼痛10多年，入院后彩超多次提示胆囊多发结石，萎缩性胆囊炎，胆囊多发结石诊断明确，具有手术指征，且胆囊切除术属疾病治疗需要，据此被告广元市中心医院行腹腔镜胆囊切除术正确。结合原告赵桂兰的院外腹部超声检查结果，同时对胆囊结石行腹腔镜胆囊切除术本身未持异议，而对手术记录中记载重度粘连为篡改又无法证实时，术中引发的横结肠穿孔等产生的原因及是否有过错便成为本案的争议焦点，因此，本案应适用过错责任原则归责处理。由于被告广元市中心医院为综合性医院，应当与被告广元市中心医院医疗水平相当，术中确已产生横结肠穿孔，且西南司法鉴定中心（2015）鉴字第1360号司法鉴定意见认为其横结肠右半局限性穿孔、右膈下及肝下局限性积粪、右肝表面、膈肌及大网膜脓苔形成与2011年9月29日广元市中心医院对被鉴定人实施腹腔镜胆囊切除术间存在因果关系，为此，被告广元市中心医院医疗护理行为存在过错，但术前被告广元市中心医院与原告赵桂兰进行了沟通，并用手写的方式特别告知了手术中可能转为开腹，出现胆瘘、继发胆管结石、十二指肠、结肠损伤等风险和并发症，且原告赵桂兰和其女崔晓芳在《术前沟通情况记录》《手术审批同意书》《手术知情同意书》《麻醉知情同意书》上签字确认，说明被告广元市中心医院履行了告知义务，原告赵桂兰亦应当知晓手术具有的风险和可能产生的并发症，加之医疗手术本身具有风险，亦有可能产生并发症，因此应当减轻被告广元市中心医院的责任。考虑手术具有风险，且术前进行了沟通告知，故应当减轻被告广元市中心医院15％的责任，确定由广元市中心医院承担85%的赔偿责任。

关于原告赵桂兰计算的损失问题，由于第一次手术即胆囊结石行腹腔镜胆囊切除术诊断明确，具有手术指征，胆囊切除术属疾病治疗需要，因而第一次住院的费用属于原发性费用应由原告赵桂兰自行承担，而第二次住院的原因与横结肠穿孔有因果关系，故第二次住院发生的损失应当纳入计算范围。

关于原告主张精神抚慰金30 000元问题，由于精神抚慰金具体金额要考虑原告的伤残程度、被告的过错程度、支付能力及当地的经济生活水平等综合因素予以确认，经综合本案实际情况，本院酌情确定精神损害抚慰金4 000元。

【案例指导意义】

1. 正常手术风险分担问题。本案涉及手术操作过程中横结肠穿孔的风险分担问题，鉴定意见认为应该考虑手术具有风险，且术前向患者进行了沟通告知，故应当减轻医疗机构15%的责任，确定其承担85%的赔偿责任。

2. 精神抚慰金的确定问题。本案法官将当事人主张的30 000元精神抚慰金调整到4 000元，综合考虑的因素包括患者的伤残程度、医疗机构的过错程度、支付能力及当地的经济生活水平。

五、手术时机选择不当案

本案医方有过失，过失在于没把握好手术时机，不应该在患者手臂功能没有丧失之前做纤维瘤的全剥离术，导致神经断裂，手臂丧失功能。医方为此错误付出了相应的代价。

（一）案情介绍

患者江某，女，34岁。因发现右颈部肿块1年，患者要求手术治疗，于2009年1月26日入住某医院心胸外科。诊断为：神经纤维瘤。经完善术前准备后，患者于2009年1月30日在全麻插管下行右颈部神经纤维瘤切除术，术后予以抗炎、止血及对症治疗。患者术后出现右上臂及前臂活动、感觉障碍。但患者未遵医嘱行进一步检查或治疗，于2月1日签字出院。

患者因对其在该院行右颈部神经纤维瘤切除术后，出现右臂丛神经损伤和肢体功能障碍不满意而引发纠纷。医患双方就此事件经过多次沟通与协商，未能就医疗责任、医疗损害赔偿达成一致意见。

（二）调解过程

2010 年 12 月某日下午，医院医务部对此案进行调解。

调解会由医务部工作人员担任调解员，出席此案调解会的医方代表有治疗科室医生和医院法律顾问，患方代表有患者本人、父亲、母亲等。调解一开场，调解员首先介绍了医患双方的情况，申明调解会的目的和纪律。医方代表治疗科室医生先介绍患者的治疗情况，患者患的是右颈部神经纤维瘤，纤维瘤长在神经上，剥离时有可能对神经造成损伤，在手术之前，医院对此已尽到告知义务。医方代表陈律师紧接着发言说，由于患方赔偿请求的数额较高，如果不通过鉴定先将双方责任分清，难以商定出具体的赔偿方案。医方代表刘医生也再次强调，患者这个纤维瘤本身就长在神经上，要切除瘤体很难避免对神经的损害，并且术前已详细、明确地告知患者及家属。患方代表则针对手术医生提出了几个具体问题：（1）为患者做手术的医生是什么技术等级？助手医生是什么技术职称？（2）这个手术属于几类手术？（3）这个手术跨科是跨什么科？医方代表回答说，此案是四类手术，手术完全符合相关的诊疗规范，不存在患方怀疑的医生资质问题。

遗憾的是，虽然医患双方就此事件进行了多次沟通与协商，但未能就责任分配、医疗损害赔偿达成一致意见，调解失败。患方于 2011 年 1 月向法院起诉。

（三）调解结果

本案院内调解失败，无调解结果。某区人民法院于 2011 年 12 月对此案作出民事判决，法院按 60%的结果要求医院承担责任，判定由被告医院支付原告江某人民币 30 万元，并承担诉讼费用。

（四）过程评析

【调解启动】

此案经历了院内调解，但未成功。

【是否适用鉴定或专家咨询】

本案有两份鉴定意见。患方起诉后，单方面委托某司法鉴定所对该案进行鉴定，鉴定意见认为：手术医院对江某的医疗行为存在医疗过错，与其损害后果有因果关系，医方参与度为 100%，构成四级伤残。医方对此鉴定意见的合法性提出质疑，认为单方委托不具有法律效力，向某区人民法院申请重新鉴定。

某区人民法院另行委托某省某法医学司法鉴定中心进行鉴定，鉴定意见认为：该院对患者江某的医疗行为存在过错，与其损害后果有因果关系，医方参与度为60%，构成六级伤残。

【双方争点分析】

1. 医方对患方告知不全，对病情预见不足，没把握好手术时机，医方承认存在过错，但不同意负全责。

2. 患方要求医方承担全部责任，索赔数额巨大，分歧较大，医方难以决断。

3. 医患双方针对医院是否有过错以及过错程度存在较大分歧，围绕两份结果迥异的鉴定意见争论不休。

【核心调解技巧或教训】

院内调解没有成功，是因为患方坚持要求医方承担全部责任，没有让步空间，医方无法接受，调解失败。而法院调解也未能成功的主要原因，是有两份过错参与度不同的鉴定意见，医患双方均有自己的心理预期。患方执着于对自己更有利的这份司法鉴定，医方则坚持第二份鉴定意见，各执一词，无法打破僵局。从法律角度看，第一份鉴定意见由患方单方面委托，医方有理由对此鉴定意见的合法性、合理性提出异议。诉讼过程中，单方提出鉴定申请本就有程序瑕疵。最后法院判决采纳了重新委托得出的鉴定意见。本案在调解阶段调解员如果建议进行专家咨询或者要求双方共同委托诉前鉴定，可能可以更早地解决问题。

在医院质量管理方面，本案的教训是：医方术前应该告诉患者如果要完全剥离纤维瘤，手臂功能就会丧失，由患者自己做决定。

（五）参考案例

【案例名称】

洪泽与上海市第六人民医院医疗损害责任纠纷，案号为（2015）徐民一（民）初字第2582号。

【案例内容】

该案属于手术时机选择不当，原告因腹部不适于2013年8月22日至被告处就诊，被告诊断为右肾上腺肿瘤。2013 年 8 月 30 日上午 8 时许，原告在被告处接受微创手术，然而被告在术中未探及肾肿瘤，被告在未征询原告家属意见的情况下即行术式改变，由微创手术变为开腹探查，然而在 8 小时的手术过程中，被告依旧未探及肿瘤。术后，原告分别于 2013 年 9 月 4 日、9 月 16 日、9 月 21 日因腹内出血而危及生命。原告认为被告存在医疗过错造成其损害，提起诉讼。

在该案审理过程中，经原告申请，法院委托上海市医学会对本案医疗争议进行医疗损害鉴定。上海市医学会的鉴定意见为：（1）本例属于对原告人身的医疗损害。（2）被告在医疗活动中存在手术时机选择不当、手术操作不当的医疗过错，与原告出血性休克的人身损害结果存在一定的因果关系。（3）参照《医疗事故分级标准（试行）》，原告的人身损害等级为四级。（4）本例医疗损害被告的责任程度为主要责任。

法院经审理认为，本案业经上海市医学会鉴定，法院结合上海市医学会的鉴定意见认定被告在本案诊疗过程中存在如下过错：（1）被告对原告的手术时机选择不当。根据上海市医学会专家的现场阅片，原告术前上腹部 CT 显示其肾上腺肿块密度较低，无明显增强，提示囊性病变可能大。而根据原告术前的肝功能检查情况反映，其多项指标均不在正常范围内。被告一方面未对原告病情做进一步的影像学诊断以帮助明确肿块性质，另一方面在原告肝功能存在异常的情况下，即对原告进行手术，被告手术时机亦选择不当，手术指征掌握不严。（2）被告手术操作中存在不当之处。原告于 2013 年 8 月 30 日在被告处接受右肾上腺肿块切除术，然而原告于术后行超声检查仍然提示其右侧肾上腺区域肿块，即手术目的最终并未得到有效实现，且原告于术后两次出现腹内出血，原告因此分别于 2013 年 9 月 16 日及 9 月 21 日在被告处接受右肾周切口探查止血术、行经皮动脉血管造影术及介入栓塞术。原告术后出现的上述情况与被告的不当手术操作之间存在一定的因果关系。综上，被告手术时机选择不当及术中操作不当的过错与原告术后发生腹内出血、手术目的未予实现的损害后果之间存在一定的因果关系，但是综合考虑原告右肾病灶性质最终需通过手术取病理予以明确，原告的病情有择期手术的指征，而手术本身亦有出血的风险，另考虑被告术后抢救措施得当，原告目前肾功能正常，结合上述情况，本院酌情判令被告对原告的损害后果承担 80%的赔偿责任。

关于本案原告主张的具体损失及其赔偿的认定：医疗费，2013 年 8 月 7 日至 8 月 21 日原告在被告处进行治疗产生的医疗费系因进行自身原发疾病的排查、诊疗所需，故对此期间发生的医疗费本院不予认定，扣除该笔费用后，本院认定医疗费为 23 166.69 元；住院伙食补助费，结合原告的实际住院天数，本院认定为 2 180 元；交通费，鉴于原告在术后出现腹腔内出血，且于 2013 年 9 月 16 日及 9 月 21 日分别接受了手术清除血块及 DSA 栓塞止血术，故面对原告的术后病情变化，原告亲属至被告处对其进行探望，具有合理性，故对原告亲属往返上海发生的机票费用，本院予以认定，另考虑原告就诊及本案诉讼之需，原告主张数额合理，本院予以认定；精神损害抚慰金，考虑原告系因 CT 示右肾上腺腺瘤，故在被告处接受右肾上腺肿块切除术，然而因被告手术时机选择不当、手术操作不当，不仅导致原告的治疗目的并未实现，原告术后右肾上腺肿块依然存在，且造成原告在术后出现腹腔内出血，并因此在术后额外接受两次手术，原告的精神利益因此遭受了较大的挫伤，故本院酌情支持 2 000 元。原告的上述损失由被告按照 80%的责任比例承担赔偿责任。

误工费，结合原告提供的劳动合同及其术前的实际收入情况，本院认为原告诉请中每月误工费的标准具有合理性，本院予以认定，结合鉴定意见书确定的休息期，本院认定误工费为 21 337.60 元；护理费，本院酌情按照每月 2 000 元标准，根据鉴定意见酌定为 6 000 元；营养费，结合鉴定意见书确定的营养期，原告主张数额合理，本院予以认定。关于误工费、护理费、营养费，根据司法鉴定科学技术研究所司法鉴定中心出具的情况说明，鉴定机关在确定上述三期期限时已考虑了被告的医疗过错，且三期系指原告因被告医疗过错增加的休息、护理、营养期，故对上述三项费用，被告应全额赔偿。

律师费，有对应律师费发票为证，本院结合案情，酌情支持 6 000 元由被告承担。

案件受理费 2 339 元，减半收取计 1 169.50 元（原告洪泽已预缴 912 元），由原告洪泽负担 489.50 元，被告上海市第六人民医负担 680 元。鉴定费 5 300 元（原告洪泽已预缴），由被告上海市第六人民医院负担。

【案例指导意义】

1. 鉴定意见认定医方应负主要责任，但没有提出具体百分比。法院酌情将之确定为 80%。

2. 法院判决中，医疗费、住院伙食补助费、交通费、精神损害抚慰金按照总数的 80%赔偿，而误工费、护理费、营养费则要求医疗机构全额赔偿。此外，除了损害赔偿数额，还部分支持了原告聘请律师费的请求。

六、风险评估不足案

本案医方有过错，好心办成坏事。医生想仅通过一次手术就把患者连接在一起的手指分解开，目的是给患者节约二次、三次的手术费用，但对患肢多年挛缩的预后估计不足，不能一次性松解，这属于医生判断失误。

（一）案情介绍

患者阳某，女，19 岁。2011 年 11 月 6 日因右手掌严重疤痕挛缩畸形住院要求手术，于 11 月 8 日行右手疤痕松解术、1、2、3、4、5 指关节复位+克氏针固定、自体中厚皮移植手术。手术后右手拇指和环指末梢出现血运障碍，后逐渐出现拇指平指甲根部、环指末节干性坏死。患者家属认为医院在治疗过程中存在过错而引发纠纷。

双方经过多次沟通与交流，于 2011 年 12 月某日达成一次性解决此纠纷的书面协议。协议经医患双方签字后，患方领取了补偿费用。但 20 天后，患方家属以家境贫穷为由多次找治疗科室及医务部负责人，要求再给予一定补偿。遭到拒绝之后，患方家属采取在各科室发传单，围攻当事医生等扰乱医院正常秩序的行为威胁医院，保卫科干预并制止了此行为。

2012 年 1 月某报的两名记者采访了患者及家属，电话咨询了该院医务部主任，后在该报上进行了断章取义的报道，严重损害了涉案医院的声誉。

2012 年 5 月患方将本案诉至某区人民法院，2012 年 7 月该区人民法院开庭审理该案，开庭后患方又申请撤诉，患方申请做完伤残鉴定后于 2012 年 8 月再次向该区人民法院起诉，2012 年 10 月该区人民法院再次开庭审理了该案，驳回了患方全部诉讼请求。

（二）调解过程

本案经过多次调解，以下记录一次主要调解过程。2011 年 12 月某日下午，医院医务部组织医患双方对此事进行调解。

调解会由医务部工作人员担任调解员，出席此案调解会的医方代表是治疗科室医生，患方代表是患者父母。调解一开场，患方就提出医院有过错，要求赔偿 5 万元。医方代表认同手术存在过错，但只同意赔偿 3 万元。患方没有坚持己见，双方很快就在调解协议上签字，在患者办理出院手续之前赔偿款就已经支付给患方。

遗憾的是，在调解协议达成、医方付款之后，患方又对赔偿数额反悔，于是找到医院吵闹请求再次赔偿，除夕当天还来医院骚扰，要求增加赔偿数额。

（三）调解结果

患者住院费用 7 500 元由患方自行结清；如果患者进行截除干性坏死的手指，医方同意免费为患者治疗至术后创面和伤口愈合；医院支付患方现金 30 000 元，一次性解决此纠纷。

（四）过程评析

【调解启动】

此案由患方申请启动院内调解。

【是否适用鉴定或专家咨询】

医患双方均未申请鉴定或专家咨询。

【双方争点评析】

1. 医生想仅用一次手术把患者多年粘连在一起的手指都分解开，为患者节约二次、三次的手术费用。但因患肢多年挛缩，不能一次性松解，反而造成拇指部分坏死。医方同意为此过错对患者进行补偿，同意按照大约 10％的过错责任比例支付 3 万元补偿款。

2. 患方的手指在手术之前就是残疾状态，是想通过手术改善，没想到医生对风险估计不足，手术不成功，反而造成坏死，残疾程度加重。对此，患方对赔偿的期待值是多多益善，要求 5 万元的补偿。

【核心调解技巧或教训】

本案并不复杂，双方经调解达成协议后，在患方出院之前，医方即支付了赔偿款项。但一般情况下，是等患方出院之时，医方才支付约定的款项。本案违反惯例是因医生与患方之间有亲戚关系，所以才提前支付。而正是因为提前支付才造成患方拿到款项之后，出尔反尔。为向医方施加压力，患方还邀请媒体采访此案，媒体听信了患方的一面之词，造成医方声誉受损。从调解员的角度看，应该提醒医方不要感情用事，或者采用第三方监管的办法，待患方办理出院手续之后再行支付。患方反悔是典型的有失诚信的做法，不过正因为有生效的调解协议存在，法院才驳回了患方的诉讼请求。

（五）参考案例

【案例名称】

高君洋与十堰市人民医院医疗损害责任纠纷，案号为（2015）鄂茅箭民一初字第 01680 号。

【案例内容】

该案属于风险评估不足。苏州大学司法鉴定中心针对该案出具的鉴定意见认为：湖北省十堰市人民医院对郭青仙的诊疗行为存在一定过错，其诊疗行为与被鉴定人死亡后果之间存在一定因果关系，考虑为次要因素，依据《法医临床司法鉴定实务》的相关规定，建议参与度掌握在 16%～44%为宜。

法院经审理认为：患者郭青仙来十堰市人民医院进行手术治疗，十堰市人民医院应当按照诊疗规范充分告知患者郭青仙及其家属手术风险。在郭青仙自身基础疾病较多，且原发性疾病较重的情况下，应充分评估“双尖瓣置换术”与“射频消融术”同时实施的风险。但被告十堰市人民医院在手术前履行告知义务时对风险告知不充分，使患者与其家属对其并发症未能充分理解并知情，且医院对“双尖瓣置换术”与“射频消融术”两个手术联合实施的手术风险评估不足，未尽到充分的注意义务，存在一定过错，其诊疗行为在一定程度上诱发、加速了损害后果的发生，与患者死亡后果存在一定因果关系。综合考虑鉴定意见及原、被告双方的经济情况，认定被告十堰市人民医院承担次要责任，参与度酌情确定为 44%。对原告提出的死亡赔偿金 541 020 元、丧葬费 23 660 元、营养费 550 元、住院伙食补助费 550 元、鉴定费 6 000 元的请求本院予以支持。

处理患者丧事的误工费已包含在丧葬费中，本院不予重复支持。护理费按照 2016 年度全社会分行业在岗职工人均年平均工资收入居民服务业的标准支持 938 元（31 138 元÷365×11）。交通费酌情支持 1 000 元。

对于患者的医疗费 135 721.07 元，十堰市人民医院辩称属于治疗原发性疾病产生的费用，但结合十堰市人民医院出具的收费发票可以看出，该费用均发生在心胸血管外科，均系手术治疗产生，而该手术本身存在未充分尽到告知义务，对手术风险评估不足等过错，其医疗费应当结合参与度予以确认。

对于原告支付十堰市人民医院 10 000 元，系十堰市人民医院请武汉专家会诊的费用，应当计算在医疗费中，并结合参与度予以确认。

精神损失费，按照双方过错程度酌情支持 13 200 元。

综上，原告高君洋的损失总计为：713 439.07 元（不含鉴定费 6 000 元及精神损失费 13 200 元），结合参与度的情况，十堰市人民医院应当赔偿原告高君洋 313 913.2 元（713 439.07 元×44%）。

【案例指导意义】

1. 对本案，鉴定意见给出了过错参与度在 16%～44%的可调整幅度，而法院选择了最高档 44%计算赔偿比例。可见法院认为医院在风险评估不足方面存在过错，对此医方应该保持高度警惕。

2. 调解员可以推荐当事人参照法院对各赔偿项目的计算方式。

七、手术医源性损伤案

本案医方有过错，患者髋关节术后脱位，遂导致纠纷。

（一）案情介绍

患者左某，男，63 岁。因反复左髋部红肿、流脓、关节活动受限 7 天，于 2013 年 3 月 30 日入住某医院骨科治疗。诊断为：（1）左髋关节置换术后假体脱位并感染；（2）腰椎间盘突出症（L2/3，L3/4，L4/5）；（3）右侧股骨头坏死；（4）骶尾部褥疮；（5）左髋关节骨水泥假体旷置术后脱位并股骨干骨折。经完善相关检查及术前准备后，分别于 2013 年 4 月 1 日行左髋关节周围病灶清除＋灌洗术，4 月 26 日行骶尾部褥疮扩创局部皮瓣转移修复术，5 月 19 日行 L3/4，L4/5 髓核摘除＋椎板切除减压＋钉棒系统内固定术，6 月 20 日行左髋关节炎性病灶清除、灌洗＋关节假体取出＋骨水泥旷植术。2013 年 7 月 8 日，患者因过度活动致髋关节前外侧脱位，当日急诊行左髋关节骨水泥旷置术后复发脱位手法复位术＋左胫骨结节骨牵引术。术中出现左股骨干骨折，于7月20日行左髋关节脱位切开复位＋左股骨干骨折切开复位钢丝内固定术。患者术后恢复可，于2013年9月8日办理出院手续。患者因对其左髋关节骨水泥假体旷置术后脱位手法复位后股骨干骨折不理解，与该院发生纠纷，并一直滞留在骨科病房。

（二）调解过程

2013年10月某日下午，由于患方执意找医院处理纠纷，拒绝去别的任何纠纷解决机构，医院医务部根据患方申请，组织医患双方对此事进行调解。

调解会由医务部工作人员担任调解员，出席调解会的医方代表是治疗科室主治医生，患方代表是患者的大儿子和另外一位亲戚，其大儿子有肢体残疾，说话也不是很清楚。调解一开场，调解员建议患方将此案提交鉴定，以便分清责任进行处理。患方代表则明确表示拒绝进行鉴定，执意要求医院处理，并提出10万元的赔偿请求；同时表示，如果不答应这个要求，就打算在医院闹事，告知所有来就医的人医院欺负残疾人。医方代表提出，术中出现骨折，确实与操作有关系，但该医源性损伤所增加的医疗费用已经在收费中予以减免，不存在另行赔偿问题。患者之所以长时间不能行走，骨质疏松也是原因之一。一般患者不会这样。患方代表听闻没有赔偿，勃然大怒，拍桌子大喊大叫，调解员制止无效，调解无法继续进行。

为解决该纠纷，某区人民法院驻该医院调解庭也参与了调解，双方进行了多次沟通，但因为患方派出的代表无法做决定，而患者家里有决策能力的小儿子却始终不出面参与协商，导致纠纷久拖不决。

两个月之后，在某区联合人民调解委员会介入参与下，该案通过人民调解达成协议，该协议书经某区人民法院司法确认，双方一次性解决了纠纷。

（三）调解结果

该院支付患者人民币18 880元，其余医疗费用由患者自行承担。

（四）过程评析

【调解启动】

此案首先由患方申请院内调解，调解不成，医患双方向某人民调解委员会申请人民调解，达成协议结案。

【是否适用鉴定或专家咨询】

医方要求进行鉴定以分清责任，患方拒绝，因此本案未提起任何鉴定或专家咨询。

【双方争点评析】

1. 医方操作不当，导致患者关节在手术过程中遭到不必要的损害，医方承认自己的过错，双方对此无争议。

2. 医方认为该医源性损伤所增加的医疗费用已经在收费中予以减免，不同意额外再进行赔偿。

3. 患方拒绝申请鉴定分清责任，要求医方全部赔偿。

【核心调解技巧或教训】

本案一开始，患方派出身有残疾的大儿子作为代表参与调解，就说明有“敲竹杠”的想法。调解员及时地发现了这个问题，并想办法采取措施降低患方的心理期待值。患方为争取较大数额的赔偿请求，用弱者身份来博取同情，目的是增加己方力量。在面对此种局面时，调解员需要帮助患方调整心态，赔偿不是力量对比的结果，而是体现双方共同解决问题的意愿以及利益分享。如果不马上降低患方的心理预期，时间拖得太久，纠纷会更难解决。

（五）参考案例

【案例名称】

李远付与宜宾县骨科医院医疗损害赔偿纠纷，案号为（2013）宜民终字第 595 号。

【案例内容】

该案患者也是施行髋关节术，被告的诊疗行为存在过错。

一审法院经审理认为：原告在被告处就医，双方形成了医患关系。被告对原告伤情的诊疗，经原告委托四川临港司法鉴定所鉴定后得出结论：被告存在为原告行“右全髋关节置换术”时操作不当的医疗过错，其过错造成原告右髋关节置换术后臼杯松动、内陷、中心性脱位，原告术后右髋部疼痛，右髋关节及右下肢活动功能障碍而须行右髋关节翻修手术治疗的损害后果，被告的医疗过错对原告损害后果的参与度约为 80%。因此，被告应当对其医疗过错行为给原告造成的合理损失承担相应的赔偿责任。原告要求被告赔偿伤残赔偿金，但原告的原发性疾病“右股骨头缺血坏死（Ⅳ期）伴病理性半脱位”，应当采用右髋关节置换术予以治疗，髋关节功能必然会减退，其伤残的形成与被告的医疗过错并无必然因果关系，四川临港司法鉴定所的鉴定意见也未表明被告的医疗过错是原告致残的原因，故原告主张的与伤残相关的伤残赔偿金、精神损害抚慰金、伤残等级鉴定费不属其合理损失范围。原告到被告处住院治疗，是为治疗其“右股骨头缺血坏死（Ⅳ期）伴病理性半脱位”，属治疗原发疾病，相关费用的产生非被告的过错造成，应由原告自行负担。原告主张的医疗费过高，其合理医疗费损失应为原告在宜宾市第一人民医院治疗产生的医疗费 95 998.54 元。根据被告的医疗过错参与度约为 80％的实际情况，被告应赔偿原告医疗费损失的 80％，即 76 798.83 元，原告应自行承担 19 199.71 元。其中原告已在新型农村合作医疗机构报销医疗费 60 527.75 元，原告获得赔偿的数额不应超出实际合理损失，故已报销医疗费应从其实际合理医疗费损失中扣除。但新型农村合作医疗机构报销的医疗费，应首先弥补原告应自行负担的医疗费。原告已报销的医疗费与被告应赔偿医疗费之和大于原告的合理医疗费损失，故被告实际应赔偿原告合理医疗费损失与已报销医疗费之差，即 35 470.79 元。原告主张的住院伙食费过高，应参照国家机关一般工作人员的出差伙食补助标准 15 元/天计算。原告主张的交通费过高，根据实际情况，确定为 400 元为宜。原告除医疗费外的合理损失应为：住院伙食补助费 375 元（25 天×15 元/天）、护理费 1 250 元（25 天×50 元/天）、鉴定费 4 900 元、交通费 400 元，合计 6 925 元。被告的医疗过错参与度为 80％，被告应赔偿原告除医疗费外的合理损失的 80％，即 5 540 元。被告共计应赔偿原告 41 010.79 元，原告的其余损失自负。

原告提出上诉，主张一审未判残疾金和精神抚慰金不当，扣除新农合报销的费用也不当，请求撤销原判，依法改判。

二审法院经审理认为：上诉人李远付在被上诉人宜宾县骨科医院处就医，双方形成了医患关系。被上诉人对上诉人伤情的诊疗，经四川临港司法鉴定所鉴定后得出结论为：李远付 2010 年 6 月 14 日至 7 月 3 日在宜宾县骨科医院住院诊治期间，医方存在为其行“右全髋关节置换术”时手术操作不当的医疗过错，其过错造成患者右髋关节置换术后臼杯松动、内陷、中心性脱位，患者术后右髋部疼痛，右髋关节及右下肢活动功能障碍而须行右髋关节翻修手术治疗的损害后果；医方的医疗过错对患者损害后果的参与度约为80%；李远付行右髋关节翻修术（再次行右人工全髋关节置换术）后，评定为九级伤残。因此，被上诉人存在为上诉人行“右全髋关节置换术”时操作不当的医疗过错，其医疗过错对李远付损害后果的参与度约为80%，所以，原判未判残疾金和精神抚慰金不当，上诉人的该上诉理由成立，本院予以采纳。关于上诉人称一审判决扣除新农合报销的费用不当的上诉理由，因新型农村合作医疗经费是社会性公益保障经费，并非商业保险，上诉人享受了公益保险经费，就应扣除报销的费用，所以上诉人的该上诉理由不能成立，本院不予采纳。综上所述，上诉人李远付的各项损失为：在宜宾县医院住院用去医疗费16 101.2元（已扣除在新农合报销的7 616.70元），在宜宾市第一人民医院住院用去医疗费35 470.79元（已扣除在新农合作报销的60 527.75元），鉴定费5 600元，交通400元，住院伙食补助费375元，护理费1 250元，残疾赔偿金23 288.68元，精神损害抚慰金6 000元，共计88 485.67元。被上诉人的医疗过错参与度为80%，因此，被上诉人应赔偿上诉人各项损失的80%，即70 788.54元。

【案例指导意义】

因新型农村合作医疗经费是社会性公益保障经费，并非商业保险，患者获得赔偿的数额不应超出实际合理损失，患者享受了公益保险经费，应该扣除报销的费用。

八、孕期辐射案

本案的患者处于孕期，呼吸科医生没有问清病史，致其在无防护之下照射了X射线。患方对医院不满导致发生纠纷。

（一）案情介绍

患者郎某，女，30岁。因孕11周，伴咳嗽、咳痰，于2015年12月4日在某医院产科就诊。为排除肺炎可能，产科医师嘱其到呼吸内科门诊检查。患者在该院呼吸内科门诊就诊并伴开具胸部X片检查。后患方家属因对患者在医院行无辐射防护X线检查可能造成胎儿致畸不满意，与院方发生纠纷。

（二）调解过程

2015 年 12 月某日下午，医院医务部根据患方申请，组织医患双方对此事进行调解。

调解会由医务部工作人员担任调解员，出席调解会的医方代表是治疗医生，患方代表是患者丈夫。医方代表先发言，承认因工作疏忽没有细问病史，操作违反了诊疗规范。孕期不是绝对不能照 X 光片，可以穿铅衣保护进行。患方代表提出，既然医方承认有过错，那接下来就是双方协商赔偿数额的问题了。调解员表示赞同患方提出的看法，既然对过错没有争议，就只是商定赔偿数额，那么请患方先提出自己的方案。患方提出，为防止胎儿因照 X 光片畸形，只能选择终止妊娠，所以赔偿金应该包括患者终止妊娠的费用，以及为休养而引起的营养费、误工费、精神抚慰等相关费用。医方代表对此表示无异议，但提出患者如选择继续妊娠，则孕期、小孩出生后如出现畸形或其他非预期情况，医院不再承担任何责任。

最后，双方在调解员的主持下，顺利达成调解协议。

（三）调解结果

医方同意赔偿患方现金人民币 23 000 元，用于患方终止妊娠的各种费用。

（四）过程评析

【调解启动】

此案由患方申请启动院内调解。

【是否适用鉴定或专家咨询】

医患双方均未申请鉴定或专家咨询。

【双方争点评析】

1. 医方询问病情不细致，造成患者在怀孕期间未经铅衣保护而照 X 光片。
2. 患方要求医方赔偿所造成的损失。

【核心调解技巧或教训】

本案案情不复杂，争议也简单。孕期错误照片与医生在问诊时的疏忽有直接关联，因此调解过程也顺利。调解员应该以此案为例，提醒医方在诊疗过程中仔细询问患者病史，尤其是跨科诊疗，以免造成类似本案这种不必要的损害。

九、脑外科术后死亡案

本案的患者在施行脑外科手术后死亡，患方不满该后果，带领许多人来医院闹事索赔，发生了大规模的群体性事件。

(一) 案情介绍

患者俞某，女，29 岁。因停经 8 个月，在某医院妇科门诊就诊后，于 2015 年 3 月 12 日入住该院耳鼻喉科治疗。诊断为颅底肿块性质待查：垂体瘤？入院后，经完善相关检查及术前准备后，于 3 月 17 日在全麻下行鼻内镜下鼻中隔矫正＋蝶窦开放＋蝶鞍及鞍上肿瘤切除＋腹部脂肪切取＋脑脊液鼻漏修补术。患者于术后突发浅昏迷、高钠血症，予以抗感染、脱水、止血等对症支持后，疗效不佳，于次日转入 ICU 继续予以对症治疗。3 月 20 日患者突发对光反射消失，予以紧急气管插管、呼吸机辅助呼吸后，患者恢复自主呼吸，于 3 月 27 日再次出现呼吸心搏骤停，虽经抢救成功，但患者病情仍呈进行性加重，于 2015 年 4 月 2 日死亡。

患方家属对术后经抢救患者病情仍呈进行性加重致最终死亡不满意，与医院发生纠纷。该事件经医患双方多次沟通协商未果后，患方于 2015 年 4 月向某人民调解委员会申请人民调解。经调解，医患双方于 2015 年 4 月 5 日达成调解协议。

(二) 调解过程

事情发生之后，患方组织了一百多人来医院闹事，医患双方就此纠纷进行了多次沟通交流。

2015 年 3 月 28 日下午的人民调解

医院附近某人民调解委员会接受医患双方委托，委派两名调解员对此案进行调解，其中一名调解员是当地司法所所长。调解会由所长担任主调解员，出席调解会议的医方代表有医院周教授、主治医生代表杨医生、医院的法律顾问，患方代表有患者父亲、患方村委会代表等。调解一开场，调解员申明了调解会的目的和纪律，介绍了双方的参与人员，要求医方首先对治疗过程进行说明。医方代表周教授先发言，他根据患者的病历资料，结合自己参与治疗的经历，介绍了患者的治疗方案及过程。随后，另一位医方代表杨医生就患者在ICU的治疗经过进行补充发言。患方代表质疑医方为什么在病人出现紧急情况时没有请相关科室会诊，对此医方表示，患者在住院期间是多次请过医生会诊的，并非像家属误会的那样，而且这在病历上有记录。患方代表接着询问为什么妇科建议患者去耳鼻喉科及神经外科。医方代表回复说，在初步诊断为垂体下腺瘤，周四手术，由李医生和周医生主刀，手术后复苏时间稍长，术后怕颅内出血立即完善CT的扫描，结果仅提示为脑水肿，并无脑出血。术后当天晚上及时观察病情，积极完善相关检查，次日血钠升高遂转至ICU。医方代表陈述完毕后，调解员表示患方代表可以继续发言。患方对患者血钠升高表示不理解，医方代表继续发言解释，患者垂体处于丘脑附近，术后回流不好，电解质紊乱故转至ICU进一步治疗，入ICU积极治疗后，情况若平稳可转回普通病房，20日晚上病情突然变化，予以积极抢救，完善相关检查，考虑脑组织水肿导致病情变化，次日积极脱水、抗感染，并积极组织会诊，可能是（1）术中对瘤体损伤；（2）术后水电解质平衡紊乱；（3）垂体瘤患者垂体切除后激素水平降低。医方一直及时观察病情变化。直到周日中午病情再次发生变化，完善CT提示脑水肿未消退，（脑干）致心跳呼吸不佳，予以积极抢救后患者心跳恢复，呼吸须靠人工辅助呼吸。患者对医方在术中脑组织肿胀是否处置不当存在疑虑。患方询问患者现是否处于脑死亡，医方表示现在接近脑死亡状态。患方继续对谭教授何时进行手术提出疑问，医方表示是在23点后，不到24点。患者又提出将所有病历封存并标记，包括封存手术当天录音录像的资料。医方表示手术无入手术室至出手术室的完整资料，但有部分手术过程的资料，医方可以在法律范围内提供可以提供的资料，不会隐瞒。患者又询问了手术时间。随后，医方针对患者对于下一步怎么做的提问回应道：如患者不幸死亡，医方建议后续可以通过医学会或者司法鉴定，按照程序进行解决。患方又对患者的垂体瘤手术为何在耳鼻喉科实施产生疑惑。医方表示，类似手术可以在神经外科做，也可以在耳鼻喉科做。患方继续询问，李教授何时升的教授，医方回应是在10年前，其资质不存在问题。患者继续发言：（1）患者生则要全力抢救，如果死亡了则没办法了；（2）如果患者死亡了，那么死因为何？（3）患者的颅内积水是哪里来的？医院有不可推卸的责任；（4）善后的事情如何处理，患方不愿意打官司，不认为是医疗事故，但是若患者死亡我们不能理解，医方是有责任的，并要求免除患者全部医疗费用，另外还要作出人道主义补偿（患者上有老下有小）。患方还威胁道，在家属未得到满意答复前，患者会一直住在病房，家属一年两年都不会拖走。医方表示，患方组织动员了一百多人到医院闹事，这是藐视法律和秩序的行为，医方出动保安是为了保证医务工作人员的人身安全，希望患方不要再有类似行为。患方表示如果双方可以就赔偿达成共识，患方同意用患者生命支持治疗，希望医方能够将已交的费用退还，并承担人身损害相关责任。调解员提出建议，要求患方以书面形式列出具体的要求。

2015 年 4 月 1 日下午的派出所调解

医院附近派出所接受医患双方委托，委派警官谈某对此案进行调解。调解会由谈警官主持并担任调解员，出席的医方代表有医院医务部工作人员、医院的顾问律师。患方代表有患者丈夫、父亲以及村委会代表三人。这次调解没有重复之前有关医疗过程的争论，两小时后达成如下一致意见：（1）院方对住院费用按正常医保程序进行结算，截至 4 月 4 日 24：00 止；（2）院方一次性补偿患方各项费用总计 26.1 万元；（3）医患双方共同到某区人民调解委员会处签订相关协议，明确双方已达成一致的内容，并至某区人民法院进行司法确认；（4）双方不得再就此事以任何形式向对方请求赔偿及行使其他权利；（5）因医保费用目前尚不明确，医疗费用结算至 2015 年 4 月 4 日 24 时止，如患者仍欠医疗费，院方不向患方主张补交，如患方医保结算后仍有费用剩余，患方也不向院方主张返还。各方无其他异议，2015 年 4 月 5 日以后患者医疗费用，院方不再承担。2015 年 4 月 5 日双方约定签订正式协议，进行司法确认。

（三）调解结果

医院负担 2015 年 4 月 4 日 24 时止患者所有的医疗费用，并将所有发票交给家属，家属不承担任何治疗费用；同时，医院一次性补偿患方现金 26.1 万元。

（四）过程评析

【调解启动】

此案调解经历了院内调解、人民调解，反复磋商之后达成协议。

【是否适用鉴定或专家咨询】

医患双方均未申请鉴定或专家咨询。

【双方争点评析】

1. 患方拒绝申请鉴定，只要求调解解决，主张医方承担全部责任。为达目的，家属多次来医院，持续时间长达一周，并且人数多达一百余人，属于大规模群体性事件。

2. 医方提出医生是出于善意的目的，为把患者的垂体瘤剥除干净，切除的部分太多，导致损伤偏重，患者不能承受导致死亡。但是如果不切除干净，瘤体将百分之百复发。因此，医方责任不应该过重。

【核心调解技巧或教训】

本案事发后，患方带来的人聚集在医院里，大哭大喊大闹，占领办公医疗通道，影响医院正常的工作秩序，但是不打不砸不抢，没有“热暴力”行动；同时还利用“微信”等社交媒体发布相关情况，并通过媒体大肆渲染，制造舆论压力。本案的调解，在患方当事人没有放弃暴力威胁的时候，不能说是平等对话。调解员动员了很多资源，采用了“多方联动法”以打破僵局，促使患方放弃这种威胁。同时，调解员在与患方沟通方面做得很好，这也是此案平稳结案的主要原因。调解员找到相关案例告诉患方，类似案例均认定医方为次要责任，此案情形如果对医生科以重责，将不会有医生愿意为医疗技术水平的提高冒任何风险。

（五）参考案例

【案例名称】

张亚忠与吉林大学第二医院医疗损害责任纠纷，案号为（2014）南民重字第 27 号。

【案例内容】

该案纠纷也是由脑外科手术引发的。

一审法院经审理认定如下：原告张亚忠的妻子郭俊影因突发头痛，于 2010 年 3 月 20 日晚，入吉林大学第二医院住院治疗，临床诊断为：蛛网膜下腔出血、高血压病 3 级（极高危险组）。吉林大学第二医院于 2010 年 3 月 21 日对郭俊影行右额颞开颅动脉瘤夹闭术，因脑动脉瘤破裂出血，又于 2010 年 3 月 24 日对郭俊影行气管切开术，2010 年 4 月 6 日郭俊影因抢救无效死亡。共计住院 17 天，发生医疗费 112 178.11 元。2010 年 5 月 23 日，经长春市卫生局委托吉林大学白求恩医学院进行尸检，死因分析：大脑蛛网膜下腔广泛出血、右侧脑室有血液、脑水肿、脑疝、尿毒症以及小叶性肺炎、肺出血、肺水肿共同导致死亡。2010 年 7 月 28 日，经长春市卫生局委托长春市医学会进行医疗事故技术鉴定，结论为：本例不构成医疗事故。张亚忠于 2010 年 11 月 5 日向本院提起诉讼，并向本院申请就吉林大学第二医院的医疗行为是否存在过错进行司法医学鉴定。经本院委托，吉林公正司法鉴定中心于 2011 年 5 月 17 日出具鉴定意见书，其中分析意见认为：(1) 从郭俊影的尸检报告中可以看出该被鉴定人因脑动脉血管瘤术后未果死亡的病理诊断，几乎出现了所有脑动脉瘤破裂出血后可出现的并发症。郭俊影术后所以出现了一系列的并发症，主要原因系该人在术前即有高血压、肾病、低蛋白血症、肝病等潜在病变的基础上遭到了脑动脉瘤破裂出现这种危及生命的疾病打击使正常身体代谢失衡所致。(2) 郭俊影之所以出现电解质紊乱，主要原因是合并肾衰竭所引起的钾钠代谢紊乱，出现血钾、血钠高。如何维持机体的水钠平衡在医疗常规中没有具体规定输入液体的量化指标，只能依据机体的代谢情况和生化检查后根据疾病的情况决定输入量的多少。输液原则是在维护机体代谢动态平衡的基础上达到治疗原发疾病的目的。郭俊影由于术后低蛋白血症及基础性肾病、肝病使该人机体出现明显的术后并发症，胸腔出现积液，急性肾功能不全等。这些并发症的发生和原发性疾病可随时出现生命危险。医疗文献记载的脑动脉瘤破裂出血的病人死亡率可高达 70%左右。(3) 在原始医疗病历中还看到郭俊影病情变化时家属不配合治疗的签字记载。如 3 月 29 日郭俊影仍在抢救治疗中，家属却要求从重病室搬到普通病房的签字记录。3 月 29 日郭俊影搬到普通病房后至 4 月 6 日没有见到该人危重护理的记录，对其发生的客观病情变化及护理情况无法具体了解。纵观郭俊影在吉林大学第二医院求治的全过程，由于该人病情危重脑动脉瘤破裂出血，符合脑外科手术的指征，术后病情发生了脑动脉瘤出血可能出现的所有并发症，还有术前郭俊影本身还存在脑动脉瘤以外的高血压、肾病的既往史。经生化检验还存在肝病和低蛋白血症等潜在疾病，这些均不利于原发疾病的恢复。由于郭俊影 3 月 29 日从重病室搬到普通病室后缺少详细抢救治疗资料，所以从郭俊影目前的原始医疗材料审查中无法确定吉林大学第二医院是否存在医疗过错。鉴定意见认为：从目前的医疗材料审查中无法确认吉林大学第二医院是否存在医疗过错。

原告不服一审判决，上诉到长春市中级人民法院，中级人民法院裁定发回原审法院重审。重审时，法院释明吉林大学第二医院，吉林大学第二医院就治疗过程中是否存在过错及参与度问题向本院提出鉴定申请，本院通知抽取鉴定机构时，吉林大学第二医院未到庭参加抽签并明确表示放弃鉴定申请。经本院再次释明，吉林大学第二医院再次提出鉴定申请。经本院主持，抽取了鉴定机构，在本院通知吉林大学第二医院缴纳鉴定相关费用时，吉林大学第二医院拒绝缴纳，并再次提出鉴定申请非吉林大学第二医院的意思表示，同时提出如在省内选择鉴定机构，可以配合，出省鉴定则不同意出具费用。

重审法院认为（即原审法院重新组成的合议庭），患者在诊疗活动中受到损害，医疗机构及其医务人员有过错的，由医疗机构承担赔偿责任。本案中，郭俊影因病在吉林大学第二医院就诊期间死亡，吉林大学第二医院有义务就医疗行为与损害结果之间不存在因果关系及不存在医疗过错承担举证责任。本案在重审过程中，经本院释明，吉林大学第二医院向本院就医疗机构在诊疗过程中是否存在过错及参与度提出鉴定申请，经本院主持，双方在抽取鉴定机构时，吉林大学第二医院经本院通知未到庭参加抽签，并提出鉴定申请非自愿提出，主张放弃鉴定申请。经本院再次释明，吉林大学第二医院表示同意鉴定，在本院主持下，抽取了鉴定机构，在通知吉林大学第二医院缴纳鉴定相关费用时，吉林大学第二医院拒绝缴纳，并再次提出鉴定申请非吉林大学第二医院的意思表示，同时提出如在省内选择鉴定机构，可以配合，出省鉴定则不同意出具费用。应否在省外选择鉴定机构，系根据本案情况，经合议庭讨论决定，医疗机构应服从合议庭决定，配合人民法院完成举证行为，现吉林大学第二医院不服从合议庭决定，并表示鉴定申请非吉林大学第二医院自愿提出，应视为吉林大学第二医院放弃鉴定申请，其应承担举证不能的法律后果。应认定吉林大学第二医院在诊疗过程中存在过错。

郭俊影入院治疗期间，吉林大学第二医院多次与患者家属张亚忠等人就郭俊影的治疗提出治疗建议，但经沟通，张亚忠等拒绝配合治疗，有张亚忠签署的医患沟通记录为凭，故家属不配合治疗是导致郭俊影死亡的原因之一。受害人对损害的发生也有过错的，可以减轻侵害人的民事责任。故本案中，医患双方均应对郭俊影的死亡承担相应的责任。结合本案案情，以双方承担对等责任为宜。

判决结果：对郭俊影死亡后果产生的损失经综合评定如下：（1）医疗费：依票据确认 112 178.11 元；（2）住院伙食补助费：100 元×17＝1 700 元；（3）护理费：张亚忠主张 1 510 元，在合理范围内，依张亚忠主张确认 1 510 元；（4）误工费：郭俊影住院 17 天，应按居民服务业平均工资标准计算 124.08 元×17＝2 109.36 元；（5）交通费：根据本案实际情况，酌定 500 元为宜；（6）死亡赔偿金：按照原审法庭辩论终结前确定适用 2014 年标准计算为 22 274.60 元×20＝445 492 元；（7）丧葬费：依 2014 年标准为 21 423 元；（8）精神抚慰金：结合本案实际情况，参考过错程度，酌定 20 000 元；（9）鉴定费：因张亚忠申请鉴定项目为医疗事故评定、医疗过错评定，鉴定意见未支持其主张，鉴定费用应由张亚忠自行负担；张亚忠申请的文检鉴定与本案无关联性，所发生的鉴定费用应由张亚忠自行负担。其他费用因无法律依据，不予支持。

【案例指导意义】

1. 无鉴定意见，法院也可以根据案件事实分配医患双方责任。说明在司法实践中，鉴定意见不是唯一认定双方责任的方式。

2. 一方当事人不配合鉴定，经法院释明仍然不配合的，法院可以让该当事人承担相应的不利后果。

3. 患方不配合治疗，属于受害人对损害的发生也有过错的情形，应该承担相应的不利后果。

4. 如果鉴定机构未支持申请人的主张，鉴定费可能由该申请人独自承担。

十、血友病疑难案

本案属于疑难病例，患方认为血友病是在治疗过程中罹患的，而医方认为是原发的。但是，目前诊疗水平很难判断患者到底是获得性血友病还是隐匿性血友病。鉴定意见认定医方有50%的过错。

（一）案情介绍

患者白某，男，19岁。因上腹痛10天入院，于2013年10月12日入住某医院普外三科。诊断为先天性胆管扩张症：胆总管囊状扩张？经完善相关检查及术前准备后，患者于2013年10月24日行胆总管囊肿切除＋胆囊切除术＋胆肠内引流＋T管引流术，术后反复出现消化道和腹腔内大出血，分别于2013年10月26日和11月3日急行剖腹探查术，术后诊断为血友病。患者因病情加重转入ICU行监护继续治疗，经对症支持治疗后，患者病情好转，于2013年12月25日转回普外三科继续治疗，于2014年3月1日出院。

患方家属因对其在该院的诊疗效果不满意而与之发生纠纷。该事件经医患双方多次沟通协商未果，患方于2014年8月向某区人民法院提起民事诉讼。经审理，法院判决患方支付该院医药费408 417.22元；扣除医药费后，该医院赔偿患方各类损失合计495 583.6元。

（二）调解过程

本案在院内调解了很多次，以下记录一次主要的调解过程。

院内调解：医务部工作人员担任本次调解的调解员，医方代表有治疗科室主治医师，患方代表有患者母亲及其他亲戚十数人。调解一开场，调解员即申明了此次调解会的目的和纪律，要求患方遵守调解纪律，理性对待治疗结果。患方要求首先发言，认为医方对病情的诊断是错误的，不应该动手术，导致患者的病情不可挽救。医方回应道，患者所患是隐匿性血友病，不是对方认为的获得性血友病，医方的诊治没有过错。患方提出，鉴定意见已经证明医方的诊断结论是错误的。医方提出，有关键材料质证没有通过法院，是患方自己送去鉴定机构的，鉴定结论不公正。调解员提出，患方既然同意参加调解，不能执着于孰对孰错，应该把讨论重点放在对赔偿数额的确定上。患方同意降低赔偿请求，不再是之前要求的100万元，希望以80万元达成协议。医方要求重新鉴定，待重新鉴定意见出来之后，再谈数额问题。因此，调解没有成功。患方起诉到法院。

几个月之后，患者死亡，此时法院一审判决尚未出来。患方又聚到医院吵闹，要求医院撤销再鉴定申请，重新开始调解。

（三）调解结果

本案调解未果，由某区人民法院判决结案。

（四）过程评析

【调解启动】

此案调解经历了多次院内调解，因双方分歧太大，未果。

【是否适用鉴定或专家咨询】

本案申请了司法鉴定，鉴定意见认为医方有50%的过错。

【双方争点评析】

1. 患方坚持认为医方的判断失误，不应该动手术，医方应该承担全部责任。

2. 患方意图通过干预鉴定进程来影响鉴定机构的判断。

3. 患方通过媒体干预调解进程。

4. 医方认为本案病症较为罕见，发病率低，医生处理过的不多，替代方案（肝移植）风险性极大，条件也不成熟，出现罕见的并发症，是否有责任无明显的先例可言。患方所患是隐匿性血友病，属于疑难杂症，医方不应该承担目前医疗技术水平无法达到的医疗风险。

5. 医方认为第一次鉴定不公正，坚持要求重新鉴定。

【核心调解技巧或教训】

分阶段调解是本案的一大特点，纠纷发生后，双方均同意调解，但是分歧很大，无果。患方起诉后申请司法鉴定，鉴定意见出来后，双方仍然继续调解。此案一直处于调解、诉讼、再调解、再诉讼的往复过程之中。没有做鉴定就开始调解，鉴定完成之后仍然在调解。实际上，一旦当事人提起诉讼，院内调解不应该再进行，但为了尽早结束争论，医方没有反对患方诉讼与调解同时进行的请求。调解过程中，患方的态度强硬，对调解员的工作不尊重、不配合。患方还利用舆论，打出工人后代的标签，通过电视和报纸对该案细节进行不公正的报道，社会影响很大。患方凭借舆论同情获得的捐款未用于支付医院任何医药费。患者死亡之后，患方突然转变态度，要求与医院继续调解。但是，医院此时已经不再愿意调解，坚决要求法院判决结案。

一般情形下，调解时双方涉及的利益有三种类型：冲突利益、共同利益、不同利益。面对这三种类型的利益，应该尽量避免冲突利益谈判，扩大共同利益和不同利益的交换。本案中的医患双方主要是冲突利益和不同利益，缺少共同利益。其中冲突利益是由医院还是由患方承担医疗费用。不同利益分别是医方要尽快解决纠纷，降低影响，减少误会；患方要求赔偿和后续治疗。不同的利益，需要采用不同的调解方式。

（五）参考案例

【案例名称】

王霄汉与中国人民解放军总医院纠纷案，审理法院是北京市海淀区人民法院，案号为（2014）一中民终字第01161号。

【案例内容】

原告认为被告解放军总医院违反医疗常规，在门诊及术前检查发现患者的凝血功能有异常的情况下，没有进一步排查，导致患者的血友病被漏诊，使整个诊疗行为发生根本性错误，造成患者髂肌被切除、术后大出血、动脉血管被金属钢圈栓塞、术后股四头肌萎缩、术后腹腔遗留巨大血肿、伤口处偶有发痒疼痛、左脚无汗皮温高等后果。

一审法院经审理认为：为查明解放军总医院在对王霄汉的诊疗过程中是否存在医疗过错，法院依法委托北京中衡司法鉴定所进行司法鉴定。根据鉴定结论，解放军总医院在对被鉴定人的诊疗过程中存在医疗过错，与被鉴定人的损害后果有一定因果关系（医疗过失参与度为B级，理论系数10%），建议被鉴定人王霄汉护理期截至出院之日、营养期截至出院后30日。同时北京中衡司法鉴定所作出如下说明：被鉴定人所患血友病是其自身疾病，目前左下肢萎缩为废用性萎缩，不构成伤残，故未予评定。据此，解放军总医院应承担相应的赔偿责任。原告要求解放军总医院赔偿医疗费234 927.38元、伙食补助费4 850元、外购药品费647.1元、交通费928元、营养费6 350元、护理费14 550元、精神损害抚慰金50 000元。法院依据查明的事实及医院应承担的赔偿比例，酌情予以判定。王霄汉主张外购药品费及精神损害抚慰金，无事实及法律依据，对此法院不予支持。

一审判决结果：（1）中国人民解放军总医院于本判决生效后10日内赔偿王霄汉医疗费人民币23 492.74元、住院伙食补助费人民币485元、交通费人民币300元、营养费人民币635元、护理费人民币1450元，以上共计人民币 26 367.74 元。(2) 驳回王霄汉其他诉讼请求。

原告上诉之后，二审法院要求北京中衡司法鉴定所就某些问题进行补充说明。鉴定人逐一进行了回复，明确认为根据相关教科书（第七版《诊断学》第 301 页）和目前临床实验室规定 APTT 值延长 10s 以上为异常，具有临床意义。由于被鉴定人王霄汉 APTT（血浆活化部分凝血酶原时间测定）没有超过 10s，故不是手术禁忌证。同时考虑到被鉴定人王霄汉就诊后接受过静脉穿刺、组织活检，均没有发生出血不止和局部瘀血情况；血液检查血小板及其他凝血项目均在正常范围；而且既往史中没有出血倾向，故认定解放军总医院针对王霄汉术前进行的血液常规检查中出现的血凝时间延长未给予充分的重视，不属于违反诊疗常规。对此，上诉人王霄汉未提出有效的意见予以反驳。同时，鉴定人答复认为“如果医方进行了凝血因子的检查，可能不会发生大出血并发症，所以我们还是认为医方未引起足够注意，存在不足。该不足与被鉴定人的损害后果有轻微因果关系（医疗过失参与度为 B 级，理论系数 10%）”。

综上，二审法院认为，涉及医疗经验的问题能否作为过错判断的标准是医疗损害赔偿纠纷中的难点。鉴于医学领域的探索性以及人体的个体差异性，既不能随意将经验上升为规范，造成过度检查，使患者蒙受财产以及人身的损害；也不能将已经在同领域中成为普遍认知的，或者已经发生教训的、但尚未写在医疗规范中的医疗经验予以忽视，导致医生忽视生命个体的差异，盲目自信或者偏离救死扶伤的本质，追求名利。本案中，鉴定意见明确排除了对王霄汉的医疗行为中存在违反医疗规范的情形。但是，鉴定意见又认为存在医疗不足，医方也认可存在经验不足。据此鉴定意见确定医疗过失参与度为 B 级，一审判决在该范围内酌定责任承担比例为 10%。也就是说，鉴定意见将解放军总医院对凝血时间延长这一检测结果未给予充分的注意这一事实，界定为经验不足的范畴，并酌情确定了医疗过失参与度为 B 级。对此，上诉人王霄汉也未提出充分的依据予以反驳。故二审法院没有理由否定一审法院的认定，针对上诉人王霄汉要求医院负全部责任以及赔偿精神抚慰金的上诉请求，法院不能予以支持。但是，鉴于解放军总医院在医疗过程中存在过错，而这一过错如果不通过鉴定也是难以确定。并且，鉴定费作为诉讼费用的一种，法院有权对其进行合理的分担。

二审裁判结果：驳回上诉，维持原判。鉴定费 11 200 元，由中国人民解放军总医院负担（于本判决生效后 7 日内交纳）。一审案件受理费 5 984 元，由王霄汉负担 5 385 元（已交纳）；由中国人民解放军总医院负担 599 元（于本判决生效后 7 日内交纳）。二审案件受理费 5 984 元，由王霄汉负担（已交纳）。

【案例指导意义】

1. 对于诊疗规范与缺乏相关诊疗经验差别的认识：医学领域的探索性以及人体的个体差异性，既不能随意将经验上升为规范，造成过度检查，使患者蒙受财产以及人身的损害；也不能将已经在同领域中成为普遍认知的，或者已经发生教训的、但尚未写在医疗规范中的医疗经验予以忽视。本案对于调解员处理类似案件有重要的指导作用。

2. 法院未支持原告精神损害抚慰金的请求，与被告医疗机构的过错轻微应该有密切关系。

3. 法院认为本案医疗机构的过错是通过鉴定意见确定的，因此鉴定费用分配由医疗机构全部承担。二审维持原判，二审受理费由上诉人（患方）全部承担。法院对诉讼费用（鉴定费用也是诉讼费用的一种）的分配方式值得调解员注意，可用于双方当事人纠结于数额大小的争论。

十一、产科纠纷案

本案的患儿出生后发生颅内出血的情况，患方认为这是由医方的过错造成的，双方为此发生纠纷。

（一）案情介绍

产妇林某，女，26 岁，因停经 9＋月，见红 11 小时，腹痛 7 小时，于 2011 年 6 月 13 日入住某医院产科治疗。诊断为：(1) 宫内妊娠 39 周 0 天，ROA，单活胎，先兆临产；(2) 脐带绕颈一周。经完善相关检查及术前准备后，于 6 月 14 日在会阴侧切下顺娩一活男婴。术后予以抗感染、补液等对症支持治疗后，产妇于 2011 年 6 月 16 日签字出院。

患儿李某，男，2011 年 6 月 14 日凌晨 3 时 5 分平产出生。因出生时轻度窒息，于 2011 年 6 月 14 日当日入住该院 NICU 治疗。诊断为：(1) 新生儿窒息；（2）颅内出血；（3）新生儿缺血缺氧性脑病；（4）产瘤；（5）新生儿肺炎；（6）左侧锁骨中段骨折；（7）头皮血肿；（8）新生儿贫血；（9）幕上脑室积水。入院后，经完善相关检查，予以呼吸机辅助通气、抗感染、护胃、止血等对症支持治疗后，患儿病情好转，复查头颅 CT 显示：（1）脑室系统及蛛网膜下腔出血较前吸收减少；（2）右顶部、左侧顶枕部头部软组织肿胀较前好转。告知患儿家属相关病情后，于 2011 年 7 月 26 日签字出院。2012 年 5 月 20 日患儿李某因咳嗽、发热 1 天，抽搐 1 次再次入住该院 NICU 治疗，经予以对症支持治疗后，患儿病情好转，于 2012 年 5 月 23 日出院。

患方因对该院治疗效果不满意而与之产生纠纷，并于 2012 年 9 月向某市医学会申请进行医疗事故技术鉴定。鉴定意见为：本病例不属于医疗事故。

患方就此纠纷于 2012 年 12 月向某区人民法院提起民事诉讼。经某区人民法院委托某司法鉴定中心就此进行医疗损害责任鉴定。但在鉴定过程中，经鉴定中心专家与该患儿家属沟通后，患方申请取消此案鉴定。

某区人民法院开庭审理后，双方就此事件进行了多次沟通与交流，医患双方经法院调解达成调解协议。

（二）调解过程

2012 年 7 月 6 日下午，医院医务部接受医患双方委托对此案进行调解。

本案由医务部工作人员担任调解员，医方代表有治疗科室主治医师、护士，患方代表有患儿的父亲、母亲及其他亲戚。调解开场后，调解员要求患儿母亲首先发言，患儿母亲讲述了整个生产过程，怀疑在生产过程中外力导致患儿颅内出血。医方代表助产护士说明了整个助产过程，其指导产妇用力助产，整个助产过程顺利、产程正常，顺利分娩，没有违反诊疗规范。医方代表刘主任也补充说明孕妇产程正常，在正常时间内正常分娩，并未上铲钳和吸引器，故不存在器械对胎儿的损伤，产程中的用药也是常规用药，在医学教材中也是有据可查的，故药物也不存在对婴儿的损伤。该胎儿不属于难产分娩，至于为什么会出现颅内出血，这个原因医生也在讨论分析。

双方均表态之后，调解员总结道，患方家属一致认为患儿颅内出血是由于医生过失所致，而医方则认为患儿头部血肿、颅内出血与生产过程并无关系，而且产妇整个生产过程顺利，在正常时间内分娩，且是平产。因为医患双方分歧很大，调解员无法调和双方意见，建议通过其他方式解决纠纷。

调解失败后，患方诉至某区人民法院，经某区人民法院审理，通过法院调解结案。

（三）调解结果

医方同意减免患者李某在本院两次住院医疗费用共计人民币 23 598.92 元；其余医疗费由患方自行承担；患方的残疾赔偿金、后续治疗费、营养费、护理费、被扶养人生活费、精神损害抚慰金等法律规定的赔偿部分按法院出具的民事调解书执行。

（四）过程评析

【调解启动】

此案调解经历了院内调解和司法调解两个阶段，院内调解由于双方分歧太大，无法达成协议，后患方起诉至法院，由法院调解结案。

【是否适用鉴定或专家咨询】

患方曾向某市医学会申请进行医疗事故技术鉴定，鉴定该病例不属于医疗事故。后患方又曾提起司法鉴定，未果放弃。

【双方争点分析】

1. 医方认为鉴定意见已经认定本案情形不属于医疗事故，因此拒绝承担责任。

2. 医方认为分娩过程顺利，患儿出现的情况不是医方的过错造成的。

3. 患方坚持认为应该由医方承担后果，所见即所得，患儿的情形表明医方肯定有过失。

4. 患方认为不是医疗事故，不表明医方就不需要承担民事责任。

【核心调解技巧或教训】

针对患儿的病情出现争议问题，直至调解结束，也未有结果，这充分说明医患纠纷因果关系的复杂性。本案属于难以查明因果关系的纠纷，而且有鉴定意见证明不属于医疗事故。调解员如果可以帮助双方找到共同的利益点，会有助于促进调解成功，达成协议。不论是院内调解、人民调解还是法院调解结案，都是对争议的终结。

（五）参考案例

【案例名称】

原告郭青林与被告金堆城钼业集团有限公司职工总医院医疗损害赔偿纠纷，案号为（2009）华民初字第 00552 号。

【案例内容】

本案也属于产妇分娩过程中医院是否有过错的纠纷类型。

一审法院经审理认为：原、被告之间形成了医患关系，对该起医患纠纷，应分析双方的过错程度，以确定民事赔偿责任。鉴于本起医患纠纷的专业性、复杂性，必须经过专门技术鉴定方可确定原告的损害后果与被告医院的诊疗行为之间的因果关系。本案经过两次技术鉴定。第一次陕西中金司法鉴定中心鉴定认为，原告的缺氧缺血性脑病的形成与被告医院的抢救方法不当有一定因果关系。第二次陕西蓝图司法鉴定中心鉴定认为，原告宫内窘迫是胎儿窒息的主要因素，孕母产程中宫缩乏力为次要因素；原告宫内窘迫、肺炎、颅内出血及孕母产程中宫缩乏力为缺血缺氧性脑病发病的主要因素，参与度为 80%～90%；被告医院对产妇产程观察不周，对分娩评估不足，抢救措施不力，一定程度延误抢救时机为次要因素，过错参与度为 10%～20%。第二次鉴定结论对第一次鉴定结论的"有一定因果关系"进行了分析，也考虑了原告述称的被告延误抢救时机、观察不周、方法不当等因素，较为客观地分析了医患双方的过错责任大小，与第一次鉴定结论亦无矛盾之处，应以该鉴定结论确定被告的民事赔偿责任。鉴于原告身为患者，属弱势群体，因此被告应按其过错度的上限 20%予以赔偿。对原告主张的医疗费用，应以实际花费，结合票据予以核算；残疾赔偿金按陕西省城镇居民可支配收入标准，根据原告伤残等级予以确定；住院伙食补助费参照陕西省机关工作人员差旅费标准计算；营养费根据原告目前病情予以确定；对于交通、住宿、餐饮费，被告无异议，应予认定；原告虽由其母护理，但因未提供护理人员收入减少的证明，护理费和护理依赖费参照本地护工工资标准予以计算，护理费计算至定残日前一天，护理依赖费计算 20 年；残疾辅助用具费，原告未提供依据，应以被告认可的价格予以核算；精神抚慰金予以酌定；原告已做伤残评定，已计算了残疾赔偿金，再行主张后续康复治疗费，不予支持。

判决结果：原告郭青林因人身损害造成的经济损失 977 601.56 元，由被告金堆城钼业集团有限公司职工总医院赔偿 195 520.3 元，其余由原告郭青林自负。被告金堆城钼业集团有限公司职工总医院赔偿原告郭青林精神抚慰金 10 000 元。案件受理费 5 907 元，由原告郭青林承担 1 907 元，被告金堆城钼业集团有限公司职工总医院承担 4 000 元；鉴定费 16 400 元（原告已支付 6 400 元），由原告郭青林承担 3 400 元，被告金堆城钼业集团有限公司职工总医院承担 13 000 元。

【案例指导意义】

法院认为，鉴于患者属于弱势群体，被告应按其过错度的上限 20%予以赔偿。

十二、会诊不及时案

本案医方有过失，因经治医生水平有限，治疗时没有及时请上级医生会诊，处置存在问题，违反了诊疗规范。

（一）案情介绍

患者张某，女，32 岁。因突发腹痛、腹胀、呕吐于 2012 年 4 月 4 日入住某医院普外一科。初步诊断为：肠结核、肠梗阻。4 月 6 日患者出现心跳、呼吸骤停，经心肺复苏成功后立即转入 ICU 继续抢救。经积极治疗，患者病情无明显好转。2012 年 4 月 8 日家属签字转当地医院继续治疗。患者家属因对其在该院的医疗过程和疗效不满意引发纠纷。双方就此事件经过多次沟通与协商，于 2012 年 4 月 8 日达成调解协议。

（二）调解过程

2012 年 4 月 7 日上午，医院附近的某人民调解委员会接受医患双方的委托组织调解。

人民调解：本次调解由当地派出所柳警官担任调解员。出席调解会的医方代表有主治医师田医生、李医生，患方代表有患者父亲、母亲等亲属。调解开场后，医方代表首先发言，介绍了患者在医院的整个治疗经过。患方代表认为患者入院治疗 30 多个小时，医院都未能把病情搞清楚，也未及时与家属沟通。医方代表对此表示不认可，事实上医生一直随时保持与患者丈夫的交流和沟通，并及时告知了患者的病情。此时调解员提出，整个治疗情况已经基本明了，患方维权是合理需求，但一定要通过正规途径解决，患方可以申请医学会鉴定，通过尸检找到死亡原因，或者向法院起诉。如果经鉴定医院有责任，医方肯定应该依法承担。此次调解只是双方交换了对问题的一些看法，没有达成协议。

当日下午，医院医务部接受委托对此案继续进行调解。

院内调解：调解会由医务部工作人员担任调解员，医方代表有医院治疗科室的教授、副教授以及两名医师，患方代表有患者丈夫、父亲、母亲等亲属在场。患者母亲首先发言，质疑医生从患者鼻孔插管至胃里的医疗技术，接着患者父亲提出几个问题：（1）医生的医德何在？（2）患者处于紧急情况时是否要告诉家属？（3）医生的治疗标准是什么？他表示在 4 月 5 日凌晨 0 时 50 分进入病房时，患者心率是每分钟 175 次，向医生反映后，医生答复是处于用药观察阶段；次日 9 点，心率达到每分钟 180～190 次，医生这次回复已经在采取措施，但又未见效果；患者情况危急时，没有医生前来告知情况，直至患者休克，医生才赶来会诊，而且直到目前还未找到病因。患方另一位代表补充发言认为，患者入院 3 天后即濒临死亡的情形十分少见，医院要找到原因，现在患者治愈希望不大，如果医院能将病人治好，患方支付医疗费用责无旁贷，但是如果治不好，医院需要给家属一个说法。另一位患方代表发言，提出在以下方面医方存在疏漏：（1）患者心衰发生时，医生没有控制补液；（2）患者心率加快时，医院没有作出处理；（3）控制感染力度不够；（4）没有请心内科医生协助治疗。患方代表发言完毕之后，调解员示意医方代表发言。

医方代表李医生首先就患者在医院的治疗过程进行了介绍，随后刘医生介绍了患者的抢救过程，并表示 4 月 6 日上午请了心内科医生会诊，指导治疗，并且及时告知了家属患者的相关情况，即随时都有生命危险。最后医方顾问律师表示：根据家属的投诉意见，就医生未按照患方家属的想法来用药的问题以及家属反映的未及时会诊的问题，这属于医生决断的范围，不应该由家属来指导医生该怎样进行治疗，从目前来看，医院的治疗是积极的，不存在医疗过失。

双方发言完毕，调解员询问患方对于解决方案的看法。患方要求医方赔偿所有的治疗费用，以及因延误治疗所引起的患者个人的损失，包括死亡赔偿金等。医方表示如果患方放弃要求医方支付全部治疗费用的想法，可以考虑人道主义补偿。如果主张的数额太高，于法无据，则不可能达成协议。最后在调解员的反复磋商之下，双方签署调解协议，一次性解决纠纷。

（三）调解结果

院方同意支付患方人民币 24 800 元，患者住院期间的医疗费用、救护车医疗抢救费等费用由患方自行承担，双方所封存病例自动解封，由医院作常规处理，双方一次性解决此次纠纷。

（四）过程评析

【调解启动】

此案由医患双方共同申请调解，经历了人民调解和院内调解，因患者死亡，医院所在地派出所介入了本案调解。

【是否适用鉴定或专家咨询】

医患双方均未申请鉴定或者专家咨询。

【双方争点评析】

1. 医方经治医生没有及时向上级医生汇报，会诊不及时，医方有一定的过错。

2. 患方不肯申请鉴定，因为从感情上不能接受尸检，导致因果关系无法查明。

3. 患方认为患者到院 3 天即死亡，属于不正常状态，要求医方承担全部责任；同时坚持不搞清楚责任决不支付治疗费。

【核心调解技巧或教训】

本案的医疗纠纷是因医方对患者病情预估不充分造成的，调解员在调解开始时就充分重视了道歉的作用，并提醒医方吸取此次教训，防止以后出现类似错误。

调解员调解时运用了风险和利益评估方法，帮助患方当事人合理评估赔偿请求，尽快提出调解方案，促使双方达成协议。

（五）参考案例

【案例名称】

林汝恒、杨丽清与广州市第十二人民医院医疗损害责任纠纷，案号为

（2010）天法民一初字第2437号。

【案例内容】

患者所患为传染性疾病，被告在自身未设置传染科的情况下，没有邀请其他医院传染病相关专家会诊或将患者转院治疗，存在一定的医疗过错。

该案在审理过程中，被告申请进行医疗事故技术鉴定，一审法院委托广州市医学会进行医疗事故技术鉴定。该医学会于2011年12月14日出具广州医鉴（2011）041号《医疗事故技术鉴定书》，分析意见为：未发现被告的医疗行为违反医疗卫生管理法律、行政法规、部门规章和诊疗护理规范、常规；无医疗过失行为，存在医疗不足；患者的死亡主要是由于其原发疾病（流行性出血热及相关并发症）本身的严重性所导致，与被告的医疗行为及上述医疗不足之间不存在因果关系。鉴定结论为：根据《医疗事故处理条例》第2条、第33条，本医案不构成医疗事故。

对该鉴定结论，被告无异议；原告有异议并申请进行医疗过错鉴定。一审法院依法委托中山大学法医鉴定中心对被告的医疗行为是否存在过错进行鉴定。该中心于2014年3月13日出具（2013）医鉴字第Y0401号《司法鉴定意见书》。该鉴定意见书中提到被告存在以下不足之处：未及时会诊或转院治疗：流行性出血热属传染性疾病，其诊断依据主要依靠临床特征性症状和体征，结合实验室检查，参考流行病学资料进行诊断。根据病历资料，患者入院时的临床症状和体征已符合本病的特征性表现，被告的入院诊断也考虑到流行性出血热的可能，但未能确诊。在患者病情较重、病因不明的情况下，作为非传染病专长医院，此时应及时组织传染病相关专家会诊以协助诊治，在会诊条件允许的情况下，可以转入相关专科医院治疗。经查阅病历资料，未发现被告有针对患者患传染病的可能性而组织的会诊和讨论记录，在一定程度上影响对病情的判断和诊治，被告未尽高度注意义务。

鉴定意见是：被告对被患者林某的诊疗过程存在一定不足，其医疗不足行为在一定程度上造成患者诊疗过程的延误，并降低患者的生存预期。但患者死亡与本身疾病的高凶险性、危重程度及病情进展迅速等因素密切相关，是其疾病自然发展的转归。依据因果关系判定原则，参照《广东省高级人民法院关于人民法院委托医疗损害鉴定若干问题的意见（试行）》第

17 条第 4 项，其原因力大小属次要因素（参与度为 21%～40%）。综合考虑医学科学本身尚存在部分不可预知性及医疗行为的高风险性，建议被告医疗行为的过错参与度为 25%左右。

一审法院经审理认为：林某因头痛、呕吐、抽搐、意识不清到被告处就诊，与被告形成医疗服务关系，被告应尽可能为患者提供细致、周到的服务。被告是否应当承担相应的损害赔偿责任，取决于被告在为林某的诊疗过程中是否存在过错，即是否尽到审慎注意义务。

根据广州市医学会出具的《医疗事故技术鉴定书》及中山大学法医鉴定中心出具的《司法鉴定意见书》，均可认定被告的医疗行为未违反医疗卫生管理法律、行政法规、部门规章和诊疗护理规范、常规，也无违反“三早一就”的治疗原则，林某死亡的主要原因在于疾病本身，但被告的诊疗过程存在一定不足。至于原告主张被告未履行告知义务，但原告也确认林汝恒在当天中午才赶到被告处，此后的所有告知由林汝恒签名，故此前的告知均由送林某入院的工友签名合情合理，本院认定被告已对患者一方履行告知义务。被告主张该医院其他科室医生均参与了对林某的诊断，但林某患的是传染性疾病，被告在自身未设置传染科的情况下，应邀请其他医院传染病相关专家会诊或将林某转院治疗，故对被告主张并非未及时会诊，本院不予采纳。综上，在双方均无提供其他证据反驳上述两份鉴定结论的情况下，本院认定被告对本案损失承担 25%的责任。

判决结果：(1) 医疗费。双方均对林某发生的医疗费 3 801.41 元无异议，本院予以确认。被告主张尚欠 2 249.56 元住院费，由于两原告是林某第一顺序继承人，故未免诉累，本院在本案中一并调处。被告为此提交了住院费收据及清单，足以证实其主张，故本院认定医疗费共计 6 050.97 元 (3 801.41 元+2 249.56 元)。(2) 尸体解剖费 6 500 元。该费用确因本次纠纷产生，本院予以确认。(3) 交通费。原告处理林某死亡等事宜必然发生交通费，其主张 1 000 元合理，本院予以确认。(4) 丧葬费。按照本案法庭辩论终结时上一年度即 2013 年度本地职工平均工资 56 401 元的标准，为 28 200.50 元 (56 401 元/年÷12 个月×6 个月)，原告主张 27 842 元符合民事诉讼的处分原则，本院予以确认。(5) 死亡赔偿金。林某户籍在农村，则死亡赔偿金为 210 856.80 元（广东省上一年度农村居民纯收入 10 542.84

元/年×20年)。(6) 被扶养人生活费。林某死亡时两原告均未达法定退休年龄，且原告无举证证实其丧失劳动能力，故其要求生活费缺乏依据，本院不予支持。上述损失共计 252 249.77 元，由被告承担 25%的赔偿责任，即 63 062.44 元，扣除尚欠的医疗费 2 249.56 元，被告实际须赔偿两原告 60 812.88 元 (63 062.44 元－2 249.56 元)。另，林某系两原告至亲，其死亡给两原告带来巨大的精神痛苦，结合本案实际情况，本院酌情判令被告赔偿两原告精神损害抚慰金 25 000 元。

案件受理费 10 344 元，由原告林汝恒、杨丽清负担 8 399 元，被告广州市第十二人民医院负担 1 945 元；鉴定费共 12 000 元，原告林汝恒、杨丽清负担 6 375 元，被告广州市第十二人民医院负担 5 625 元。

【案例指导意义】

对送诊的患者，医疗机构发现本院没有治疗能力，如本案被告，在自身未设置传染科的情况下，应该邀请其他医院传染病相关专家会诊或将患者转院治疗。医院如未尽到高度注意义务，及时邀请会诊或者转院，即可被认定有过错。

十三、违反急诊会诊制度案

本案中医方急诊会诊制度落实不到位，是患者加速死亡的原因。

(一) 案情介绍

患者刘某，女，46 岁。因右侧腰痛半月，加重伴发热头晕 1 天，于 2014 年 9 月 17 日来某医院急诊科就诊，因病情需要，入院留观。诊断为：(1) 右输尿管结石并梗阻；(2) 肺部感染；(3) 左肾结石；(4) 双肾多发囊肿。医方予以补液、护胃、抗感染等对症治疗，并逐步完善相关检查。9 月 18 日下午，刘某突然出现病情加重，于当日转入该院 ICU，继续治疗。经完善相关术前准备后，患者于 9 月 19 日急诊行 DJ 管留置引流术，手术顺利，术后回 ICU 继续治疗。几天之后，患者病情仍呈进行性加重，经积极抢救无效，于 9 月 27 日死亡。

患者家属因对患者死亡不理解与该院产生医疗纠纷，认为：(1) 患者 9 月 17 日入院急诊科，18 号才完善 CT；(2) 19 号 11 点 15 分患者入手术室，两天时间里未采取有效措施。针对患方提出的要求，医患双方就此事件进行了多次沟通与协商，均未达成一致。后来医患双方向某人民调解委员会申请人民调解。

（二）调解过程

2014 年 10 月某日上午，某司法所接受医患双方的委托对此案进行调解。

人民调解：调解会由该司法所两位调解员主持，出席调解会议的医方代表有科室医生，患方代表有患者的父亲、母亲和儿子。调解一开场，患方代表选择首先发言，质问医方为什么在患者 9 月 17 日入急诊科，却在 18 日才进行 CT 检查，19 日 11 点 15 分患者才入手术室？为什么两天时间里未采取任何有效措施？鉴于此，医方应该减免患者全部的医疗费用。患方代表陈述完毕后，调解员要求医方代表发言。医生代表承认，根据医院《医疗核心制度汇编》急诊会诊的规定，急诊会诊制度确实未落实到位，导致该名患者在急诊科就诊未及时申请会诊，而是要患者第二天自己去看门诊。专科医生未及时追踪检查结果，也未根据当时的病情作出及时治疗的决定。整个过程中，有较为明显的过错，与损害后果有较大关系。

双方发言完毕，调解员开始询问双方是否愿意自行协商、是否申请鉴定分清责任等问题。患方同意放弃申请尸体解剖、司法鉴定和提起民事诉讼，选择调解解决纠纷。双方本着平等自愿、公平合理原则，最终达成协议。

（三）调解结果

院方同意补偿患方现金人民币 63 000 元；患者其余医疗费用等由患方家属自行承担；调解协议经双方签字生效后，患者遗体由患方运离医院并火化处理，相关费用自行承担；双方共同封存的病历资料复印件自动解封，由医院作常规销毁处理。

（四）过程评析

【调解启动】

此案调解由患方投诉启动院内调解，调解未果，又共同申请人民调解结案。

【是否适用鉴定或专家咨询】

医患双方均未提起鉴定或专家咨询。

【双方争点评析】

1. 患方要求医方承担全部责任。

2. 医方承认违反急诊会诊规定，有过错。

3. 医方认为患方的赔偿要求过高，即使有过错，也不是承担所有责任。

【核心调解技巧或教训】

调解过程较为顺利，主要是对赔偿数额的确定，调解员提供了一个类似案例，医方对治疗方案和预后判断不足，没有落实相关会诊制度，承担60%的责任。患方接受了调解员的建议，按照死亡赔偿金等赔偿数额的60%确定了补偿方案。

（五）参考案例

【案例名称】

严有堂、严春祥等诉上海交通大学医学院附属瑞金医院医疗损害责任纠纷，案号为（2014）黄浦民一初字第5010号。

【案例内容】

该案涉及被告院内急诊会诊明显延迟，违反诊疗常规。专科会诊不及时，延误了急性冠脉综合征的规范治疗。

原告严有堂、严春祥、刘文江、刘婷婷诉称，原告方均系患者张梅珍（以下简称“患者”）的亲属。患者于2010年10月10日6时40分因上腹痛4小时至被告医院急诊，由于患者经急诊医生对症治疗症状无明显好转，被告急诊医生及外科医生曾多次要求心内科予以会诊，但被告心内科医生于当日19时方才第一次对患者进行会诊，诊断为ACS及高血压，当即向家属告病危，并收治入院治疗。23时45分患者宣告临床死亡。鉴于被告在诊疗过程中，存在延误诊断和治疗的过错，错失了对患者的最佳治疗时机，导致患者病情加重直至死亡，故要求被告赔偿原告方医疗费用人民币533元（不包括统筹和附加支付费用）、住院伙食补助费人民币20元、丧葬费人民币32 706元、死亡赔偿金人民币238 550元、护理费人民币60元、家属办理丧葬事宜的误工费人民币5 451元、交通费人民币500元，上述费用共计人民币277 820元的40%，并偿付原告方精神损害抚慰金人民币30 000元及鉴定费人民币3 500元。

被告上海交通大学医学院附属瑞金医院辩称：患者于2010年10月10

日 6 时 40 分至被告医院急诊，被告已经予以及时的救治，在诊疗过程中，被告诊断及使用药物、诊疗措施均不存在错误。至于上海市医学会医疗损害鉴定意见书的鉴定结论中指出的心内科会诊延迟，是由于被告医院就诊人数过多，医疗资源稀缺造成的客观状况，与被告具体的诊疗行为无关；且患者系老年人，基础疾病较多，是造成患者死亡的根本原因。即使按照上述医疗损害鉴定意见书的鉴定结论，被告承担的赔偿责任也不应该超过 30%。而原告主张的精神损害抚慰金与死亡赔偿金存在竞合，误工费、交通费亦无相应的依据，故表示不同意原告的诉讼请求。

在案件审理过程中，一审法院根据当事人的申请，会同原、被告对相关病历资料进行确认后，委托上海市医学会就被告在对患者的诊疗过程中是否存在医疗过错，该过错是否构成医疗损害；若构成医疗损害，其人身医疗损害等级和医疗过错的责任程度进行鉴定。上海市医学会于 2015 年 5 月 15 日出具沪医损鉴（2015）104 号医疗损害鉴定意见书，其分析说明为：(1) 诊断正确。根据患者临床表现（症状胸闷）及辅助检查结果（心肌标志物及心电图）有动态变化，符合“急性冠脉综合征”诊断。患者被诊断为急性冠脉综合征后，被告给予口服阿司匹林抗血小板等治疗正确。(2) 被告在诊疗过程中存在以下过错：患者 10 月 10 日 6 时 40 分到院，9 时 50 分病程录显示“请心内科会诊”，14 时 50 分病程录显示“再请心内科二班会诊”，19 时方见心内科会诊记录。被告院内急会诊明显延迟，违反诊疗常规。专科会诊不及时，延误了急性冠脉综合征的规范治疗，使患者失去了采用综合治疗措施（如抗凝治疗、介入治疗等）的机会。不排除被告过错与患者的死亡存在一定的因果关系。(3) 患者为高龄老人，基础疾病多（冠心病、高血压、脑梗死）、病情复杂（有腹痛、胸闷复合症状，鉴别诊断需要一段时间）、发病凶险（迅速进展至急性左心衰、心源性休克、急性呼吸衰竭），患者自身病情严重是导致死亡的主要原因。

一审法院经审理认为：公民的生命健康权受法律保护。被告作为专业的医疗机构，对病人病情发展应当作出正确的诊断，并施以正确治疗方案及措施。根据上海市医学会出具的沪医损鉴（2015）104 号医疗损害鉴定意见书，其分析说明确认被告院内急会诊明显延迟，违反诊疗常规。专科会诊不及时，延误了急性冠脉综合征的规范治疗，使患者失去了采用综合治疗措施（如抗凝治疗、介入治疗等）的机会，不排除被告过错与患者的死亡存在一定的因果关系。鉴定意见为：本例属于对患者人身的医疗损害；被告在医疗活动中存在对急性冠脉综合征治疗不规范、心内科会诊延迟的医疗过错，与患者死亡的人身损害结果存在一定的因果关系；参照《医疗事故分级标准（试行）》，患者的人身医疗损害等级为一级甲等；被告的医疗过错对患者人身医疗损害结果的责任程度为次要责任。为此，被告应承担相应的民事赔偿责任，根据法律、法规的规定赔偿原告医疗费、丧葬费、死亡赔偿金、精神损害抚慰金等。基于医疗技术的复杂性、医疗活动的专业性等特性，医疗纠纷中医疗单位有无过错以及医疗行为与损害后果之间有无因果关系均需借助专业、权威的机构进行鉴定。本案中，上海市医学会出具的沪医损鉴（2015）104 号医疗损害鉴定意见书中的分析说明、鉴定意见，是医学专家针对专门案件所作的专业意见，具有权威性，可以作为审理本案的相关依据。被告认为被告在诊疗过程中不存在医疗过错，但被告所提出的理由尚不足以否定上海市医学会的上述分析说明及鉴定意见等，且未提供充分有效的证据反驳上述分析说明及鉴定意见等的证明力，故本院不予采纳。至于被告的具体赔偿数额则根据上述上海市医学会医疗损害鉴定意见书确定的人身医疗损害等级、责任程度及法律、法规的有关规定合法、合理予以确定。关于医疗费的赔偿，应当根据原告方提供的住院医药费专用收据、门急诊医药费专用收据予以计算，但不包括统筹和附加支付费用；死亡赔偿金及丧葬费根据患者的年龄、本市的相关标准及原告的诉讼请求予以计算；交通费则根据患者进行治疗的需要及相应的实际支出、原告提供的救护车费用收据酌情予以处理；住院伙食补助费则按照患者的住院时间及本市的相关标准计算；家属办理丧葬等事宜的误工费用则根据实际情况及本市的相关标准、原告方的诉讼请求酌情予以计算；护理费则根据患者的实际病情、住院治疗状况、客观上护理的需要等综合予以考虑；由于被告的医疗过错行为，致使原告方精神上受到了相应的伤害，被告应当给予适当的补偿和抚慰。原告方所支付的相关鉴定费用，被告应当适当承担。

一审判决结果：被告上海交通大学医学院附属瑞金医院在本判决生效之日起 10 日内赔偿原告严有堂、严春祥、刘文江、刘婷婷医疗费、丧葬费、死亡赔偿金、交通费、住院伙食补助费、家属办理丧葬等事宜的误工费用、护理费、精神损害抚慰金、鉴定费用共计人民币 94 231 元。

【案例指导意义】

1. 急会诊明显延迟，违反诊疗常规，专科会诊不及时，延误治疗，是医疗机构的过错，不排除该过错与患者死亡存在一定的因果关系。

2. 医疗机构认为己方在诊疗过程中不存在医疗过错，仅依靠陈述说明不足以否定鉴定机构（上海市医学会）在鉴定意见中的分析说明，鉴定意见的证明力需要其他充分有效的证据方能反驳。

3. 医疗机构认为会诊延迟是由于医院就诊人数过多，医疗资源稀缺造成的客观状况，与具体的诊疗行为无关，这一意见没有被法院接受作为否定过错减轻责任的理由。

第五章　药品和器械纠纷调解

药品和器械类纠纷，属于医疗产品损害纠纷，主要指患者在就医时，因使用的药品、消毒药剂、医疗器械这类医疗产品输入不合格血液而引起的损害纠纷。这些纠纷不是医疗行为本身造成的，但由于与治疗相关，现行法律也支持患方向医方申请损害赔偿。[①]

一、钛夹质量案

本案患者手术所用进口钛夹由医生介绍患方通过自己的渠道购买的，购销手续不规范。手术后患者成为植物人，外购的钛夹成为争议焦点，引起纠纷。

（一）案情介绍

患者罗某，女，63岁。因突发头痛、呕吐12小时，于2010年1月26日入住某医院神经内科。诊断为：（1）前交通动脉瘤；（2）蛛网膜下腔出血，脑室积血；（3）颅内感染；（4）高血压病；（5）双侧基底节及半卵圆中心多发脑梗死；（6）肺部感染。经保守治疗无效，患者于2月6日转入神经外科。经完善相关检查及术前准备后，患者于2010年2月10日行开颅动脉瘤夹闭手术。因术后恢复不佳，2010年3月18日至2013年2月26日患者转入该院ICU治疗，2013年2月27日至5月29日滞留该院急诊科留观室，其间患者一直处于植物生存状态。3年多来，该院多次向当地司法局、卫生局、派出所、街道办事处等相关部门报告，始终未能妥善解决此纠纷。

---

① 《侵权责任法》第59条规定：因药品、消毒药剂、医疗器械的缺陷，或者输入不合格的血液造成患者损害的，患者可以向生产者或者血液提供机构请求赔偿，也可以向医疗机构请求赔偿。患者向医疗机构请求赔偿的，医疗机构赔偿后，有权向负有责任的生产者或者血液提供机构追偿。

患者家属一直以协商未果为由，拒绝照顾病人，拒绝将病人转出ICU，拒绝支付医疗费用（总费用达120多万元）。直至2013年2月8日患者家属才办理出院手续，2013年5月29日离院。其后患者家属以疗效不佳、医疗器械购销不规范等为由与医院产生纠纷，并索取巨额赔偿。

医患双方于2013年5月24日经某区联合人民调解委员会调解，于5月28日就此事件达成一致意见，经某区人民法院确认，出具司法确认书。

（二）调解过程

几年来，本案曾经过医患双方以及相关单位、人员共同参与介入，反复协商调解，以下记录其中几次主要的调解过程。

2010年5月某日下午的院内调解：

调解会由医务部工作人员担任调解员，出席的医方代表是治疗科室两位医生，患方代表是患者的女儿、女婿等。患方代表首先发言，认为医院对患者病情没有进行及时的诊断，手术准备不足，耽误了最佳救治时机。并且医院的药品、手术使用的钛夹等器械是否具有合法来源和手续值得追究，医院的收费也不够透明，治疗中还存在将患者的呼吸机装反的情况，这都是医方的过错。医方代表对呼吸机一事作出解释说，患方所反映的是人机对抗的情况，并非呼吸机装反。患者在手术后，意识仍然不清楚，不能自主进食排便，手术效果确实不够理想。随后另一位医方代表章教授补充说，身为手术主刀医生，手术之前请了知名教授前来会诊，商讨各种可行的治疗办法，做了很多努力，但目前的治疗效果不好，也表示十分遗憾。至于患方提及的钛夹问题，医院使用的都是合格产品，产品的合格证等条码还粘贴在病历上，患方可以通过医务部进一步监督调查。患方代表继续发言，表示患者入院时病情并不太重，现在经过手术，花费巨大，患者病情反而更加严重，对此要求院方给个说法；另外对于术中麻醉的剂量也产生怀疑：为什么主刀医生对加大麻醉剂量一概不知？患方希望院方考虑家属的经济状况，全力救人。此次调解围绕的核心是治疗效果和后续治疗费用的问题，没有达成有效的协议。

2010年9月某日下午的院内调解：

调解会由医务部主任担任调解员，医方代表是治疗科室的一位医生以及顾问律师，患方代表是患者的女儿、女婿等。调解开场后，调解员介绍了医患双方代表以及患者当时的病情。患方代表首先发言，认为患者现在的状况与医方的医疗过错有关，并要求院方积极治疗，使患者早日恢复健康。医方代表表示，现在患者尚属稳定，也无特殊治疗，成浅度昏迷状态，如今患者没有亲人照顾，又加之肺部感染，长期住在ICU反而不利。患方表示可以将患者转出ICU，但是需要保证24小时护理得当，可以转至康复科。调解员指出，在责任还未明确的情况下，帮助患者逐步康复是主要的，并建议家属考虑以下解决方案：（1）通过调解一次性解决此案纠纷；（2）考虑转至外院治疗；（3）考虑起诉解决。患方拒绝转院，也拒绝由家属护理患者，要求医方提供人员进行护理，调解无法继续进行。

2010年11月某日上午的院内调解：

调解会仍然由医务部主任担任调解员，医方代表是治疗科室的医生、科主任以及顾问律师。患方代表是患者的儿子、女儿及患方律师等。调解一开场，调解员介绍了医患双方代表，并表示患者现在情况比较稳定，处于康复期，长期在ICU进行康复不利，建议讨论下一步康复方案。患方表示只要护理得当，可以考虑转至康复科。医方认为请人陪护不好办理，但是在康复上医院会尽最大努力，建议申请医疗事故鉴定，以便一次性解决纠纷。患方认为患者康复前景并不明确，双方应以患者的康复治疗为重点，也赞成通过协商一次性解决，认为做医疗事故鉴定没有必要。医方代表认为对于患者来说康复治疗最为重要，转去某疗养院是最好的选择。另一位医方代表对患方质疑的呼吸机一事再次作出解释，只是模式偶尔频率不协调，并非所有时间都人机对抗。患方坚持认为呼吸机人机对抗已经两天，对患者危害很多，手术过程不能确定。双方发言完毕，调解员总结了双方的争议焦点：（1）钛夹的问题；（2）呼吸机人机对抗的问题。从已有证据来看，不好确定手术过程是否有过错，现在的重点问题在于患者目前的状况。医方认为病人生命体征平稳，可以转出ICU。患方也表示对此没有意见，但要求在医保范围之内，为患者聘请一个陪护，并且同意医方提出的医疗事故鉴定申请。本次调解双方向前推进了一步，在这两个问题上达成了一致。

2010年12月某日上午的院内调解：

调解会仍然由医务部主任担任调解员，调解一开场，调解员表示此案虽经数次沟通，仍未有最终结果，本次调解会希望医患双方通过进一步沟通，确定最后的解决方案。随后医方代表ICU病房主任对患者目前的治疗情况作了介绍，表示患者病情比较稳定，没有特殊治疗，也没有明显好转，家属对前期手术效果不满意可以理解，但这只是手术的一个并发症，不能说是手术所导致的，而且鉴定结论也确认不是医疗事故，希望双方能协商解决。患方认为医院的钛夹来源没有正规渠道，应该属于“三无”产品，并且认为手术中医生存在失误。在ICU的治疗如果不能达到家属要求就不能转出，不过家属同意可以协商一次性解决纠纷。调解员看了记录，表示家属可以直接把满意的解决方案告诉医方，如果能达成一致更好，如果不能可以再寻求其他途径解决。患方代表表示，只要护理得当，满足了患者的需求，同意转出ICU。

2011年1月某日上午的联合调解：

本次调解会参会人员增加了医院所在辖区的政法委、卫生局和司法局的负责人。调解会由政法委副书记、卫生局副局长和司法局副局长共同担任调解员，医方代表有医院治疗科室张医生、刘医生以及医院法律顾问。患方代表有患者儿子等其他亲属。调解一开场，调解员首先向与会各位代表介绍了自己的身份，以及受区委、区政府委托和医院的请示，参与此案的调解工作，希望双方客观冷静处理。医方代表张医生对患者的病情及治疗经过作了简单的介绍，刘医生补充介绍了钛夹的采购和使用情况。随后，患方代表对于医院在患者住院10日后才进行手术以及医院的护理工作表示不满，患者在ICU时腿上有明显的烫伤疤痕，认为医院有责任。另一位患方代表补充发言，患者住院已有两年，当时考虑患者恢复的可能性极其渺茫，家属也积极与医院沟通协调过，希望能一次性解决此案纠纷，但是就医疗费用问题一直没有协调好，现在患者生命体征已经恢复，但是没有知觉，生活完全不能自理，家属无力承担患者的医疗和护理费用。医院也多次建议家属办理手续将患者转出ICU，只要医院无偿提供陪护进行护理，家属就同意办理转出手续。

以调解员身份参加调解会的司法局副局长提出：通过查阅医方提供的医疗事故鉴定材料，证明医方并不存在过错，患方承担患者的全部医疗费用于情于理都是应该的。ICU是收治危急重症患者的场所，患方家属既不交钱也不护理，还一直占用 ICU 病房，已经违反了相关法律规定。如果家属认为医院存在过错，可以通过司法途径解决，如果家庭确实困难，也可以申请法律援助。另一位担任调解员的卫生局副局长提出：目前患者生命体征稳定，而且医院医疗资源有限，希望患者家属端正态度，根据需要选择对患者合适的治疗方式。政法委副书记提出建议，家属将患者转出 ICU，由医方暂时聘请陪护进行护理，护理费由医方暂交两个月，再进一步协商处理。患方家属表示，转出 ICU 必须保证好的医疗条件，如果患者病情恶化，就找医务部负责。对此司法局副局长表示：医院有大批专家，如果病人有需要，肯定可以再转进去。

2012 年 2 月某日上午的联合调解：

某区司法局和某司法所加入，再次对本案进行调解。调解会由司法局副局长、司法所所长和一名调解员共同主持，医方代表是治疗科室的张教授、刘教授以及医院的顾问律师。患方代表有患者儿子、女儿、儿媳、女婿等亲属。调解一开场，调解员首先提出本案持续时间很长，已经拖了两年多，希望双方能够冷静客观地依法顺利解决纠纷。第二位调解员提出：请医方代表先宣读医疗事故鉴定书，并介绍目前患者的情况，再请患方代表谈谈对纠纷的处理意见。随后医方代表宣读了医疗鉴定书，张教授对患者的病情和治疗情况作了详细的介绍。患方代表表示，患者以前身体很好，但两年前因病住院，后因病情严重入住 ICU，现在生活不能自理，需要专人陪护，家属希望患者能继续在医院治疗，并由医院安排陪护，转至普通病房亦可。医方代表发言说，患者两年前身体很好，可能不是实情，患者当时因患前交通动脉瘤住院，后来因动脉瘤破裂才做了手术。至于患方反复提到的钛夹质量问题，钛夹完全是从正规公司销售的，患方家属可以去网上查询钛夹的条码以及销售公司的销售许可。患方家属补充发言提出，患者还没有康复，希望医院能承担责任，让其安度晚年。调解员认为如果患方实在拿不出合适的解决方案，那么就建议双方通过诉讼的方式解决纠纷。医方代表提出，目前患者恢复至此已经是奇迹了，患者入院两年多，医疗费用已达 120 多万元，患者自付部分至少应该是 50 多万元，医院还打算通过法律途径追缴欠费。患方家属表示，以前未选择法律途径是觉得太麻烦，如果医方坚持走法律途径也可以接受。

2012 年 2 月某日上午的联合调解：

某司法所对此案举行第三次调解会。调解会由司法所所长和一名调解员共同担任调解员，出席此案调解会议的医方代表是治疗科室医生张教授以及医院的顾问律师。患方代表有患者儿子、女儿、儿媳、女婿等亲属。调解一开场，调解员邀请患方代表介绍近几天到医院打听到的情况。患方代表介绍了近几日到就近几家医院和老年公寓走访的情况，以及医疗费用和专人陪护费的问题，患方家属表示仍希望患者继续在该院治疗。调解员发言提出，现在患方家属表示希望患者继续在该院治疗，而医方明确表示不能接受，双方分歧很大，如果不能达成一致意见，建议医方以欠费为由向法院起诉，理智维权。医方代表发言认为根据医疗鉴定，医方并不存在过错，现在患者已经转离 ICU，建议患方向法院起诉解决，否则医院也将以欠费为由向法院起诉。

2013 年 5 月 24 日，双方最后经某区联合人民调解委员会调解，就此案达成一致意见，经某区人民法院确认，一次性解决此纠纷。

（三）调解结果

医方补偿患方现金人民币 85 000 元，减免患者该次所欠医疗费用 503 255.43 元及滞留医院急诊科期间留观、治疗等费用 13 638 元，以上费用共计 601 893.43 元，医患双方一次性解决此纠纷。

（四）过程评析

【调解启动】

此案调解经历了院内调解和人民调解两个过程。院内调解由患方申请启动，调解多次，其中还有相关行政部门参与调解，均未成功。此后，医院所在地人民调解委员会介入进行人民调解，历经数次，最后达成协议，由法院进行司法确认，此案最终得以解决。

【是否适用鉴定或专家咨询】

2012 年 8 月某市医学会出具鉴定意见：本病例不属于医疗事故。此后，为认定患者的行为能力，某司法鉴定中心出具鉴定意见认为：罗某目前对自身的处境和行为没有意识。2013 年 5 月 23 日某区人民法院根据该鉴定意见宣告患者罗某为无民事行为能力人。

【双方争点评析】

1. 患方认为钛夹购销存在问题，没有经过医院的进货程序，通过医生单独购买，销售不规范，这是证明医院有过错最有力的证据。

2. 患方坚持认为治疗效果不理想，患者变成植物人是医院的过错造成的，因此一直拒绝照顾病人，将责任推给医院。

3. 患方认为己方长期占用医院 ICU 病房，是因为医院不负责任所致。医院如果负责任，患方就会配合调解。

4. 医方认为本案不属于医疗事故，已经鉴定证明，因此不应该承担任何责任。

【核心调解技巧或教训】

此案经历时间较长，医方不堪其扰，想早日解决纠纷。患者经鉴定为无民事行为能力人，其所欠医疗费用，从法律上看只能由本人的财产承担，尽管其子女有偿还能力，但医院不能起诉其子女。如果让患者继续滞留在医院，所花费的费用更高。因此，医方有尽早尽快解决的动力。但是，解决此案对调解员的能力水平要求很高，调解员不能仅仅是调解员，还必须是一位解决社会矛盾的动员者。为打破调解僵局，调解员采用“多方联动法”，想办法调动可以影响患方的各种社会资源。通过律师向患者本人所在单位的退休办，患者的儿子、女儿、儿媳的单位都发去律师函，并邀请当地政府、某区维稳办、街道办事处一起来参加此案的调解会。患者的子女在各自单位均有一定职务，在舆论和道德双重压力下，经多次反复，他们终于全员参加了此案的调解会，并最终达成了有效的调解协议。

本案的解决过程充分体现了中国式医患纠纷调解面临的一些压力：(1) 调解应该建立在双方自愿的基础上，如何应对不愿意承担任何责任的患者家属？(2) 如果不施加必要的压力，如何使调解进行下去？如果施加了压力，是否违反调解的基本原则？(3) 调解员（调解委员会）是否应该包治百病，既负责调解，也负责协调、动用各种资源？这样的调解员如何可得，是否有普遍意义？

本案提供给医院风险管理的教训是：尽可能杜绝患方在住院治疗期间外购药品和耗材，以降低风险。在现行“一品两规”[①] 的制度安排下，尤其

① 2007 年 5 月 1 日卫生部发布的《处方管理办法》(53 号令) 施行，其中第 16 条规定：医疗机构应当按照经药品监督管理部门批准并公布的药品通用名称购进药品。同一通用名称药品的品种，注射剂型和口服剂型各不得超过 2 种，处方组成类同的复方制剂 1～2 种。因特殊诊疗需要使用其他剂型和剂量规格药品的情况除外。

是由本院医生代替患方购买本院没有的药品和医用耗材，会凭空增加不必要的风险。一旦出事，就像本案一样，会给医方带来极大的麻烦。

二、钢板断裂案

本案患者遭遇交通事故之后做手术，手术固定钢板断裂，肇事方不愿意承担患者再次手术费用。患方认为是钢板质量不合格造成的，应该由医院赔偿，因此引发纠纷。

（一）案情介绍

患者韩某，男，36 岁。因“外伤后左肩疼痛、活动障碍 20 小时”，2010 年 2 月 25 日入某医院住院治疗。完善相关检查及手续后，2010 年 2 月 25 日在颈丛麻醉下行左锁骨骨折开放复位内固定术，手术过程顺利，术后予以止血、抗感染等对症支持治疗，2010 年 3 月 2 日出院。2010 年 4 月 2 日患者在外院照片显示钢板断裂，并要求再次入院手术治疗，患者因对术后出现钢板断裂不理解而引发纠纷。

（二）调解过程

2010 年 5 月某日下午，医院医务部接受患方申请，邀请治疗科室参加对此案的调解。

调解会由医务部工作人员担任调解员，出席调解会的医方代表有患者的主治医生，患方代表有患者父母等。调解一开场，患方即提出钢板质量不好，医方应该对钢板断裂负责，上一次手术刚过去几个月，骨头还没有长好，又要手术。医方代表认为患方的主张没有事实依据和法律依据，全凭主观想象。调解员指出钢板断裂原因很多，不能排除质量问题，但也可能有自身原因，建议对钢板材质进行检测后判断。医方表示赞同，如果检测结果确定断裂是钢板质量导致，愿意承担全部费用。调解员询问患方，是否愿意先取出钢板，争议期间由患方先支付手术和医疗费用，把取出的断裂钢板封存，找到有资质的机构进行鉴定，根据鉴定结论作进一步处理。患方表示要求立即手术，但己方不承担任何医疗费用，医方还应该赔偿上一次的手术相关费用以及由此引起的误工费等各种费用。医方对患方的请求表示不能接受。调解员提出，患方认为钢板是假冒伪劣产品，这种可能性应该非常小，因为医院所有的医用器械都是通过严格招投标程序统一购入的，如果没有任何依据就一定认为是质量问题，向法院提起诉讼也难以得到支持。因此，建议患方控制情绪，与医方一起商量一个双方都可以接受的方案。

经过几轮的调解，双方达成协议。

（三）调解结果

双方达成以下协议：患者韩某在第二次住院期间服从该院医务人员的管理和安排，在充分了解第二次手术风险及可能发生的并发症并签字同意后，医方为其行第二次手术治疗，并在伤口愈合和拆线后两日内出院，所拆除钢板由医院常规处理。患者第二次住院所需医疗费用，患方承担500元，其余医疗费用由医院承担；患者出院后，须严格遵照医嘱对患肢予以制动和保护，并经医院骨科医师同意后，才可进行相关功能锻炼；患者出院后，院方补偿患方现金500元整，双方一次性解决纠纷。

（四）过程评析

【调解启动】

此案调解经历了院内调解和人民调解两个过程。院内调解由患方申请启动，调解不成，又由双方申请人民调解。

【是否适用鉴定或专家咨询】

医患双方均未提起鉴定或专家咨询。

【双方争点评析】

1. 患方认为骨折内固定物钢板断裂是质量不合格引起的，医方应该承担全部责任。

2. 医方认为钢板断裂原因十分复杂，但最不可能的一个推断就是假冒伪劣产品。因为医疗器械采购进货是通过严格招投标程序，确保质量后才给患者使用的，不会有假冒伪劣产品。

3. 患方要求马上手术把断裂钢板取出，手术费用由医方承担。

4. 医方只同意补偿患者一块钢板的费用，如果超出这项要求，则希望进行鉴定以分清双方责任。

【核心调解技巧或教训】

钢板断裂原因很多，包括患者体质、手术固定技术、钢板曾反复多次消毒或者患者活动的方式不恰当，等等。总之，不经过专业鉴定，难以确定真正原因。但是，钢板断裂原因的鉴定耗时费力，患者往往需要马上手术，等待不及。因此，像本案一样，迅速达成协议进行第二次手术对患方来说，也是一种较好的选择。

此类案件的调解，不适宜等待分清责任之后再商议解决方案，如果能够早日促进双方达成协议，帮助患者较早解除痛苦，是更重要的利益点。本案调解员应该提醒当事人尽量不要做法律评估，而是帮助医患双方考虑双方可接受的各种方案，同时提供法院对类似情形判决的案例，让当事人对比进而提出己方的方案，促进纠纷早日解决。

（五）参考案例

【案例名称】

邓中奎与新疆生产建设兵团第一师医院医疗产品责任纠纷，案号为（2015）阿克苏垦民初字第00254号。

【案例内容】

该案涉及一次钢板断裂、一次钢板螺钉断裂，争议焦点主要是被告医院为原告置入的钢板、钢板螺钉断裂是否因医疗器械产品缺陷引起，原告骨折延迟愈合所造成的损失责任应如何承担。

一审法院经审理查明：2013年4月15日，原告邓中奎因重物砸伤致右手指、右大腿及小腿疼痛，出血，活动受限6小时余入住被告第一师医院住院治疗15天。2013年4月16日，被告医院为原告施行清创骨折复位内固定术，置入12孔重建锁定钢板。2013年11月22日，原告复查发现：右股骨骨折术后钢板断裂，于是再次到被告医院住院治疗18天。2013年11月26日，被告医院为原告施行“切开内固定取出＋复位内固定术＋植骨术”，取出断裂钢板，置锁定钢板经螺钉固定。2015年3月6日，原告复查X线片显示：右股骨骨折钢板内置物术后，远端第1、2锁定钉断裂，骨折线明显，未见骨痂形成，骨髓腔封闭，骨皮质变薄，骨质疏松。

一审法院经审理认为，本案的争议焦点是被告医院为原告置入的钢板、钢板螺钉断裂是否因医疗器械产品缺陷引起，原告骨折延迟愈合所造成的损失责任应如何承担。医学是专业性极强的自然科学中的分支之一，医疗行为突出的特点在于它的专业性和技术性。结合我国国情，在临床实践中，对执业医师而言，当地医院的医疗水平受医院等级、地域环境、经验法则、学历、专科现时技术标准和设备条件等主客观因素的局限。医学和其他自然科学不同，是一门复杂的、发展的和试验性的科学，还有许多无法探究的生命禁区，医学科学在很大程度上还处在经验科学的阶段。有许多疑难疾病，医学尚不能攻克。现代医学对人的认知是有限的，对疾病的认知也是有限的，因而在临床实践治疗过程中必然会出现“获益”和“致害”的双重性，有时候医疗技术由于技术的难度可能并没有产生期望的效果，而是产生了危害性的结果，即平时所称的医疗风险。对于患者来说，为了追求自身治疗的切身利益而去承担医疗风险，这需要医患双方能够相互理解、相互配合，并有效地管控医疗风险。本案发生的基本事实是原告因重物砸伤多处粉碎性骨折受伤入住被告医院治疗，被告医院及时为原告手术置入钢板一枚，术后约 7 个月钢板断裂，骨折未愈合；被告医院再次为原告手术更换置入钢板一枚，手术 1 年后钢板螺钉断裂，骨折未愈合。骨折内固定后钢板断裂是一个极其复杂的问题，原因主要有以下几个方面：(1) 安装不当，如钢板过短、螺钉安装不当等；(2) 过早负重；(3) 钢板疲劳断裂；(4) 钢板质量问题。因此，涉及骨折内固定后钢板断裂的原因除产品质量外，还有许多医疗机构和患者自身的原因，如安装不当导致钢板承受的应力过大、超出金属疲劳期未拆除钢板、过早负重等。由于本案未作鉴定，难以形成有效的结论，故对案件发生的基本事实和责任只能按照医患双方在诊疗过程中的行为予以客观公正的认定。《中华人民共和国侵权责任法》第 59 条规定，因医疗器械的缺陷造成患者损害的，患者可以向医疗机构请求赔偿。本案原告的损失系因钢板、螺钉断裂引起，钢板、螺钉断裂是钢板的产品缺陷造成还是原告个人原因造成，是被告医院是否应承担责任及责任大小的关键。一方面金属接骨板作为植入人体用于支持、连接受损肢体并辅助肢体恢复的医疗器械，因其对人体具有潜在危险，对其安全性、有效性必须严格控制，使其不存在危及人身安全的不合理的危险。另一方面骨折内固定手术本身即存在内固定物断裂的可能性，这是该类诊疗方式本身固有的风险。对于钢板、螺钉断裂的原因，原告认为是因医疗器械钢板本身的质量存在缺陷所致，被告医院认为是因原告未遵照医嘱提前负重导致钢板断裂。钢板是有着特定批号、特定生产日期的特定产品，考察该特定产品是否存在质量缺陷，除需审查生产代理企业的资质和该类产品的审批准入情况外，还应对该特定产品本身进行质量评价。医疗机构选择的此类医疗器械，必须拥有在有效期内的两证，即经省、自治区、直辖市人民政府产品监督管理部门（即国家医药监督管理局）审查发给的产品生产注册证书，而且在包装上应依据《中华人民共和国产品质量法》的规定标示：(1) 产品质量检验合格证明；(2) 有中文标志的产品名称、生产厂名称和地址；(3) 根据产品的特点及使用要求，需要标明产品的规格等级，所含主要成分的名称和含量；(4) 限期使用的产品，标明生产日期和安全使用期。只有两证齐全、标示无缺陷，在安全使用期内的产品才是合格的医疗器械产品。根据《医疗器械监督管理条例》第 32 条“医疗器械经营企业、使用单位购进医疗器械，应当查验供货者的资质和医疗器械的合格证明文件，建立进货查验记录制度”，及第 40 条“医疗器械经营企业、使用单位不得经营、使用未依法注册、无合格证明文件以及过期、失效、淘汰的医疗器械”的规定，本案中被告举证时仅提供了钢板合格证，日期尚有重大瑕疵，原告对此提出质疑，认为合格证上生产日期为 2014 年 10 月 11 日，与原告手术时间不符，被告对此未能予以合理解释。根据《中华人民共和国产品质量法》第 46 条“本法所称缺陷，是指产品存在危及人身、他人财产安全的不合理的危险”，产品生产者、销售者承担的是无过错责任，产品销售者主张免责的，应由其对免责事由承担证明责任。本案被告提供的钢板在原告体内使用过程中发生钢板、螺钉断裂，即存在危及人身安全的不合理的危险，因被告未能提供钢板有效的质检合格证明，可推定该产品存在缺陷。根据《中华人民共和国产品质量法》第 40 条销售者售出的产品给购买产品的消费者造成损失的，销售者应当赔偿损失，及第 43 条“因产品存在缺陷造成人身、他人财产损害的，受害人可以向产品的生产者要求赔偿，也可以向产品的销售者要求赔偿”的规定，也就是说产品销售者在无过错的情况下，仍有义务替代生产者先行承担责任。被告医院主张免责，因其承担的是代偿义务，故其应当提供证据证明产品使用与损害后果不存在因果关系。由于钢板分别在术后 7 个月、1 年后发生断裂，不能排除系其他原因造成。且存在多因一果的情况，原告的伤情确实较重而骨折延迟愈合，钢板置入手术本身确实存在钢板断裂的风险。被告医院主张钢板、钢钉断裂的原因为提前负重导致断裂并不能完全排除，被告医院作为医疗机构，在手术过程中医疗器械发生意外极有可能存在医患纠纷时，本应对断裂钢板这类医疗器械进行妥善处理，而被告医院未尽到妥善处理义务导致无法确定钢板断裂的原因，对产品缺陷造成原告损失具有过错，应当承担赔偿责任。综合考虑上述因素，原告请求被告赔偿因使用被告提供的钢板、钢钉断裂再次手术治疗产生的各项合理经济损失的诉讼请求，本院予以支持。原告要求被告承担其第一次入住被告医院产生各项费用的诉讼请求，因该次住院是为了治疗原告因自身受到外力伤害产生的必然发生的费用，应由原告自行承担，故对原告的该项诉讼请求，本院不予支持。被告作为公益的医疗机构，其诊疗行为本身体现的是社会福利性质，保护原告利益的同时需与全体患者利益相平衡，患者自身所患疾病等原因也决定了医疗赔偿案件的特殊性，由于本案中无证据证明被告的诊疗行为具有过错，被告并不存在侵害原告健康权的故意，亦无证据证明原告构成伤残，故原告要求被告支付精神抚慰金的诉讼请求，本院不予支持。依据《中华人民共和国侵权责任法》第 59 条，《中华人民共和国产品质量法》第 40 条、第 44 条，《中华人民共和国民事诉讼法》第 64 条第 1 款之规定，判决如下：(1) 被告新疆生产建设兵团第一师医院于本判决书生效后 3 日内一次性赔偿原告邓中奎因钢板断裂、断钉再次手术所支出的各项合理费用医疗费、护理费、住院伙食补助费、营养费、交通费、复查费 108 844.81 元；(2) 驳回原告邓中奎的其他诉讼请求。案件受理费 4 532 元，由原告邓中奎负担 2 221 元，被告新建生产建设兵团第一师医院负担 2 311 元。

【案例指导意义】

1. 医疗机构或者生产厂家不能提供所使用的医疗器械质检合格的有效证明，可推定该产品存在缺陷。

2. 在未作鉴定难以形成有效结论的情况下，对案件发生的基本事实和责任，也可以按照医患双方在诊疗过程中的行为予以客观公正的认定。

3. 法院认为医疗机构具有公益性质，其诊疗行为本身体现的是社会福利性质，保护原告利益的同时需与全体患者利益相平衡，患者自身所患疾病等原因也决定了医疗赔偿案件的特殊性，由于本案中无证据证明被告的诊疗行为具有过错，被告并不存在侵害原告健康权的故意，亦无证据证明原告构成伤残，法院不支持原告提出的精神损害抚慰金的诉讼请求。

三、克氏针尖断裂案

本案医方有过失，患者在治疗半月板手术中出现克氏针针尖断裂，针尖遗留在关节内导致疼痛。

（一）案情介绍

患者兰某，男，25岁。因反复右膝关节疼痛两年于2014年3月21日入住某医院骨科。诊断为：右膝外侧半月板损伤。经完善相关检查及术前准备后，患者于3月25日行关节镜下右膝外侧半月板成形术。术后予以抗感染、补液等支持对症治疗后，患者病情好转，于2014年3月29日出院。患者出院后，因仍感右膝关节疼痛、活动受限，于2014年8月7日在外院就诊，考虑存在高密度异物可能。2014年9月6日，患者再次入住该院骨科，于9月10日行右膝关节镜下异物取出术＋外侧半月板成形术。患者术后恢复可，于2014年9月30日出院。患者对克氏针针尖留置体内表示无法理解，与医方发生纠纷，要求赔偿。

（二）调解过程

2014年10月某日下午，医院医务部接受医患双方委托对此案进行调解。

调解会由医务部工作人员担任调解员，出席调解会的医方代表有治疗科室的医生，患方代表有患者父母等。调解一开场，患方代表询问为什么克氏针针尖会断裂并留在关节处？是不是医院手术不精细造成的？医方代表表示，因为针尖太细，当时没有发现克氏针针尖断裂的问题，医院确实有一定责任，但这与患者手术时关节的状态也有关系。调解员提出既然医方已经认可存在过错，接下来就是协商治疗费用的问题。医方代表同意取出异物需要的手术费用由医院承担。但患方要求由此而产生的其他治疗费用和交通费、误工费、护理费也应该由医院承担。医方代表对此请求表示不可接受，只能负担第二次取出异物的费用。调解员询问，患者为治疗疼痛到底有哪些花费，是否能够提供证据证明？患方代表回答说，因为术后仍然觉得疼痛，曾经在某家康复医院进行了半年的康复治疗，花了一万多元治疗费，可以去找该医院索要发票。调解员听后，对患方提出，如果医方愿意承担这笔治疗费用，是否可以放弃其他费用的要求。

最后，在调解员的反复协调下，医患双方达成了调解协议。

（三）调解结果

医院减免患者第二次住院医疗费用，并同意补偿患方现金人民币 19 800 元；其余交通费、营养费、伤残补助费等相关费用由患方自行承担；双方一次性解决此纠纷。双方共同封存的金属异物自动解封，由医院作常规处理。

（四）过程评析

【调解启动】

此案调解由患方投诉启动，由院内调解结案。

【是否适用鉴定或专家咨询】

医患双方均未提起鉴定或者专家咨询。

【双方争点评析】

1. 患方认为克氏针是在手术过程中断裂的，医生有疏忽，没有发现针尖留于关节内，导致患者术后疼痛，医院对此过错应该承担责任。

2. 医方承认克氏针断裂在关节内是医方责任，但不同意承担患方的误工费、交通费、护理费等开支。

【核心调解技巧或教训】

本案的调解过程无其他外力因素介入，调解协议是双方真实意思的表示，对患方的现金补偿是其半年的康复费用。

调解员在此案中的技巧运用是帮助双方对责任划分进行模糊处理，本着尽快解决问题的思路，不再去纠结医院到底要承担哪些费用，而是抓紧时间对已经出现的问题进行处理。由涉事医院免除第二次手术费用，并尽快手术，让患方觉得医院对于问题的处理不推诿，有诚意解决。

（五）参考案例

【案例名称】

高光琼与南充市中医医院医疗损害责任纠纷，案号为（2016）川 1302 民初 3540 号。

【案例内容】

本案与调解案例类似之处是，患者在其右三踝骨折切开复位内外踝内固定术过程中，其中一枚导针尖部断裂，医生未取出即对伤口进行了缝合，致使长 1.2cm 的克氏针残留在患者右胫骨远端髓腔内，但被告发现后告知了原告。6 年后，原告在被告医院进行内固定解除术时，医生也告知原告此事，原告同意不取出断针。患者后来主张术后经常出现右踝疼痛，不能久站等症状，要求被告赔偿，双方发生纠纷。

原告一方多次要求医院协商解决本起医院责任明确的医疗纠纷，但医院以没有鉴定为由拒绝调解。原告委托律师后，代理人依法向顺庆区卫生局申请行政调解，被告依然以没有调解基础为由拒绝卫生局组织的调解。原告遂诉至法院。

一审法院经审理认为：被告对原告体内遗留有断针存在过错无异议，并自愿承担赔偿责任，本院对此予以确认。本案争议的焦点是原告的损失项目及赔偿费用如何确定。最高人民法院《关于审理人身损害赔偿案件适用法律若干问题的解释》（以下至判决主文前简称《解释》）第 17 条规定："受害人遭受人身损害，因就医治疗支出的各项费用以及因误工减少的收入，包括医疗费、误工费、护理费、交通费、住宿费、住院伙食补助费、必要的营养费，赔偿义务人应当予以赔偿。受害人因伤致残的，其因增加生活上需要所支出的必要费用以及因丧失劳动能力导致的收入损失，包括残疾赔偿金、残疾辅助器具费、被扶养人生活费，以及因康复护理、继续治疗实际发生的必要的康复费、护理费、后续治疗费，赔偿义务人也应当予以赔偿。受害人死亡的，赔偿义务人除应当根据抢救治疗情况赔偿本条第一款规定的相关费用外，还应当赔偿丧葬费、被扶养人生活费、死亡补偿费以及受害人亲属办理丧葬事宜支出的交通费、住宿费和误工损失等其他合理费用"。根据该规定，结合原告诉请，本院依法确认原告高光琼的损失为以下项目及费用。

1. 误工费，原告主张误工费 5 820 元。依照《解释》第 20 条"误工费根据受害人的误工时间和收入状况确定。误工时间根据受害人接受治疗的医疗机构出具的证明确定。受害人因伤致残持续误工的，误工时间可以计算至定残日前一天。受害人有固定收入的，误工费按照实际减少的收入计算。受害人无固定收入的，按照其最近三年的平均收入计算；受害人不能举证证明其最近三年的平均收入状况的，可以参照受诉法院所在地相同或者相近行业上一年度职工的平均工资计算"之规定，虽然原告诉称自己在经营卤菜生意，有一定的收入，但是，原告并未提供营业执照和自己的收入状况，不能证明今后取出断针时对其收入减少有多少，且原告系年满 56 周岁的企业退休职工，在未来手术取出断针时，对其养老金并无影响，故本院对此不予支持。

2. 交通费，原告主张交通费 1 000 元。依照《解释》第 17 条、第 22 条“交通费根据受害人及其必要的陪护人员因就医或者转院治疗实际发生的费用计算。交通费应当以正式票据为凭；有关凭据应当与就医地点、时间、人数、次数相符合”之规定，原告今后到哪家医院治疗、是否发生交通费、发生多少交通费，原告未提供证据来支持自己的主张，本院对此不予支持，如原告今后实际发生交通费后可另行主张。

3. 精神抚慰金，原告主张精神抚慰金 21 000 元。依照《侵权责任法》第 22 条“侵害他人人身权益，造成他人严重精神损害的，被侵权人可以请求精神损害赔偿”，《解释》第 18 条“受害人或者死者近亲属遭受精神损害，赔偿权利人向人民法院请求赔偿精神损害抚慰金的，适用《最高人民法院关于确定民事侵权精神损害赔偿责任若干问题的解释》予以确定……”之规定，原告于 2009 年 12 月 25 日在被告医院行右三踝骨折切开复位内固定术，术中一枚导针尖部断裂同时也遗留体内，2016 年 5 月 12 日原告高光琼才再次到被告医院行右双踝内固定术后内固定物解除术，6 年多时间里，内固定物与断针都存留在高光琼体内，说明原告在此期间并未感觉不适，对其精神并无大碍，如有不适，原告应早到医院取出内固定物及断针，结合司法实践，本院对此不予支持。

4. 护理费，原告主张护理费 2 910 元。依照《解释》第 21 条“护理费根据护理人员的收入状况和护理人数、护理期限确定。护理人员有收入的，参照误工费的规定计算；护理人员没有收入或者雇用护工的，参照当地护工从事同等级别护理的劳务报酬标准计算。护理人员原则上为一人，但医疗机构或者鉴定机构有明确意见的，可以参照确定护理人员人数。护理期限应计算至受害人恢复生活自理能力时止。受害人因残疾不能恢复生活自理能力的，可以根据其年龄、健康状况等因素确定合理的护理期限，但最长不超过二十年。受害人定残后的护理，应当根据其护理依赖程度并结合配制残疾辅助器具的情况确定护理级别”之规定，参照 2015 年四川城镇全部单位就业人员的平均工资 50 466 元，结合司法鉴定意见和司法实践，本院确定原告取出断针时需护理费为 2 073.95 元（50 466 元/年 ÷ 365 天/年×15 天）。

5. 营养费，原告主张营养费 450 元。依照《解释》第 24 条“营养费根据受害人伤残情况参照医疗机构的意见确定”之规定，原告需手术取出断针，手术必然会对其身体造成一定伤害，手术后为了早日恢复健康，加强营养是必要的，本院对此予以支持。

6. 鉴定费，原告主张垫支的司法鉴定的鉴定费 1 500 元、鉴定时的检查费 200 元，原告只提供了鉴定费的票据，未提供检查费票据，对此，本院予以支持 1 500 元。

7. 续医费，原告主张续医费 9 000 元，有鉴定意见为据，对此，本院予以支持。

【案例指导意义】

本案法院未支持患方关于精神损害抚慰金的请求，理由是 6 年多时间里，内固定物与断针都存留在患者体内，说明原告在此期间并未感觉不适，对其精神并无大碍，如有不适，原告应早到医院取出内固定物及断针。

四、条形码贴错案

本案起因是患者体内固定物钢板断裂，事后发现病历中所贴条码与实际使用的钢板条码不一致，患方认为这说明医院提供的产品质量不合格，遂引发纠纷。不幸的是，患者二次手术后不久，钢板再次断裂。医方认为造成断裂的原因很多，若不经过鉴定，不能判断一定是医院的手术过错或者钢板质量问题。

（一）案情介绍

患者黄某，女，62 岁。因车祸致右上臂疼痛、活动受限 3 小时，于 2014 年 8 月 5 日入住某医院骨科。诊断：（1）右肱骨粉碎性骨折；（2）高血压病。经完善相关检查及术前准备后，患者于 8 月 7 日行右肱骨开放复位钢板内固定术。术后予以抗感染、止血、促骨等对症支持治疗后，患者病情稳定，于 2014 年 8 月 16 日出院。2015 年 9 月 21 日，患者突感右上臂疼痛，经该院骨科诊断为：右肱骨内固定断裂，骨折端轻度移位。钢板断裂之后，患方对此不理解，要求医院负责第二次手术所有费用。医院认为钢板断裂不是医方责任，不同意免费治疗，双方没有达成协议，调解失败，患方向法院起诉。法院经审理后认定由于钢板断裂原因不明，既可能是金属疲劳导致，也可能是患者自身原因造成，还可能是产品质量问题，判定该案宜适用公平原则，由原被告分担风险，判决由医方负担患者第二次手术费用，驳回其他诉讼请求。

2015 年 9 月 22 日，患方在该院做了第二次手术。不幸的是，第二次手术后 2 个月，2015 年 11 月 23 日，患者在复查时发现用于内固定的钢板再次断裂。

患方因对固定钢板两次发生断裂不理解而与该院发生纠纷。双方就此事件进行了多次沟通与交流，患方同意进行院内调解，双方本着平等自愿、公平合理的原则达成调解协议。

（二）调解过程

体内固定物钢板第一次断裂后的 2015 年 9 月某日下午，医院医务部接受委托对此案医疗事件进行调解。

调解会由医务部工作人员担任调解员，出席此案调解会议的医方代表有治疗科室的医生，患方代表有患者的丈夫、女儿等。调解一开场，患方代表提出主张，认为钢板断裂是质量问题，可能是伪劣产品。医方代表向患方展示了钢板合格证等相关资料，否定患方的主张。调解员提出，患方是否考虑将钢板送交鉴定，以确定是否是质量问题。患方代表表示钢板质量鉴定时间太长，不愿意鉴定。另一位患方代表提出了另外一个问题：为什么病历上写的是 11 孔钢板，而手术中用的是 9 孔钢板，这是不是手术错误？医方代表对此的解释是，是钢板条码贴错，不是质量问题也不是手术错误。患方代表反对医方代表的解释，不认为是条形码贴错。9 孔钢板的牢固性有问题，这是临时改变用途，事先没有告知家属，不合理，应该赔偿。医生代表则坚持认为只是条形码贴错，这显然不是导致钢板断裂的原因。但是，由于工作疏忽给患者造成误会，同意对此进行适当补偿。调解员询问患方是否提出具体的请求数额，患方表示要求减免第一次全部手术费用，并免费进行第二次手术。医方代表听后表示，这个要求太高，无法满足患方要求。根据以往的做法和法院曾经的判决，这种情况最多补偿与一块钢板价格同等的数额。调解员与患方举行了一次单方商谈，患方仍然坚持自己的主张。最后因双方分歧较大，调解未果。随后不久，患方向法院起诉。

体内固定物钢板再次断裂后的 2016 年 1 月某日下午，医院医务部接受双方委托对此案再次进行调解。

调解一开场，调解员首先对患者再次发生同样的事情表示同情和理解，希望这次调解能够顺利解决双方的矛盾。患方代表发言道：钢板再次断裂，正好说明医方使用的钢板是伪劣产品，否则怎么会再次断裂？要求医方赔偿全部治疗费用。医方代表提出异议说：钢板再次断裂，正好说明这是患者自身原因导致的，否则怎么会在同一位患者身上发生同样的事？医方代表还特别强调患者的年龄可能是导致骨折长时间不愈合的原因，应该是自身处理不当导致金属疲劳造成的，两次钢板断裂正好说明患方自身原因是主因。调解员提出，在没有权威结论证明钢板断裂的原因之前，双方各执一词是非常不利于纠纷解决的，建议患方放下对是非对错和钢板质量问题的追问，提出自己迫切需要解决的问题。医方代表提出，对于患者经历两次钢板断裂表示非常难过，由于断裂原因复杂，患者寻求的赔偿不能也不应该依据人身损害赔偿的各项费用来计算，医方能够提供的补偿最多是一块钢板价格的数额。

经过反复磋商，医患双方最后达成调解协议。

（三）调解结果

第一次钢板断裂，双方认可的金额差距太大，导致调解失败。一审法院判决该院支付患方第二次手术费用共 43 127.79 元，驳回其他诉讼请求。原告不服一审判决上诉。二审法院驳回上诉，维持原判。

第二次钢板断裂，通过院内调解结案。该院补偿患方现金人民币 20 000 元，患方的医疗费、伤残补偿费、交通费、营养费等费用由其自行承担，双方一次性解决此纠纷。患者应该在第二次手术伤口拆线后两日内出院；第二次手术所拆除钢板、螺钉由该院回收作常规处理；本协议生效后，各方不得再就此事件以任何形式向对方主张赔偿及其他权利。

（四）过程评析

【调解启动】

此案由患方投诉启动院内调解，但第一次调解未果。第二次调解双方由院内调解结案。

【是否适用鉴定或专家咨询】

医患双方均未提起鉴定或专家咨询。

【双方争点评析】

1. 患方要求医方承担钢板断裂的责任，但拒绝申请鉴定。

2. 患方认为病历记录和手术实际使用钢板的不同已经表明医方有过错，不接受医方提出的“只是条形码贴错”的解释，认为这足以证明医方使用的钢板有质量问题。

3. 患方坚持认为是医方过错，要求医方赔偿第一次、第二次的治疗费用和相关的其他费用，医方认为患方要求太高，第一次调解未果。

【核心调解技巧或教训】

本案第一次调解没有成功，有很大部分的原因是患方对赔偿的数额不满意，虽然无法认定钢板断裂与产品质量的因果关系，但钢板的生产商在调解中同意支付与一块钢板价格等值的数额作为解决纠纷的代价，这对患方来说相当于“鸡肋”。患方最终放弃调解选择起诉之后，判决结果让患方并不满意，反而延长了解纷的时间。于是，在第二次纠纷解决过程中，就很痛快地选择了调解。调解员抓住了患方的这种心理，一是对患方的遭遇表示理解和同情，让患方减轻对抗情绪；二是了解患方第一次判决所获得的赔偿数额，把握患方心理底线；三是让医方首先提出愿意负担的数额，这个数额与之前他们愿意负担的基本相同。

事实上，导致钢板断裂原因复杂，既然无法区分是非对错，那么调解员只要使当事人的程序利益得到尊重，调解的公正性就会得到基本的保障。如果送交鉴定，一是鉴定机构很少，鉴定时间很长，导致纠纷解决周期很长；二是送交鉴定也未必能够找到钢板断裂的确切原因，使得是非对错仍然无法分清。

（五）参考案例

【案例名称】

上诉人（原审原告）池某与上诉人（原审被告）某县医院医疗损害赔偿纠纷，案号为（2013）承民终字第 00080 号。

【案例内容】

本案纠纷也是因钢板折断而引发的，原告对于被告没有在病例上粘贴钢板合格证条形码不理解，认为被告提供了不合格产品。

2009 年 6 月 17 日，原告以被告在对其诊疗过程中存在过错为由向法院提起诉讼。2009 年 7 月 14 日，被告某县医院向法院申请医疗过错鉴定，北京中衡司法鉴定所作出中衡司法鉴定所〔2009〕临鉴字第 1638 号鉴定意见书，鉴定意见为：(1) 某县医院在对被鉴定人的诊疗过程中医方诊断正确；被鉴定人有手术适应症；医方在术前进行了风险告知；术后出现骨折不愈合、钢板折断是该类手术的并发症。(2) 医方实际使用钢板与病历中条形码不一致，不能证明植入钢板的质量问题，医方存在过失，不排除钢板断裂与钢板质量之间存在因果关系的可能，有关植入钢板的质量问题，超出本所鉴定范围，建议法院进一步查证。

原审法院认为：被告某县医院在为原告池某的诊疗过程中，使用植入原告体内与病历记载条形码不一致的钢板，致使钢板折断，被告没有证据证明其所使用的钢板是合格产品，应当认定，被告在对原告的诊疗过程中存在过错，应当对原告的损失承担赔偿责任。但根据相关法律规定，原告治疗原发伤所发生的费用不予赔偿。北京中衡和明正两个司法鉴定机关所做的三份司法鉴定，是原、被告申请，本院依法委托的，因此，本院依法作为定案的依据。对原告的主张和提交的相关证据，通过被告的质证，本院确认如下：(1) 对原告主张的 2008 年 11 月 28 日在承德医学院附属医院结算发票 1 张，住院 22 天，金额 35 258.71 元，属治疗钢板折断后的医疗费用，本院予以认定；对原告主张的 2007 年 1 月 9 日在某县医院治疗清算发票 1 张，住院 21 天，金额 13 625.27 元及 2009 年 3 月 3 日在承德医学院附属医院结算发票 1 张，住院 21 天，金额 21 669.62 元，属于治疗原发伤的费用和自己摔伤的费用，本院不予认定；对于原告主张的在承德医学院附属医院、某县医院、某县中医院、某县第二医院的门诊收据 11 张 1 009.60 元，不能证明是钢板折断所发生的费用，本院不予认定；对原告主张在药店买药的发票 4 张 565.20 元，亦不能证明是钢板折断治疗费用，本院不予认定；对原告主张的取钢板后续治疗费8 000.00 元，因原告 2009 年 2 月 9 日属自己摔伤，故该费用本院不予认定。(2) 对原告主张的护理费，内固定钢板折断后的护理期限经法医鉴定为 90～150 日，本院酌定为 120 日，其护理费用应为：6 000.00 元/月÷30 日×120 日＝24 000.00 元。(3) 对原告主张的住院伙食补助费，原告内固定钢板折断后在承德医学院附属医院住院治疗 22 天，其住院伙食补助费应为：50.00 元/日×22 日＝1 100.00 元。(4) 对原告主张的营养费亦应按 22 天计算，即 20.00 元/日×22 日＝440.00 元。(5) 对原告主张的交通费，虽未提交票据，考虑已实际发生，且数次往返于北京、承德，酌定 3 000.00 元。(6) 对原告主张的伤残赔偿金，因原告是城镇居民，2008 年 8 月内固定钢板折断时年满 70 周岁，被评为九级伤残，按法庭辩论终结前上一年度城镇居民人均可支配收入 18 292.00 元进行计算，即为：18 292.00 元/年×10 年×20%＝36 584.00 元。(7) 原告主张的精神抚慰金过高，本院参照原告的伤残等级，酌定为 10 000.00 元。(8) 对原告主张的鉴定费8 500.00 元被告无异议，本院予以认定。最后认定数额为人民币 118 882.71 元。综上所述，原告所诉，理由充足，证据充分，本院予以支持，但原告要求过高和不合理部分，本院不予支持。

一审裁判结果如下：(1) 被告某县医院于本判决生效后 10 日内赔偿原告池某医疗费 35 258.71 元，护理费 24 000.00 元，住院伙食补助费1 100.00 元，营养费 440.00 元，交通费 3 000.00 元，伤残赔偿金 36 584.00 元，鉴定费 8 500.00 元，并支付精神抚慰金 10 000.00 元，合计人民币 118 882.71 元。(2) 驳回原告池某的其他诉讼请求。如果未按判决书指定的期限履行给付金钱义务，应当依照《中华人民共和国民事诉讼法》第 229 条之规定，加倍支付迟延履行期间的债务利息。案件受理费2 800.00 元，由原告池某承担 2 000.00 元，由被告某县医院承担 800.00 元。

双方当事人不服一审判决，提起上诉。二审经审理查明的事实与一审查明认定的事实一致。

二审法院认为：上诉人某县医院在为上诉人池某治疗过程中，植入池某体内的钢板发生了断裂，导致池某在承德医学院附属医院进行了二次手术，产生了相关的费用并出现了九级伤残的损害后果。上诉人某县医院植入上诉人池某体内的钢板规格与病历中的条形码不符，虽然上诉人某县医院提出了护士贴错等辩解理由，但是上诉人某县医院没有证据证明其所使用的钢板为合格的医疗产品，也不能提供证据证明自己的辩解理由，一审判决结合医疗机构的举证责任及司法鉴定机构“不排除钢板断裂与钢板质量之间存在因果关系可能”的鉴定意见，认定上诉人某县医院存在医疗过错，认定事实清楚，适用法律正确。由于上诉人某县医院的医疗过错，导致上诉人池某在2007年1月9日于某县医院出院后骨折处未能正常愈合，护理期限及护理费用大量增加，故上诉人某县医院应赔偿上诉人池某相应的损失。对于上诉人池某于承德医学院附属医院取出断裂钢板并行取髓内针固定、取髂骨植骨术医疗行为所产生的相关费用亦应由上诉人某县医院承担。由于上诉人池某所受伤害构成了九级伤残，上诉人某县医院应赔偿上诉人池某适当的精神抚慰金。上诉人某县医院提出的池某护理费、交通费、精神抚慰金数额过高，鉴定费用应由池某自担80%的理由不能成立。上诉人池某于2006年12月19日在上诉人某县医院住院21天所产生的医疗费用，是治疗原发性疾病所产生，不应列入赔偿范围。2009年2月9日，上诉人池某自己摔伤，造成右股骨粗隆间骨折，并入住承德医学院附属医院治疗，由于上诉人池某没有证据证明摔伤行为与上诉人某县医院的医疗过错间有因果关系，故上诉人池某于2009年2月9日至3月2日在承德医学院附属医院住院期间及出院后所发生的费用不应列入赔偿范围。上诉人提出的一审法院应支持上诉人池某取钢板、髓内钉的后继治疗费的主张，由于未实际发生，一审法院不予支持正确，上诉人池某可待实际发生后，另行主张权利。上诉人池某没有证据证明在承德医学院附属医院、某县医院、某县中医院、某县第二医院的门诊费用及药店买药费用用于治疗钢板断裂的病患，一审法院不予支持亦正确。综上，上诉人池某的上诉理由部分成立。

依据《中华人民共和国侵权责任法》第54条、第58条，最高人民法院《关于审理人身损害赔偿案件适用法律若干问题的解释》第17条、第18条、第19条、第21条、第22条、第23条、第24条、第25条之规定，确定上诉人某县医院对上诉人池某的赔偿项目及数额如下：（1）医疗费：2008年11月6日至11月28日，池某在承德医学院附属医院住院费用金额35 258.71元。（2）护理费：池某于2007年1月7日于某县医院治疗原发骨折疾病出院后至2008年11月6日入住承德医学院附属医院行钢板取出术共计 669 日，扣除池某合理的术后应休养期限 100 日，对于其余的 569 日，由于上诉人某县医院的医疗过错，致使上诉人池某骨折未能正常愈合且植入体内钢板断裂，上诉人池某不能正常生活，产生护理费用、营养费用等损失。对于上诉人池某内固定钢板折断后的护理期限，结合司法鉴定意见，本院亦酌定为 120 日。故上诉人池某须护理的期限为 689 日（569 日＋120 日）。对于护理费计算标准，在一审过程中，护理人员吴某提供了相关的收入证明，本院考虑到吴某的收入标准过分高于 2012 年度河北省职工年平均工资，为平衡双方利益，护理费计算标准按 2012 年度河北省职工年平均工资标准计算，即每日 99 元（36 166 元/年÷365 日），所以护理费合计为 68 211.00 元（99 元/日×689 日）。（3）住院伙食补助费：上诉人池某内固定钢板折断后在承德医学院附属医院住院治疗 22 天，其住院伙食补费为 1 100.00 元（50.00 元/日×22 日）。（4）营养费：结合上诉人池某年龄及侵权后果，本院确定为 13 780.00 元（20.00 元/日×689 日）。（5）交通费：本院亦酌定 3 000.00 元。（6）伤残赔偿金：36 584.00 元（18 292.00 元/年×10 年×20%）。（7）鉴定费：8 500.00 元。（8）精神抚慰金：参照上诉人池某的伤残等级，本院亦酌定为 10 000.00 元。以上合计人民币 176 433.71 元。

二审判决结果如下：上诉人某县医院于本判决生效后 15 日内赔偿上诉人池某医疗费 35 258.71 元，护理费 68 211.00 元，住院伙食补助费 1 100.00 元，营养费 13 780.00 元，交通费 3 000.00 元，伤残赔偿金 36 584.00 元，鉴定费 8 500.00 元，精神抚慰金 10 000.00 元，以上合计人民币 176 433.71 元。一审案件受理费 2 800.00 元，由上诉人池某承担 2 000.00 元，由上诉人某县医院承担 800.00 元。二审案件受理费 5 600.00 元，由上诉人某县医院承担。

【案例指导意义】

1. 医疗机构或者生产厂家不能提供所使用的医疗器械质检合格的有效证明，可推定该产品存在缺陷。

2. 患者的伤残等级可以作为计算精神损害抚慰金的依据。

3. 本案对于钢板断裂类似案例的赔偿科目的计算有指导作用，调解员应该对此予以把握并用于指导当事人对赔偿数额的预期指导。

五、错发药物案

本案医方有过失，护士发药的时候没有认真核对领取药物的患者身份，导致患者错服不该服下的药物造成纠纷。

（一）案情介绍

患者田某，女，45岁。因腰背疼痛3月，加重10天，于2014年4月28日入住某医院血液内科，于5月8日转入肿瘤内科继续治疗。诊断为：(1) 原发灶不明的全身多处转移癌；(2) 血小板减少症；(3) 颅内出血。经完善相关检查，予以抗多西他赛＋顺铂化疗、姑息性放疗等对症支持治疗后，患者胸背痛减轻，但仍有双下肢疼痛。2014年6月12日17时左右，患者突发意识障碍，急诊头部CT提示：颅内出血。患者家属在知悉病情及预后，于当日签字出院转当地医院继续治疗，患者于2014年6月13日死亡。患方因对患者住院期间抗肿瘤药物消癌平胶囊的领取和服用程序等治疗过程不理解而引发纠纷。

经过多次沟通与交流，患方家属对田某在医院的治疗过程充分了解，选择与医院调解解决。双方本着平等自愿、公平合理的原则达成调解协议。

（二）调解过程

2014年7月4日下午，医院医务部接受双方委托对此案进行调解。

调解会由医务部工作人员担任调解员，出席此案调解会议的医方代表有治疗科室的医生、护士长，患方代表有患者的丈夫、女儿等。调解一开场，调解员首先申明调解会的目的和程序，表示对患方家属提出的诉求进行了沟通和调查，希望双方代表冷静处理。

医方代表首先介绍了患者的治疗过程。随后患方代表提出，2014年6月9日下午17：30左右，护士刘某在患者的床边发放了消癌平胶囊和奥美拉挫镁肠溶片（本来是发给临床陈姓患者的），并且让家属签了字。患者服用后出现不良反应最终导致死亡。护士长就此事也已经承认错误，跟家属道过歉，现在要求医方能够道歉并承担相应的责任。护士刘某陈述了当日发药的具体情况：6月9日去发药的时候叫了陈某的名字，就有一个女孩从卫生间跑了出来，拿了药并签了字，因为不认识当时以为她就是陈某的家属。

调解员提出，既然医方对过错无异议，那么接下来就是商量如何确定具体的补偿数额。医方代表提出，虽然护士发药有一定的过失，但患者的死亡与服药之间的因果关系实在是很弱的。患者的病情严重是导致其死亡的主要原因。因此，补偿数额不可能很高。

（三）调解结果

患方本次住院医疗费用共计 85 930.56 元，医方同意减免其本次住院所欠医疗费用中医保自付部分 9 540.92 元；其余医疗费用等由患方自行承担。双方共同复印封存的病历资料自动解封，由医方作常规处理，双方纠纷就此一次性解决。

（四）过程评析

【调解启动】

此案调解由患方投诉启动，由院内调解结案。

【是否适用鉴定或专家咨询】

医患双方均未提起鉴定或专家咨询。

【双方争点评析】

1. 医方承认护士发放药物没有严格审核，导致患者服错药物，有一定的过错，但不是导致患者死亡的主要原因。

2. 患方要求医方赔偿 20 万元。

3. 医方坚持赔偿要与过错对等，20 万元无法接受。

【核心调解技巧或教训】

本案中医方虽有过错，但患者的死亡与其错误服用药物的因果关系非常微弱。虽然本案没有经过鉴定，过错参与度并不十分明确，但患者死亡显然不可能是错服一次药物造成的。本案调解过程中，调解员从这一点出发，一步步降低患方的期待值，缩小医患双方认可的赔偿数额的差距，最终促使双方达成协议。

（五）参考案例

【案例名称】

王瑞卿与北京积水潭医院医疗损害责任纠纷，案号为（2012）西民初字第 23230 号。

【案例内容】

本案中被告医院药房误将“氢氯噻嗪片”当作“颠茄片”发放给患者。

一审法院经审理查明：2011 年 3 月 22 日，原告就诊于积水潭医院肾内科，被诊断为泌尿系感染、外痔。医生为原告开具莫匹罗星软膏 3 支、颠茄片 11 袋。其中莫匹罗星软膏金额共计 42.27 元，颠茄片金额共计 8.54 元。原告就其他医疗费以及误工损失、营养费等诉讼请求，未提供证据。

本案在原告诉讼前，经双方当事人同意，本院组织双方当事人进行诉前鉴定。原告申请就积水潭医院是否存在医疗过错及伤残等级进行鉴定。经双方当事人协商确定北京法源司法科学证据鉴定中心进行上述鉴定。该中心出具的《法医学鉴定意见书》载明：患者就诊积水潭医院肾内科，医院诊断为泌尿系感染、外痔，并给予莫匹罗星软膏、颠茄片，但医院误将“氢氯噻嗪片”当作“颠茄片”发放给患者，患者共服用 5 片，每片 25 毫克。依据患方书面陈述意见和本次听证会时所述，患者因错吃药导致肾中毒，肾小管天天排血、腰疼，尿道疼，每晚起夜六七次不能正常休息，心电图发现心跳过速，体内水电解质功能紊乱。关于氢氯噻嗪，根据《药理学》教科书及药物说明书，氢氯噻嗪为中效能利尿药物，也是临床广泛应用的一类口服利尿药和降压药。该药物口服吸收快但不完全，口服 2 小时起效，4 小时作用达峰值，可持续 6～12 小时，主要以原形药物从尿排泄，t1/2 为 15 小时。不良反应有：(1) 水电解质紊乱所致的副作用较为常见；(2) 高血糖症；(3) 高尿酸血症；(4) 过敏反应；(5) 血白细胞减少或缺乏症、血小板减少性紫癜等亦少见；(6) 其他，如胆囊炎、胰腺炎、性功能减退、光敏感、色觉障碍等，但较罕见。大多数不良反应与剂量和疗程有关。本案患者一次性服用的剂量为 125mg，原则上用药后可出现尿量增多、血压下降、电解质紊乱（低钾、低钠、低氯）等，但本案患者并未长期服用，故该情形的出现一般情况下为一过性，待药物完全排出体外后以上症状即可缓解，结合该药半衰期，一周左右即可完全排出体外。关于患者的损害结果，审查现有法院送检资料，患者 2011 年 3 月 22 日服药，但在 2011 年 3 月 22 日至 5 月 21 日近两个月期间未见就诊相关病历资料，缺乏服药后近期出现药物不良反应的医学证据，2011 年 5 月 21 日和 2011 年 11 月 19 日患者分别行尿常规和生化检查，尿常规报告结果未见明显异常，生化报告提示葡萄糖稍升高、磷和钾稍降低；2012 年 6 月 8 日分别行尿常规和生化检查，尿常规报告结果提示白细胞＋，生化报告提示葡萄糖稍升高、磷和钾稍降低。但以上结果均与参考区间高值或低值有较小差异，结合氢氯噻嗪半衰期和检查时间，该差异与氢氯噻嗪所致结果的因果关系难以明确。2012 年 7 月 15 日超声检查报告显示，患者目前尚未出现肾脏的不可逆性损害，故依据现有送检病历资料，患者所述肾中毒、肾小管天天排血的主诉尚缺乏病历资料支持。依据 2012 年 8 月 3 日超声心动图报告，患者目前存在左房增大、室间隔略增厚、左室舒张功能减退等心脏器质性改变，结合现有医学研究结果，尚未有文献报道一次大剂量氢氯噻嗪导致心脏以上器质性改变的医学案例或研究结果。结合患者在积水潭医院既往就诊记录，患者腰疼、尿道疼等症状与泌尿系感染具有关联性。综上所述，积水潭医院在对患者的医疗行为中误将“氢氯噻嗪片”当作“颠茄片”发给患者，医院的医疗行为存在过错，该过错行为可导致患者出现一过性尿量增多、血压下降、电解质紊乱（低钾、低钠、低氯）等，但患者目前提出的损害结果尚缺乏病历资料或医学研究、文献报道等证据支持。审查送检病历资料，结合本次法医学查体所见，依据北京司法鉴定业协会《人体损伤致残程度鉴定标准》之规定，被鉴定人目前状态尚未达到伤残等级的评定要求。

一审法院经审理认为，医疗机构及其医务人员在医疗活动中，违反医疗卫生管理法律、行政法规、部门规章和诊疗护理规范、常规，过失造成患者人身损害的，应当承担民事责任。本案中经原告申请，本院委托进行了医疗过错司法鉴定。本院结合鉴定意见，对积水潭医院是否存在医疗过错，是否造成原告身体损害进行认定。

根据上述鉴定意见可以证实，积水潭医院误将氢氯噻嗪片当作颠茄片开具给原告，存在医疗过错，应当承担因此给原告造成的损害后果。根据鉴定人的意见，上述医疗过错会造成原告一过性尿量增多、血压下降、电解质紊乱等。由此引发原告的各项合理损失，积水潭医院应当予以赔偿。原告就其治疗上述症状的医疗费未提供证据，本院不予支持。上述症状为一过性，待药物完全排出体外即可缓解，鉴定人亦认为结合半衰期，一周左右即可完全排出体外。考虑到原告因上述一过性症状需要休息、治疗，本院对其因病误工的时间酌定为 2 周。原告主张的误工损失数额，基本符合本市平均工资水平，本院予以支持。根据鉴定人的意见，原告主张的医疗过错给其造成其他不可逆转的身体损害尚缺乏证据支持，本院对原告主张的其他误工损失不予采信。积水潭医院因过错，给原告造成一过性的身体损害，为恢复身体，原告需要一定的营养补充。就合理的营养费，本院予以酌定。由于积水潭医院的医疗过错，给原告造成一过性的身体损害，同时因误服药给原告造成心理影响，积水潭医院应当赔偿原告一定的精神损害抚慰金。原告主张的精神损害抚慰金数额属合理范畴，本院予以支持。司法鉴定认定积水潭医院存在医疗过错，因此相关鉴定费应当由该院承担。

判决结果：被告北京积水潭医院赔偿原告王瑞卿误工费 3 000 元、营养费 2 000 元、精神损害抚慰金 1 000 元。驳回原告王瑞卿的其他诉讼请求。案件受理费 2 300 元，由原告王瑞卿负担 2 000 元，被告北京积水潭医院负担 300 元。鉴定费 8 700 元，由被告北京积水潭医院负担。

【案例指导意义】

1. 根据鉴定意见，本案医院因错发药物的过错给患者造成的是“一过性尿量增多、血压下降、电解质紊乱等”后果，但患者未提供其治疗上述症状的医疗费证据，因此法院未支持患者关于医疗费的诉讼请求。

2. 但是，法院支持了合理的误工费、营养费，以及合理的精神损害抚慰金。

第六章　护理纠纷调解

护理纠纷，是指基于护理不符合护理规范而引发的医患纠纷。俗话说“三分治，七分养”。护理对患者的治疗和康复有非常重要的意义。护理不当造成患者损害的，医方也应该承担相应的损害赔偿责任。

一、看护不当自杀死亡案

本案患者在手术室等候区等候手术时冲开周围护士的阻拦，跳楼身亡。患者有幻听症，但医方事先没有充分询问和掌握患者病史，在无家属看护的手术等候区对患者的看护措施不够到位，医方有过错。

（一）案情介绍

患者唐某，男，56 岁。因突发腹痛 1 天，于 2014 年 1 月 29 日入住某医院普外二科。诊断为：(1) 弥漫性腹膜炎；(2) 腹痛查因：1) 消化道穿孔？2) 消化道肿瘤？(3) 肾结石。经完善相关检查及术前准备后，拟于当日在全麻插管下急诊行剖腹探查：消化道穿孔修补术。患者于当日中午 12 时接入手术室，在等候手术期间，趁护士不在场，自行拔出胃管及静脉通路，从 6 楼手术室跳楼自杀，坠落至 1 楼空坪，致全身多器官严重受损。事件发生之后，该院医务人员立即对患者进行现场紧急抢救，后又将患者送入手术室继续抢救，并向公安机关报案，经积极抢救无效。2014 年 1 月 29 日 13：00，患者死亡。经公安机关侦查，确定为自杀。

患方家属对其跳楼自杀身亡不理解而引发纠纷。在医务部调解之下，医患双方、相关专家及顾问律师就患者在医院整个医疗过程、患者跳楼后救治过程、死亡原因、法律相关规定等进行了沟通和调解，双方本着平等自愿、公平合理原则达成了调解协议。

（二）调解过程

2014 年 1 月 30 日下午，医院医务部接受委托对此案进行调解。

院内调解：调解会由医院医务部的工作人员担任调解员，出席调解会的医方代表有谢医生、谢护士、王护士。患方代表有患者的妻子、父亲、兄弟、侄女等。调解一开场，调解员首先介绍双方参加人员，申明了调解会的目的和程序。医方由现场在场护士首先发言，介绍了当时的情况：当天上午 11：50 左右，患者被送到手术室，经询问相关病情，做了术前准备。患者当时神志清醒并无异常，值班护士接到病人之后只有短短几分钟时间就到了中午交接班时间，接班护士接班后，觉得病人情绪稳定无异常。但一转眼，就看到患者已经在走廊上，冲向器械房。患者冲进器械房后推开医生和护士，护士试图用推车挡住患者向前冲，被患者推开，护士马上出去喊人帮忙，这时患者已经推开护士长等人爬到窗户上，并用脚踹了实习的同学和医生。第一个听到呼救的医生马上进入器械室给患者做工作，患者情绪非常激动，一直用脚踹他。大家不敢贸然上去抢救，怕患者失去重心跌下。在大家反复劝说下，患者似乎同意转身下来，却突然从窗户跳了下去。患方代表对医方描述的过程表示不能认同，认为患者不会无理由寻死，一定是遭遇了什么不公正的对待。调解员试图调和双方的差距，无果。

2014 年 2 月 1 日上午，医院辖区所属派出所出面对此案继续调解。

派出所介入调解：调解会由该派出所民警周某担任调解员，医务部一位工作人员受手术室委托作为医方代表参加调解会，患方代表仍然是患者的妻子、妹妹等亲属。调解一开场，调解员提出，患者的死亡原因经警方初步调查认定为跳楼自杀，患方在处理此案时出现了一些不理智甚至打架斗殴的违法行为，希望患方能够冷静妥善处理问题。患方代表提出，不能确定患者死亡到底是跳楼自杀还是用药造成的，甚至有可能是护士与患者发生争吵，患者情绪被激化才跳楼的，希望医方能给个说法。此外，患方代表还特别强调，家里有亲戚是省里主要领导，尽管已经退休，但还是有途径向领导反映，希望医院重视。现在社会上死一个人要赔 50 万～60 万元，丧葬费也要 10 多万元，患者家里还有 20 多万元贷款，子女都未成家，希望医院承担应该承担的责任，作出赔偿。调解员建议患方提出具体的赔偿数额，患方要求 100 万元。对此数额，医方表示无法接受，拒绝继续讨论。调解第二次无果。

2014 年 3 月 4 日下午，第三次调解会举行。

派出所介入调解：调解会仍然由某派出所民警周某担任调解员，医方代表有医务部工作人员、护士长谢某、主治医师丁医生和法律顾问，患方代表是患者的儿子等多名亲属及代理律师。调解一开场，调解员代表医院对患者跳楼身亡表示哀悼和遗憾，对患者家属表示慰问。患方代理律师首先发言，向调解会的在场人员宣读了患者在医院手术准备期死亡的法律意见书，要求医院承担 100%的赔偿责任。医方顾问律师提出，患方法律意见书要求医方承担 100%的责任于理不通、于情不合，医方的观点是不应该也不可能是 100%的责任。根据相关法律规定，一方有主观故意行为所导致的后果，对方是可以免责或者减轻责任的。双方无论通过调解还是诉讼途径解决纠纷，都必须在法律框架之内。听了双方律师的发言之后，调解员建议说，患方家属的心情可以理解，但是维权方式不够理性，患方先动手打人的情形在监控视频中看得清清楚楚，证据确凿。医方代表丁医生提出，本次调解既然双方律师都参加了，可以由双方律师根据相关的法律条款进行责任认定，讨论赔偿问题。如果能签订调解协议最好，如果不能也不要再浪费时间，可以通过其他法律途径解决问题。

经过反复多次沟通与交流，医患双方本着平等自愿、公平合理原则最终达成了调解协议。

（三）调解结果

医方同意支付人民币 45 000 元，包括死亡赔偿金、医疗费、护理费、被扶养人生活费、精神损害抚慰金等法律规定的赔偿，一次性解决纠纷。双方不得再就此事件以任何形式向对方主张赔偿及其他权利。纠纷发生后，因争议而发生的肢体冲突事件，双方均放弃对该事件责任的追究和赔偿要求。

（四）过程评析

【调解启动】

此案调解由患方投诉启动院内调解，后有派出所介入调解，最后经院内调解结案。

【是否适用鉴定或专家咨询】

医患双方均未申请鉴定或专家咨询。

【双方争点评析】

1. 患方要求医院对患者的自杀负全部责任，派出所明确告知患方，经侦查查明患者是跳楼自杀。患方仍然纠缠死因，并提出了高达百万元的赔偿要求。

2. 患方认为己方理直气壮，一名代表还动手打伤医院保安人员，调解室的监控录下全程，反而使得己方陷入被动的情境。

3. 医方承认有看护不周的责任，但不同意承担患方要求的全部责任，认为应该按照过错程度承担相应的责任。

【核心调解技巧或教训】

此案的处理，由于患方不遵守调解程序，调解员需要时时对违规行为进行劝解。实际上，根据调解的规定，如果当事人同意选择调解，在程序进行过程中，应该完全遵从调解员指示行事，而此案中当事人对调解员缺乏应有的尊重，当着调解员的面殴打维持秩序的工作人员。这恰好给了调解员打破僵局的机会，采用"适当强制法"，提醒患方触犯治安管理法甚至刑法的行为，使得其态度无法过分强硬，不得不回到谈判桌上来讲理。因此，适时把握时机打破僵局，是本案最核心的调解技巧。

对医院来说，本案的教训是对患者既往病史的了解要引起足够的重视。本案患者只是有轻微的精神疾病，尚不是法律意义上不具有完全民事行为能力的精神障碍患者，如果是，医院的责任要重得多，尤其当时患者独自待在无家人陪护的手术等候区。这提醒医疗机构要重视对患者既往病史的了解，关注照护的细节。

（五）参考案例

【案例名称】

俞雯、厉阿琴与舟山市第二人民医院医疗损害责任纠纷，案号为（2015）舟定民初字第505号。

【案例内容】

2006年，本案患者俞谷章所在单位中国水产舟山海洋渔业公司将其托管在被告处康复治疗，入院后诊断为偏执型精神分裂症。2015年，该患者在被告医院上吊自杀身亡。原、被告对赔偿事宜未能协商一致，二原告起诉。

一审法院经审理认为：监护具有法定性，俞谷章虽托管于被告处，其监护人的监护责任并未转移。原告关于被告应对俞谷章承担监护职责的主张，本院不予采纳。请求权竞合下，原告已确定按侵权主张权利，被告关于本案属医疗服务合同纠纷的主张，本院不予采纳。俞谷章因自杀死亡一节，双方并无争议，本案的焦点在于被告对俞谷章的医疗和护理行为是否存在过错。俞谷章患偏执型精神分裂症，被托管于被告处住院治疗，对于被告对俞谷章的病情诊断，原告无异议，对于被告的用药等针对患者的治疗行为，原告亦无异议，故需审查的是被告的护理行为和事发当天的相关治疗行为及处置行为是否存在过错。首先，根据俞谷章的病情，被告安排二级护理，并无不当。其次，原告认为被告的护理未到位，但对事发日前，被告是否存在护理不当一节，原告未能予以证明，故不能认定被告有这方面的过错。再次，事发当日，俞谷章在自杀前曾经头部受伤，俞谷章患偏执型精神分裂症，受伤之类的意外可能引出相应症状，对此，被告作为专业医院，应予注意。被告虽及时对俞谷章的创伤予以治疗，却未对其之后的精神状态和行为加以关注，其在治疗和护理上有一定过错。此外，俞谷章死亡系其实施自杀行为所致，被告的过错并不直接导致其死亡，故不应课以重责。又，患者的自杀行为具有冲动性、突发性、隐蔽性，且长期以来，俞谷章的自杀风险评估仅是低风险，病情表现亦较稳定，故被告在治疗和护理上的过错并不严重。再，被告收治患者系承担公益性社会义务，对其所承受的患者自杀一类的难以规避的风险，应予以客观评估，酌情减轻其需承担的民事责任。

综上，被告认为自身无过错的抗辩，本院不予采纳，但原告要求被告赔偿全部损失之主张，本院亦不予支持。另，原告主张俞谷章头部受伤疑系被被告的工作人员推倒在地所致，缺乏证据证明，本院不予采信。事发后，被告通知俞谷章家属时所作陈述不实，出具的出院记录内容不实等节，确属处置不当，但此一过错与俞谷章死亡后果之间无因果关系。俞谷章死亡的损失，核定如下：死亡赔偿金 807 860 元、丧葬费 24 186 元、被扶养人生活费 68 105 元、医疗费（含外购药费和医疗辅助用品费）62 558.55 元、交通费 180 元、住院伙食补助费 450 元，合计 963 339.55 元（精神损害抚慰金另计）。扣除已支付的住院医疗费 48 194.20 元，被告应再酌情赔偿 200 000 元（含精神损害抚慰金）。

【案例指导意义】

1. 法院认为本案中的医疗机构收治患者系承担公益性社会义务，对其所承受的患者自杀一类的难以规避的风险，应予以客观评估，酌情减轻其需承担的民事责任。

2. 本案并无鉴定意见，法院对于患方（原告方）的损害赔偿数额是酌情确定的，约占患方全部损失的20%。

二、无人看护摔倒案

本案医方在病房管理方面有一定的过失，患者入院后因本人原因在病房卫生间滑倒，导致其不到24小时后死亡。

（一）案情介绍

患者金某，男，82岁。因咳嗽咳痰气促30年，再发10余天，于2013年12月25日入住某医院呼吸内科治疗。诊断为：（1）慢性阻塞性肺疾病（急性加重期）：1）慢性肺源性心脏病（失代偿期）；2）呼吸衰竭？（2）支气管肺炎。（3）高血压病（2级 极高危）。（4）冠心病（心绞痛型）、不稳定型心绞痛。经完善相关检查，予以抗感染、止咳化痰、降压护心等对症支持治疗。12月26日上午患者如厕时摔倒，并出现昏迷、双侧瞳孔不等大，经积极抢救无效，于当日死亡。患者家属因对患者摔倒、死亡不理解而引发纠纷。双方就此事件进行了多次沟通与协商，于2014年2月6日达成协议，一次性解决此纠纷。

（二）调解过程

2014年1月某日下午，医院医务部接受委托对此案进行调解。

调解会由医务部的工作人员担任调解员，医方代表是科室护士，患方代表是患者的女儿和儿子。调解员首先对患者的不幸去世表示哀悼，也对家属表示慰问，希望医患双方能冷静、依法处理纠纷，避免过激行为的发生。患方代表先发言，患者当天早晨起床后到走廊散步，大概在外边待了3～5分钟。看到他从厕所出来回到病房后，邻床病人家属连续叫了患者两声，患者没有答应，感觉有些不对劲，而且看到他右眼外有血迹，就匆忙到护士站去叫护士，护士赶过来将患者扶到病床上。随后家属和医生赶到病房，采取了一些治疗措施。患方另一位代表补充道：根据邻床病人家属的说法，患者是 7：15 左右摔倒的，而病历记录是 7：35 如厕，与实际情况有很大的差别，医生说过了半个小时就没有抢救价值了，而这期间延误了这么久，肯定耽误了治疗时机。为回应患方的质疑，医方代表就患者的病情、治疗经过以及摔伤后的救治过程作了详细的介绍。

患方其中一位代表又补充道：当天早晨七点多我赶到医院，发现患者正在被抢救，于是马上打电话通知其他兄弟姐妹。家属明明给医院留了电话，但是为什么自始至终都没有接到医院或医生的电话通知？患者死后在化妆的时候被发现头部还在流血，用棉签擦干后还是渗血，后来在头皮里找到了一块白色的瓷。这些都证明医方的失职以及不负责任。患方另一位朋友身份的代表提出，患者是一位八十多岁的老人，因住院期间摔倒后救治无效死亡，尽管摔倒的原因很难确定，但是毕竟是在医院摔倒的，医院不可能没有一点责任，厕所的防滑垫是否安装到位，以及厕所地面是否有水？一般人在商场摔倒，商场都要负责任，所以对于患者的死亡，医院应该负主要责任。另外，护士对病房的巡视也没有达到标准，患者也不可能死于心梗或者中风，如果是那样，患者不可能独自从厕所走回病房。

调解员认真听完患方的发言后提出，患方虽然列举出了一些证据证明，但所言以推测为主，因果关系的逻辑证明并不牢靠。既然申请调解，一味要求医方承担责任也是多说无益。是否考虑提出一个合适的调解方案。随后，患方提出了数十万元的赔偿请求。医方代表要求患方列明赔偿数额的计算方法以及相关法律依据。看到费用计算方法之后，医方表示精神损害赔偿请求过高，无法接受。调解员向患方提出，本案的核心问题在于患者死因不明确，到底是“因摔致病”还是“因病致摔”说不清楚，何况患者高龄无人陪护，并不全是医方过错。在如此反复做工作磋商之下，医患双方达成协议。

（三）调解结果

医院补偿患者现金人民币 16 000 元，患者已经发生的治疗费用由患方自己承担。双方一次性解决此纠纷。

（四）过程评析

【调解启动】

此案由患方投诉启动，由院内调解结案。

【是否适用鉴定或专家咨询】

医患双方均未提起鉴定或专家咨询。

【双方争点评析】

1. 医方认为患者高龄无人陪护，是其摔倒的主要原因，应该由患方承担责任。

2. 患方认为患者入院准备治疗之后的第二天即因跌倒导致死亡，在案件处理之时已经无法调查跌倒原因，医院病房管理有瑕疵，医方应该承担全部责任。

【核心调解技巧或教训】

本案患者虽然是自己跌倒，但患方指责医院护理不到位，并延误治疗时机。由于患方家属在事件发生时并不在现场，从证据的角度看，援引的均为传来证据，双方对责任各执一词也是正常的。在这种情况下，调解员应告知患方在法庭上此案的责任认定情况，以降低患方期望值，促进调解协议的达成。同时，鉴于此案的发生与医方的病房管理有一定关联，对于高龄患者一定要加强陪护管理。调解员可以在事后用此案例提醒医方通过此次事件提高病房管理水平。

（五）参考案例

【案例名称】

原告刘恩珍诉被告辽源市中医院医疗损害责任纠纷，案号为（2016）吉 0402 民初 1893 号。

【案例内容】

原告因从病房卫生间退出至卫生间门外时摔倒，致右股骨粗隆间粉碎性骨折，与被告因赔偿问题发生纠纷。

一审法院经审理认为：原告因心脏病入住被告辽源市中医院住院治疗，双方形成医疗服务合同关系，被告不仅应该向原告提供合格的医疗服务，而且应在住院设施、条件及服务方面为原告提供安全保障，被告保洁员拖地未将地面擦干导致原告摔伤，被告应负主要责任；原告本身缺乏注意，应负次要责任。原告委托代理人主张系原告踩到拖布上被被告保洁员拽拖布拽倒，无证据支持，不予认定。原告是在卫生间内洗头，洗头弄湿的是卫生间的地面，原告摔倒的位置是病房卫生间门外，故对被告主张系原告洗头将地面弄湿而摔倒，不予认定。原告无医嘱至西丰县郜家店治疗费用不具有合理性，不予保护；原告购买的气垫床、轮椅、成人护理垫确属原告病情所需，应予保护。综上，被告应赔偿项目和数额如下：医疗费 5 000 元，住院伙食补助费 31 900（100 元/天×319 天），护理费 46 394.88 元（一级护理 65 天×2 人×120.82 元/天·人=15 706.60 元，二级护理 254 天×120.82 元/天=30 688.28 元），伤残赔偿金 24 900.86 元（24 900.86 元×5×20%），精神抚慰金 10 000 元，交通费（未举证）酌定 300 元，鉴定费 2 300元，律师代理费 3 000 元，以上共计 123 795.74 元的 75%，即 92 846.80 元。

【案例指导意义】

1. 医疗机构应该为病房管理方面的瑕疵，例如拖地留下水渍造成患者的损害承担赔偿责任。责任的大小，则视案件具体情形而定。本案判决医疗机构承担主要责任，比例定为 75%。

2. 本案患者构成九级伤残，法院支持了精神损害抚慰金。

3. 本案判决对患方律师代理费请求予以支持。

三、重症监护室护理不到位案

本案是一起交通事故外伤治疗纠纷，患者在重症监护室治疗时护士有疏忽，护理不到位。尽管患者的死亡不是由护理决定的，但医方应该重视医疗安全、质量管理和自己的过错，防止类似错误再次发生。

（一）案情介绍

患者赵某，男，20 岁。因车祸致重度颅脑外伤于 2009 年 11 月 16 日入住某医院神经外科重症监护室，入院诊断为重度颅脑外伤：（1）脑内血肿；（2）硬膜下血肿；（3）脑肿胀。入院后急诊 CT 显示脑挫伤，立即予以抢救，给予抗感染、止血等治疗。2009 年 11 月 18 日复查 CT 显示血肿无明显增大、脑水肿较前明显，向患者家属说明病情，家属要求暂保守治疗，后经抗感染、抗水肿等积极治疗。2009 年 11 月 20 日发现患者呼之不应，医院给予积极抢救，于当日下午宣布抢救无效患者临床死亡。患者家属因对赵某的治疗效果及死亡不理解而与该院发生纠纷。

（二）调解过程

医患双方就此案经过多次沟通与交流，最后申请某区联合人民调解委员会进行调解。

人民调解： 调解会由两位人民调解员主持，医方代表是医务部工作人员、治疗科室的主治医生及护士，患方代表是患者的父母。医方代表首先发言，承认在重症监护室没有及时发现患者病情变化，过错很明显，对过错无异议。患方询问医方代表是否有权无须请示上级即对赔偿数额作出决定？医方代表表示可以决定。患方随即提出 50 万元的赔偿请求，医方代表认为患方要求过分，即使有过错，这一过错与患者死亡之间的因果关系关联度不高，最多只有 10%的责任，不同意患方如此巨额的赔偿方案。

调解会举行当天，患方组织了一百多人到医院围观，试图以此威胁医院答应患方提出的赔偿请求。当晚调解会持续到深夜，医方也没有同意患方提出的 50 万元的调解方案，患方于是非法限制了医方一位代表的人身自由，禁止其离开。调解员劝解患方无效，导致该医方代表一夜未眠。

第二天上午，当地政府工作人员赶来参与调解，由于患方前夜有违法限制人身自由的行为，患方意识到理亏，行为有所收敛，调解比之前进行得顺利很多。医方在调解会上再次提出，进重症监护室之前已经反复告知患者的死亡无法避免，抢救的意义不大。同时，虽然此案没有提交鉴定，但患方要求的赔偿数额不能太高，导致患者死亡的原因不是护理失误，而是患者病情的发展。调解员提醒患方提出的方案在赔偿数额的计算方面要有法律依据，还应该考虑造成患者损害的主因是车祸，不是医院的治疗。没有法律依据的赔偿请求是无法得到支持的。

第二天上午的调解顺利达成协议，双方向辖区基层人民法院申请进行司法确认，纠纷得以最终解决。

（三）调解结果

医院一次性支付给患方人民币 56 000 元整（不含火化等费用），并于 2009 年 11 月某日上午前给付完毕；患方在 2009 年 11 月某日前办理结账出院手续，住院费用自理；患方同意在 2009 年 11 月某日将患者遗体交殡仪馆进行火化。

（四）过程评析

【调解启动】

此案调解由患方投诉启动，通过某区联合调解委员会人民调解达成协议，并经法院司法确认结案。

【是否适用鉴定或专家咨询】

患方申明对患者在医院的治疗过程、医疗纠纷处理程序和相关法律法规已充分了解，自愿放弃医疗事故鉴定。

【双方争点评析】

1. 医方认可护理不到位，重症监护室是 24 小时特医特护，护士没有及时发现病情变化存在过错。

2. 医方认为患者的病情是导致死亡的主要原因，即使护士当时及时发现了病情变化，患者的死亡也不可避免，因此坚决不同意承担全部责任。

3. 患方认为虽然患者病情十分严重，抢救未必能够成功，但没有及时发现是不可原谅的过错，应该承担全部责任。

【核心调解技巧或教训】

本案调解时，患方组织了一百多人到医院示威，十分强势。在其中一轮调解过程中，患方甚至非法限制了一位医方代表的人身自由。调解员不但要调解此案，还需要防止出现更大的纠纷，因此在调解过程中，稳住局面，减轻患方给医方的压力是调解员需要考虑的主要问题。本案调解员采用了“寻找关键人物法”，找出患方真正可以做主的那位代表，反复做他的工作，寻找突破口，最终获得成功。

（五）参考案例

【案例名称】

上诉人王安、王军与被上诉人株洲市中心医院医疗损害责任纠纷，案号为（2017）湘 02 民终 590 号。

【案例内容】

本案原告主张患者在株洲市中心医院住院治疗时曾摔倒导致其加速死亡，医疗机构对该情况处置不当，存在过错，双方就赔偿问题没有达成协议，发生纠纷。

一审法院经审理认为，本案系医疗损害责任纠纷。本案争议的焦点为：（1）原告方因患者贺实宜的死亡产生的损失如何确定？（2）被告的医疗行为是否存在过错？如有过错，与原告方的损失是否有因果关系？具体分析如下。关于原告方的损失，根据《中华人民共和国侵权责任法》及最高人民法院《关于审理人身损害赔偿案件适用法律若干问题的解释》的有关规定，结合 2015—2016 年度湖南省人身损害赔偿标准，对原告方的损失认定如下：(1) 医疗费，根据医疗费发票，个人支付的医疗费为 20 172.24 元；(2) 陪护费认定为 2 000 元； (3) 死亡赔偿金为 28 838 元/年×19 年＝547 922 元；(4) 丧葬费为 24 264 元；(5) 精神损害抚慰金，本院酌情认定为 30 000 元。以上第 (1) ～ (5) 项合计为 624 358.24 元。关于被告的诊疗行为有无过错，患者在医疗机构的重症监护室接受治疗，应当有医护人员全天候全方位的监护。本案患者贺实宜在被告重症监护室期间意外摔倒在地，并造成颅骨骨折及硬膜外血肿的后果，被告医护人员监护不到位，具有过错。在患者摔倒之后被告并未及时告知患者家属，也未及时对其实施全面的检查和治疗。在 2014 年 2 月 3 日对患者行永久性心脏起搏器植入手术时，被告并未将患者硬膜外血肿作为手术参考因素，被告也具有过错。

虽然患者的最终死亡原因未经法医鉴定，本案病历的责任划分也未经司法鉴定，但鉴于被告在诊疗过程中确实存在上述过错，同时考虑到患者当时的身体状况及所患疾病的复杂性，本院酌情认定被告承担原告方 30％的损失，即认定被告向原告方赔偿损失 187 307.47 元（624 358.24 元×30％），扣除已赔付的 10 000 元，被告还应向二原告赔偿损失 177 307.47 元。

一审判决作出之后，原告不服一审判决，提出上诉。

二审法院经审理认为，两上诉人王安、王军认为被上诉人株洲市中心医院在对患者贺实宜进行治疗期间存在三方面的过错：监护不到位，导致患者贺实宜在重症监护室摔倒并造成颅骨骨折及硬膜外血肿；向患者家属隐瞒摔倒的事实；对患者行永久性心脏起搏器植入手术时，未将患者硬膜外血肿作为手术参考因素。对此，一审法院均已认定被上诉人存在过错，并据此酌情判决被上诉人株洲市中心医院承担 30％的赔偿责任。然而本案患者病情复杂，病故后又因上诉人的原因未做尸检，死亡原因无法确定，鉴定机构亦无法对被上诉人是否存在过错以及过错与患者死亡之间的因果关系作出鉴定结论，故上诉人基于被上诉人存在上述三个方面的过错请求本院改判被上诉人承担全部赔偿责任缺乏证据支持。综上所述，上诉人王安、王军的上诉请求不能成立，应予驳回；一审判决认定事实清楚、适用法律正确，应予维持。二审案件受理费 8 990 元，由上诉人王安、王军负担。

【案例指导意义】

本案未做尸检，鉴定机构无法对医疗机构的行为与损害后果之间的因果关系及参与度进行判断。法院鉴于医疗机构在诊疗过程中确实存在过错，同时考虑患者当时的身体状况及所患疾病的复杂性，以及是患方的原因导致患者死因无法查明，酌情认定医疗机构承担患方 30%的损失。

四、医护沟通不良案

本案的患者在手术后反映有呼吸困难，家属把情况告诉护士，护士看了之后没有处理，也没有及时通知医生。护士在患者生命体征减弱并发生严重窒息之后才通知医生，错过了最好的治疗时机。

（一）案情介绍

患者成某，男，40 岁。因发现颈部肿块半年，于 2013 年 10 月 26 日入住某医院耳鼻喉科，诊断为：甲状舌管囊肿。经完善相关检查及术前准备后，于 2013 年 10 月 30 日在全麻下行甲状舌管囊肿切除＋等离子止血术。术后当晚 21：10 患者突发窒息致呼吸心搏骤停，立即予以心肺复苏、床旁气管切开等对症处理，后转入神经内科 ICU 予以降颅压、消除脑水肿等继续治疗。为求进一步治疗，于 11 月 12 日转入外院行高压氧治疗，患者神志仍无明显好转，于 2013 年 11 月 25 日再次入该院神经内科 ICU 住院治疗。经积极治疗后，患者病情稳定，于 2014 年 1 月 24 日转入神经内科普通病房予以抗感染、保持气道通、促醒、护脑、营养支持、控制癫痫发作等治疗，2014 年 11 月 28 日办理出院手续。目前经鉴定，患者属于植物生存状态，无民事行为能力。

患方家属因对其在该院的诊疗过程及疗效不满意而引发纠纷，医患双方就此事件进行了多次沟通与交流，但未能达成一致意见。患方于 2014 年 11 月 5 日向某区人民法院提起民事诉讼。经法院开庭审理并多次组织调解，最终医患双方就补偿问题达成协议，由法院出具了民事调解书。

（二）调解过程

此案经院内沟通调解过很多次，没有成功，后双方申请人民调解委员会调解，也未成功，最后是通过法院调解达成协议。

2014 年 8 月 28 日上午，某区联合调解委员会接受医患双方委托对此案进行调解。

人民调解：调解委员会主任担任调解员，出席的医方代表有医院治疗科室护士长、医院法律顾问，患方代表有患者的妻子、儿子等。调解一开场，调解员首先对双方人员进行简单的介绍，申明此案调解会的目的和程序，并告知调解的工作性质和原则。医方代表发言表示，双方已经就患者在本院的治疗过程进行过多次沟通，今天再次通过人民调解的形式进行沟通，希望患方能把想法和意向告诉医方，以便及时作出评估，向上级汇报。能达成协议固然好，如果不能也可以及时通过其他法律途径解决。患方回复说想法很明确，希望医院减免所有的医疗费，并且赔偿各项赔偿金共 170 万元。医方律师提出，170 万元赔偿数额过于巨大，即使医院负全部责任，计算结果也没有这么高。何况，医院还不应该承担百分之百的责任。因此建议医患双方共同申请鉴定来分清责任，责任明确之后，医方根据责任比例来承担相应的责任。调解员也认为患方的请求数额过于巨大。随后，调解员与患方进行了一次单方商谈，但患方仍然坚持己见，人民调解没有达成协议。

（三）调解结果

经法院调解，医方同意减免患者在医院两次住院医疗费用共计人民币 814 407.16 元；其余医疗费由患方自行承担。在双方签署协议后 3 日内，患方应将患者移离医院；在患者离院之后，医方根据法院调解书所确定数额支付患者的残疾赔偿金、后续治疗费、营养费、护理费、被扶养人生活费、精神损害抚慰金共计人民币 895 000 元整，各方不得再就此事件以任何形式向对方主张赔偿及其他权利。

（四）过程评析

【调解启动】

此案调解由患方投诉启动，院内调解、人民调解均不成功，最后由法院调解结案。

【是否适用鉴定或专家咨询】

医患双方均未提起鉴定或专家咨询。

【双方争点评析】

1. 医方承认在沟通方面存在问题，延误了时机，有一定的过错，但患者的病情凶险是明确的，因此对患方要求医方负全部责任有异议。

2. 医方认为对沟通不畅导致的结果医院应该负 60%～80%的责任，但患方不能接受。事后法院调解结果证明，院内调解时医方的预计基本正确。

3. 患方认为患者手术之后变成植物人，是医方过错造成的，当然应该承担全部责任。

【核心调解技巧或教训】

本案患方请求赔偿的数额很大，又未经鉴定确认诊疗行为与损害后果直接的因果关系以及过错程度，医方很难认可如此数目的赔偿额。因此，对医务部的调解员来说，本案是从一开始就注定不会成功的案件。但是，调解员的工作对于最后法院调解的成功也有一定的影响，调解员与患方的沟通起到了一定的作用，使得患方在法院调解时更容易接受不是全部责任的观点，降低了期望值。

此案对于医方质量控制的意义在于，调解员在了解到过错发生的原因之后，应该提醒医院在内部业务管理方面要注意建立良好的护士与医生沟通的机制，避免再现同样的悲剧。

（五）参考案例

【案例名称】

黄良美、陈在雄等与海口市人民医院、文昌市人民医院医疗损害责任纠纷，案号为（2013）美民医初字第 10 号。

【案例内容】

患者陈义林因“气促半天”于 2012 年 9 月 11 日 9 时入住被告文昌市人民医院诊治，入院诊断为癔症、癫痫。治疗后患者感觉症状好转不明显，遂于同年 9 月 12 日 0 时转院，于当日 2 时 31 分转入被告海口市人民医院继续诊治。至 9 月 12 日 5 时 18 分患者心跳、呼吸一直未恢复，心电监护显示心率、呼吸、血压均为 0，宣告临床死亡。海口市人民医院对陈义林的死亡诊断为循环呼吸衰竭，死亡原因：怀疑急性心肌梗死引起循环呼吸衰竭。海口市人民医院的死亡记录上记载：建议病人行尸体解剖，以明确死因，但病人家属表示拒绝。

在该案的审理期间，原告申请对被告海口市人民医院、文昌市人民医院的诊疗行为是否存在过错，如果存在过错，该过错与患者陈义林的死亡之间是否存在因果关系及过错参与度进行鉴定。南方医科大学司法鉴定中心收到鉴定委托后，会同审理法院共同召开听证会，专家组听取医患双方陈述意见后，询问患者诊治前后情况，审阅经质证后提交的病历资料，分析、讨论后函告一审法院：由于患者没有尸检，根据目前的病历材料和询问情况，我中心无法完全准确得出患者的死亡原因。鉴于此种情况，我中心仅能鉴定两被告在对患者的诊疗过程中是否存在过失，而无法客观地判断两被告的诊疗行为与患者的死亡后果存在何种因果关系及其参与度。原告知悉该情况后，同意继续鉴定，故南方医科大学司法鉴定中心继续对两被告在诊疗过程中是否存在过错进行司法鉴定。

一审法院经审理认为：

1. 关于文昌市人民医院是否为本案适格主体的问题。患者陈义林于2012年9月11日前往文昌市人民医院入院治疗，虽然于次日转院至海口市人民医院治疗无效死亡，但是本案的医疗行为涉及陈义林在两家医疗机构的连续诊疗过程，其与该两家医疗机构分别形成医疗服务关系。患者家属可因患者在该院诊疗过程中受到损害而要求医疗机构承担侵权赔偿责任，故文昌市人民医院是本案的合格主体。对被告文昌市人民医院以其结束对患者陈义林的治疗而不应是本案适格主体的辩解意见，本院不予采纳。

2. 关于医疗过失、过失行为与损害后果的因果关系以及侵权责任的认定问题。两被告对患者陈义林的医疗行为是否存在过错；如果存在过错，该过错行为与患者死亡的损害后果是否存在因果关系及过错参与度，这些是本案的主要焦点问题。诉讼过程中，经本院委托具有鉴定资质的鉴定机构就两被告的医疗行为的过错问题进行鉴定，鉴定机构出具了〔2014〕医鉴字第70号《南方医科大学司法鉴定中心医疗损害鉴定意见书》。经质证，原、被告对《鉴定意见书》的真实性、合法性及关联性予以认可，但对《鉴定意见书》中的部分鉴定意见有异议。经审查：(1) 鉴定机构接受本院的委托后，由具备相关鉴定资质的鉴定人员，根据委托鉴定事项，审阅经质证确认的鉴定资料，召开听证会，充分听取医患双方代表的陈述，并向双方就有关问题进行提问，围绕双方争议的问题，根据临床医学知识和法医学知识对诊疗过程中的主要争议要点进行讨论。鉴定程序合法。（2）鉴定机构根据本病案的病历资料，听取医患双方代表的陈述，运用临床医学知识和法医学知识对诊疗过程进行分析、讨论、判断。鉴定机构通过对患者陈义林临床死亡原因的推断，对于医方对患者疾病的诊断、转院及收住科室、抢救措施的诊疗行为进行全面分析、判断，从而对医疗行为进行整体衡量、综合评价。该《鉴定意见书》鉴定程序合法，鉴定内容分析说明翔实，鉴定意见具有临床支持和理论依据。虽然原、被告对《鉴定意见书》中的部分鉴定意见有异议，但均没有足以反驳的相反证据和理由，故本院依法对《鉴定意见书》予以采信。

根据鉴定意见，文昌市人民医院及海口市人民医院在患者陈义林入院时的临床表现及临床检查提示有病理解剖和病理生理学基础的情况下，仍诊断为癔症，不符合患者的病情和临床规范，两被告均作出癔症诊断的依据不足，存在过失。

此外，患者在文昌市人民医院治疗过程中，医方给予患者必要的检查和会诊，在患者要求转上级医院治疗时协助转院，出院诊断也考虑右颞叶占位性病变：脑血管瘤。在患者住院治疗的十几个小时里，除了癔症诊断依据不足的过失，医方履行了诊疗义务，符合一般临床常规和患者临床表现，不存在过失。

针对海口市人民医院，根据该院的门诊病历记录，说明患者存在高血压病且可能合并心肌缺血，同时并存癫痫病史，两者分别属于心血管内科和神经科的常见疾病。按照常规，根据病情患者应被转入心血管内科或神经科继续诊治。海口市人民医院未能对患者的病情给予足够的关注，没有进一步鉴别诊断，仍因“癔症”的诊断安排患者入住中医科（含心理咨询）病房诊治，不符合临床常规，存在过失。但是鉴定意见同时指出：“患者收入中医科住院后，医方认识到其可能存在心血管相关疾病，临床上给予针对心血管疾病的检查和治疗，但因患者病情突然恶化，很快进入心肺复苏抢救阶段，留给医方结合病情分析检查结果、制订下一步诊疗计划的时间有限。综合分析认为，医方在患者入院后的诊疗行为符合临床规范，未见过失。”可以看出，被告海口市人民医院虽然未根据陈义林的病情收入相应科室住院，但临床中采取了针对性的相应检查和治疗措施，该诊疗行为符合临床规范。收住中医科的行为虽然存在过失，但无证据证明因此而阻碍医方对患者的积极抢救，该行为与陈义林的死亡结果之间并无因果关系。

患者陈义林死亡后，被告海口市人民医院为明确死因已建议原告进行尸体解剖检查，但原告不同意进行尸检，导致患者死因未能得出病理学结论，对此原告应承担相应的法律后果。鉴定机构根据患者的病历资料，推断其死亡应为自身严重脑或/和心血管疾病猝死的可能性大。临床上严重脑或心血管疾病或者合并发病猝死概率较高，抢救难度大。而陈义林起病突然，症状不典型，其在文昌市人民医院时病情相对稳定，转入海口市人民医院后短时间内急骤变化，病情进展凶猛。以当前医疗水平，无法在如此短暂的时间内确诊其所患疾病并实施有效的救治措施。鉴定机构分析认为陈义林的死亡与其自身疾病有直接因果关系，其疾病的特性是导致其死亡的直接原因。文昌市人民医院及海口市人民医院除误诊患者为癔症的过失外，均针对患者的临床表现履行了诊疗义务，对陈义林的诊疗亦符合一般临床常规。两被告的误诊客观上有可能对救治病患产生一定的负面影响，但该过失行为在患者死亡后果中的原因力大小属轻微因素。由于本案病例缺乏死因病理学结论，鉴定机构不予评定过错参与度，而未能尸检的主要责任在于原告。综合上述分析意见，根据本案的实际情况，遵循公平原则，本院确定被告文昌市人民医院及海口市人民医院各自承担10%的医疗损害赔偿责任，其余损失由原告自行承担。

3. 关于两被告的民事责任的赔偿项目和数额。两被告应向原告赔偿因侵权行为产生的经济损失，具体为：（1）医疗费，原告共自付医疗费用3 920.05元，被告海口市人民医院按10%责任比例赔偿原告医疗费392元（3 920.05元×10%），被告文昌市人民医院按10%责任比例赔偿原告医疗费392元。（2）丧葬费，按照本省上一年度职工平均工资58 406元，以6个月总额计算为29 203元（58 406元/年÷12个月×6个月），被告海口市人民医院按10%责任比例赔偿原告丧葬费2 920.3元（29 203元×10%），被告文昌市人民医院按10%责任比例赔偿原告丧葬费2 920.3元。（3）死亡赔偿金，陈义林于1964年1月1日出生，于2012年9月12日死亡，死亡赔偿金依法按20年计付，陈义林属农业家庭户口，按照本省上一年度农村居民人均纯收入10 858元/年计付，死亡赔偿金为217 160元（10 858元/

年×20 年），被告海口市人民医院按 10%责任比例赔偿原告死亡赔偿金 21 716 元（217 160 元×10%），被告文昌市人民医院按 10%责任比例赔偿原告死亡赔偿金 21 716 元。另，患者的死亡给其家庭带来极大的创伤，由于两被告对患者的诊疗过程存在一定过失，原告主张被告支付精神损害抚慰金，于法有据，但主张数额过高，综合本案的实际情况，本院酌定两被告分别给予原告精神损害抚慰金 10 000 元。由于死者陈义林的母亲何玉英在诉讼过程中去世，原告申请撤回对被扶养人何玉英生活费的赔偿主张，此系原告对其权利的处分，符合法律规定，本院予以照准。本案系两被告分别对患者陈义林实施诊疗行为，其应当对各自的医疗过失承担相应的民事赔偿责任，原告诉请两被告承担连带赔偿责任，于法无据，应不予支持。

综上所述，原告主张两被告承担医疗损害赔偿责任，诉请被告赔偿相关损失，于法有据，本院予以支持，但被告承担的责任比例和具体数额以本院确定的为准。

裁判结果：(1) 被告文昌市人民医院须于本判决发生法律效力之日起 10 日内赔偿原告黄良美、陈在雄等医疗费、丧葬费、死亡赔偿金、精神损害抚慰金合计人民币 35 028.30 元。(2) 被告海口市人民医院须于本判决发生法律效力之日起 10 日内赔偿原告黄良美、陈在雄等医疗费、丧葬费、死亡赔偿金、精神损害抚慰金合计人民币 35 028.30 元。(3) 案件受理费人民币1 582.87 元（原告已预付），由 10 位原告共同负担 1 070.87 元，被告海口市人民医院负担 256 元，被告文昌市人民医院负担 256 元；鉴定费人民币 21 250 元（原告已预付 11 250 元，本院垫付 10 000 元），由 10 位原告共同负担 14 376 元，被告海口市人民医院负担 3 437 元，被告文昌市人民医院负担 3 437 元。因本院已垫付鉴定费 10 000 元，原、被告均应于本判决生效之日起 10 日内向本院缴付鉴定费（其中原告缴付 3 126 元，两被告各自缴付 3 437 元）。

【案例指导意义】

1. 医疗机构虽然未根据患者病情将患者收入相应科室住院，但临床中采取了针对性的相应检查和治疗措施，且诊疗行为符合临床规范。未收住相应科室的行为虽然存在过失，但如果无证据证明因此而阻碍医方对患者的积极抢救，那么，鉴定意见可能认定该行为与患者的死亡结果之间无因果关系。

2. 由于患方拒绝尸检的原因导致送检病例缺乏死因病理学结论，鉴定机构将不予评定过错参与度。在无过错参与度鉴定意见的情形下，法院可以根据案件的实际情况，遵循公平原则，确定医疗机构承担责任的比例(本案中两家被告医疗机构各自承担10%的医疗损害赔偿责任)。

3. 医疗机构对患者是分别实施诊疗的，因而应当对各自的过错分别承担责任。

第七章　中国式医患纠纷调解

从已经讨论分析的三十多个案例来看，在中国，多数医患纠纷调解的着眼点在于罢访息诉、维护社会稳定，修复医患关系反而不是重点。如此做法带来的后果是难以从根本上消除医患双方的心理芥蒂和不满，医生提防患者，患者不信任医生。① 在调解模式上，多数采用准司法化的纠纷解决模式，双方均强调对立场或法律权益的坚持，所涉及的仅仅是"对错"和"责任大小"以及金钱的赔偿，从而形成医患双方"非黑即白"的对立僵局。② 因此，我们面临的是如何通过对调解模式的转变，进行观念转型，把医患纠纷调解的工作重点放到修复医患关系上来。

一、中国式医患纠纷调解的转型

（一）现状：评价式调解为主，促进式调解为辅

按照中立第三方调解员在纠纷解决中的作用，调解可以被分为评价式调解与促进式调解。③ 评价式调解模式下调解人的角色定位偏向以评估的方式给予争议当事人建议，规劝双方当事人就争议事项互相退让，或以折中的方式为争议双方提供解决纷争的强制性调解建议或方案，进而结束纷争。④ 目前中国的医患纠纷调解多数以评价式调解为主，以三甲医院发生的医患纠纷调解为典型，三甲医院患者群体庞大，业务量大，疑难病

① 例如，笔者曾在某医院的医生自卫手册上看到标明"诊断需全面但模糊"的提示。

② 促进式调解：让医患有效达成合意．健康报，2017－07－02．［2018－08－30］．http：//www.jkb.com.cn/medicalHumanities/2017/0702/413421.html.

③ 范愉等．调解制度与调解员行为规范．北京：清华大学出版社，2010：51.

④ 李诗应，陈永绮．医疗关怀调解模式——从当事人支援角度出发//陈学德．医疗纠纷处理之法制与实证——医疗纠纷处理新思维（三）．台北：元照出版公司，2015：35－36.

症多，高科技含量的医疗技术运用也多，这种情况下发生的医患纠纷对调解主体的判断性要求很高，自然调解模式就以评价式为主。

评价式调解与棚濑孝雄定义的“判断型调解”十分接近，“把发现法律上是正确的解决作为调解应该贯彻的第一目标，同时在与审判比较的意义上把降低发现正确解决所需要的成本作为调解固有的长处，就得到了近似于判断型的调解类型”[①]。评价式调解也是如此：强调调解主体的权威，强调调解主体帮助当事人双方分清责任、明辨是非。三甲医院的医患纠纷调解被认定为评价式调解，有以下几点理由：一是调解的目标是节约费用，提高效率，简易而迅速地解决。二是以公共权力为背景，模仿法律上的正确解决。例如，大多数医患纠纷人民调解委员会均强调党委、政府的领导和重视，依法依规解决纠纷，或者人民调解委员会直接就是在党委、政府的重视下才成立的。三是强调调解员的权威。这从很多医院选取有官方背景的调解员中可以得到证实。从三甲医院发生的医患纠纷面对的对象看，这是一种陌生人社会的纠纷类型，在三甲医院往来的患者与医生、护士互不认识，很难说拥有共同的价值观。因此，医患双方可能都认为需要权威的第三人来厘清责任，这是评价式调解得以运行的根本。例如，有些医院在介绍自己进行医患纠纷调解的经验时，会特意强调主持调解的调解员是政府的工作人员。[②] 根据评价式调解模式的这些特点，可以发现该调解模式的核心是调解员而不是当事人双方。评价式调解中，调解员大多针对患方的疑问进行判断和解释，这造成患方有时会认为调解员在调解中站在医院角度看问题，从而失去对调解的信任或者仅仅只是利用调解来达到诉讼中无法达到的目的。

从某个角度看，调解协议的达成取决于双方力量的对比，例如，某些医患纠纷调解过程中，患方凭借打砸医院的暴力优势，让医院屈于政府维稳压力，认为参与调解是为了配合政府承担维稳的工作任务，勉强支付过

① 棚濑孝雄．纠纷的解决与审判制度．王亚新译．北京：中国政法大学出版社，2004：54.

② 例如，2012 年 7 月 16 日卫生部第 23 期《全国创建“平安医院”活动简报》有关“中南大学湘雅三医院创新管理，推进‘平安医院’建设”中提道：司法局派员以“第三方”身份参与调解，可以起到疏导、缓冲的作用；他们的执法人员身份也给参与调解的患者及其家属极大的信任和公平感。[2018-08-30]. http：//news. its. csu. edu. cn/Archive/201207/20120720114157451. shtml.

高的赔偿金。这种以调解员为中心的评价式调解中，调解员最需要注意的问题是如何平衡双方力量达致公正。这种力量分为两个方面：一是指医方的影响力，调解结果受其控制的可能性很大；二是指患方援引的外力，外力的引入也会给医方带来压力。[①] 如果调解员不能尽可能避免当事人双方的力量对公正的影响，要求当事人自己作出判断并拿出解决方案，在真正的合意下达成协议，调解的公正性将会遭到质疑，进而失去生命力。

总之，评价式调解把调解重心放在分清是非、划分责任上。这种调解形式用于司法调解尚无可厚非，但用于院内调解和人民调解，可能不利于医患纠纷调解的发展。

（二）未来：促进式调解与评价式调解并重

促进式调解是指作为中立地位的第三方调解人主要是发挥中介作用，以促进合意为基本目标，一般不向双方当事人提供意见、判断和建议。[②] 调解人在调解过程中不就个案事实、证据内容、条文适用或专业问题作任何评价，而是由具备专业技能的调解人，通过系统提问及敏锐观察，让争议双方当事人了解其利益所在，促使争议双方当事人思考各种可行的解决方案，进而磨合出双方当事人都可接受的争议解决方案。在医患纠纷解决中，调解员为了消除医患之间的认知分歧、促进自主对话，应为医患双方构筑一个平等沟通和感情宣泄的平台，并在其帮助下，找出双方共同的利益所在，实现修复医患之间良好关系的目标。

调解不是一成不变的，调解员面对的案情也不是一成不变的。医患纠纷有多种多样，医患纠纷调解也应该是多种多样的。有研究已经指出："必须承认在某些类型的纠纷中，调解人应该扮演'评价者'角色；而在另一些类型的纠纷中，调解人作为'促进者'更有利于调解协议的达成。调解人应该根据纠纷的类型来决定自己的角色定位。"[③] 例如，对于某些无法查

---

① 在本书第三、四、五章分析的调解案例中，确实可以发现以上描述的现象，几乎所有调解都是评价式（判断型）调解。

② 范愉等．调解制度与调解员行为规范．北京：清华大学出版社，2010：51.

③ 莫然．多面的调解人——论民事调解制度中调解人角色定位及其决定因素．暨南学报（哲学社会科学版），2012（2）.

明责任的医疗纠纷，就适合采用促进式的调解方式来主导调解进程。[①] 此时，既无法分清责任也无法明辨是非，只能根据医患双方的需求和利益来达成一致。调解员需要做的是帮助医患双方充分挖掘各自的利益点，让他们自己作出决定，以减少事后反悔的概率；同时，提高医院早期化解和处理医疗纠纷的能力，提高患者的满意度。

二、中国式医患纠纷调解与医疗安全

在处理医患纠纷方面，政府管理的目的应该是花少量的钱预防，而不是花大量的钱治疗。[②] 在医患纠纷预防阶段，强制和引导医患之间的信息沟通，加强医患之间相互理解、信任，寻求一种恰当有效的制度安排消除或弱化医患关系中的信息不对称，是斩断医患纠纷发生的因果联系，构建和谐医患关系的重中之重。那么，该如何有效消除信息阻塞呢？这需要多向和多元的信息交换，既包括医生与患者、医生与医生、患者与患者之间相互交换信息，也包括交换各种信息，有关治疗的、病史的、地域的、风险的相关内容。可以说，预防制度的构建主要是围绕信息交换进行的。中国式医患纠纷调解可以通过患者预防、医院预防和社会预防三个方面，为医疗安全工作提供很大的空间。

（一）两种进路：不同的预防方式

为预防纠纷，加大对引起纠纷行为的处罚力度，是常见的选择。例如2011年“醉驾入刑”制度设计的出台，从立法思路来看，是期望通过严厉惩罚酒后驾车的行为，从源头消除交通事故的产生。截至2015年，公安部交管局统计数据显示，“醉驾入刑”实施4年以来，发生涉及酒驾道路交通事故的数量和死亡人数较之前同比分别下降25%和39.3%。[③] 这证明了“醉驾入刑”制度的有效性。但是，“醉驾入刑”也受到了一些抨击，有人

---

① 无法查明责任的主要是某些医疗意外事件，例如本书第三章中的麻醉意外案，就属于典型的意外事件。但由于中国式医患纠纷解决的惯性，该案调解是以评价式调解结案的。实际上这种类型的案件最适合采用促进式调解解决。

② 戴维·奥斯本，特德·盖布勒．改革政府．上海市政协编译组，东方编译所，编译．上海：上海译文出版社，1996：205.

③ 公安部交管局负责人：酒驾引发事故率下降．[2018-08-30]．(2015-12-02/2016-09-24)．http：//news.xinhuanet.com/legal/2015-12/02/c_128489488.htm.

认为这与中华饮酒文化有格格不入之处，不是降低交通事故发生率的最佳办法。[①] 确实，刑法需要谦抑，社会问题的解决不是刑法出面即一了百了的。2016 年所谓“医闹入刑”之后，也让很多人为之鼓与呼，认为这样将大大减少暴力伤医事件，医患关系肯定也将随之好转。可是，随后的数据表明，这二者之间不完全是正相关关系。[②]

相比交通事故，预防医患纠纷，“医闹入刑”显然不可能是釜底抽薪的办法。“医闹”是医患纠纷产生的结果，而非原因，与饮酒驾车有本质不同。真正有效的预防，应该根据医患纠纷产生的两个主要原因，相对应地有两种进路来预防医患纠纷的发生。

其一，尽可能消除医患纠纷产生的结构性缺陷。医患纠纷产生的结构性缺陷源于我国医药卫生体制的市场化，医疗卫生体系的目标以实现高效率为核心，覆盖率和公平性被忽视，多数公立医院需要自己创收来确保医院的运行。虽然自 2003 年以来尤其是 2009 年强势推进的新医改，已经开始强化政府责任，意欲修正曾经的错误，但巨大的惯性让这种修正还需要较长时间的努力才能改变现状。要消除积弊，缓和结构性矛盾，需要建立健全我国各项各类医疗保障制度，切断医患之间的由价格建立起来的联系，改变医生的收入与诊疗收入密切相关的激励机制，让医院和医生为患者提供服务的目标不再是赚取利润，而是让他们获得健康。

其二，尽可能消除医患双方之间的信息阻塞，加强医患沟通，预防不该发生的“医闹”事件，从源头切断纠纷的产生。医患双方信息不对称，是导致医患纠纷的重要原因，因此，应该把消除信息阻塞、有效沟通信息，放在预防纠纷发生的首要地位。纠纷过程分为三个阶段：不满、冲突和纠纷。单向的不满阶段是指当事人意识到或感觉到自己受到了不公平待遇或权益受到了侵害，进而心怀不满，并可能采取某些单向行动（诸如忍受、回避和提出问题）的过程；双向的冲突阶段是指纠纷当事人相互之间作用的过程，表现为当事人相互的对抗争斗，冲突处理方式主要有强制和交涉；

---

① 张德淼，李朝．从酒驾治理到酒的治理——中美酒驾惩戒制度与酒文化之比较．河南大学学报（社会科学版），2013（5）．

② 2016 年 7 月国家卫计委等九部委联合发布《关于严厉打击涉医违法犯罪专项行动方案》，又一次表示将严打“医闹”，但方案发布半个月之内即有数起医生被打事件发生。

随着冲突升级和第三方介入，就进入了三向的纠纷阶段，即纠纷外主体介入纠纷并充当解纷的第三方，此时纠纷解决方式主要包括审判、仲裁和调解。① 按照过程管理理论，患者的医疗过程可分为候诊阶段、门诊及治疗阶段、住院及治疗阶段和治疗结束至离开医院阶段，其中任何一个环节都可能产生纠纷过程中的“不满”与“冲突”，进而导致“纠纷”。为了避免冲突扩大，尽量在“不满”阶段对可能发生的纠纷进行阻止，会起到更好的预防效果。所以，从整体预防来看，纠纷过程的“不满”阶段是通过信息交换减少纠纷发生的最好时机。

第一种进路的预防措施，从医药卫生体制改革推进，是宏观视角。第二种进路的预防措施，从医患关系建设角度推进，是微观视角。第二种进路是本书研究的核心，通过调解员的工作在“纠纷”划分的前两个阶段消除医患之间的信息阻塞，改善现有医疗环境中信息不对称的功能性局限，对于构建和谐的医患关系可以起到事半功倍的效果。

（二）患方预防是真正的安全之本

患方预防的第一个方面是从源头扩大患方的医疗信息来源，缩小信息不对称造成的信息势差，帮助他们获得有效信息，作出恰当的选择，防止受骗上当。

患方难以获得有效信息与患方作出不当行为有密切关联。2008 年第四次国家卫生服务调查的问卷调查结果显示，医护人员最反感的患者行为依次是不尊重医护人员（81.2%）、态度粗鲁（63.8%）、固执难以沟通（56.5%）、不遵守医院规章制度和秩序（43.9%）和提出非医疗需要的要求（43.4%）等，超过 80%的医护人员对于患者不尊重医生的行为表示不满。② 而 2013 年第五次国家卫生服务调查分析报告反映：与 2008 年调查相比，在医务人员与患者沟通方面，医生在解释治疗方案的清晰程度方面与前五年相比有所提高。患者对医务人员的尊重程度、信任程度越高，医患

① Laura Nader & Harry F · Todd, Jr ed. *The Disputing Process: Law in Ten Societies*. New York: Columbia University Press 1978, pp. 1 - 40. 徐昕．迈向社会和谐的纠纷解决//纠纷解决与社会和谐（《司法》第 1 辑）．北京：法律出版社，2006：66 - 67.

② 卫生部统计信息中心．中国医患关系调查研究——第四次国家卫生服务调查专题研究报告（二）．北京：中国协和医科大学出版社，2010：176.

关系越融洽，造成纠纷的可能性越低。除了患者的就医态度等行为特征影响医患交往和沟通，Boulton 等的研究发现，不同社会阶层的患者与医生的互动程度不同，与医生的社会经济地位接近的患者更容易与医生平等交往。① 谢铮等人也发现，有 58.7%的医护人员认为中、高文化程度的患者更容易交往，51.4%的医护人员认为对医学知识略微了解的患者更容易沟通，因为这类患者对医学专业知识有适度关注，能够较好地遵从医嘱，依从性比较好。②

在这种实际情况面前，从事院内调解工作的调解员针对性工作的第一步是恰当引导患者的意识，对患者入院培训的重点主要是针对那些文化程度相对较低、就医行为特征不好的人群。从减少医患纠纷的目的出发，对这部分患者尤其要加强信息沟通。帮助患者获取信息可以采取书面指南、录像课程、面授等措施，培训他们学会与医护人员沟通，提高患者参与度，形成协商式医患关系，使之成为聪明的患者，创立以患者为中心的 21 世纪新的医学实践模式。③

从事院内调解工作的调解员针对性工作的第二步是帮助患者明确权利义务的边界。伴随着人们权利意识的苏醒，患者权利保护越来越受到重视，甚至有过度泛化之嫌。事实上，完全以患者的评价和满意度作为医护人员服务的评价标准难免有失偏颇。目前有关医患关系的研究大部分是采用患方视角，以患者满意度调查评价医患关系，寻找问题成因。医患矛盾被理解为患者对医生不满，解决医患关系问题的策略是对医生的行为进行干预和培训。但调查结果显示，医护人员对医患关系和谐程度的评价偏低（59.9 分），远低于患者的 84.5 分。④ 这表明医方对目前医患关系的现状并不满意，而且患方在就医过程中同样存在道德风险，患方对医患关系也应承担相应的责任。要最优化地降低社会损失，无论是减少事故发生，还是预防事故费用的最优化，最好是事故双方都采取适当的防护措施。一个真正有效的制度应激励潜在的纠纷双方分担合理的责任，笼统地采取严格责

---

① Boulton M，Tuckett D，Olson C，and Williams，A. Social Class and the General Practice Consultation [J] . *Social Health* Ill，1986 (8)：325－350.

②③④ 谢铮，邱泽奇，张拓红．患者因素如何影响医方对医患关系的看法．北京大学学报（医学版），2009 (2).

任规则，即要求某一方承担太高的责任，不是有效的。[①] 对此，英美等西方国家通过制定《患者宪章》，以立法形式明确患者的权利和责任，提出患者在医患关系中的行为准则。[②] 我国《侵权责任法》第七章规定了患者的知情同意权、查询复制权、隐私权等权利，同时也规定了对医疗机构及其人员合法权益的保护。《医疗纠纷预防和处理条例》第13条、第16条也对保障患者知情权作了规定，第20条要求患者应当遵守医疗秩序和医疗机构有关就诊、治疗、检查的规定，如实提供与病情有关的信息，配合医务人员开展诊疗活动。此外，某些地方性立法中对患者就医行为也有详细的规制，有意识地促进医患信息交换和沟通，加强患者预防。例如，《湖南省医疗纠纷预防与处理办法》第18条对患者及近亲属的行为作了义务性规定和禁止性规定，从法律上规范了患者的就诊行为，要求患者有义务向医生如实陈述医疗信息、就诊身份信息，遵守医院的规章制度，积极配合医生完成诊疗活动，遵照医嘱进行治疗，并按时按数支付医疗费用。

（三）医院预防是确定的安全之基

不同级别的医疗机构之间医患信任水平存在较大差异。在2013年第五次国家卫生服务调查中，发生“辱骂”冲突形式的比例按照医院（25.8%）、乡镇卫生院（15.1%）、社区卫生服务中心（14.7%）依次减少；发生“肢体暴力”冲突形式的比例按照乡镇卫生院（0.8%）、医院（0.7%）、社区卫生服务中心（0.3%）依次减少；“两者均有”的比例按照医院（4.8%）、乡镇卫生院（2.9%）、社区卫生服务中心（2.3%）依次减少。这表明与基层医疗卫生机构相比，医院发生医患纠纷的情况更严重。[③] 这样的调查结果说明，患者的过分集中给三级医院带来很大负担，服务质量受到影响，一旦患者有“不满”情绪，“纠纷”往往一触即发。

评价医疗服务质量有五个方面：热情、照顾、关心；医护人员；技术、

① 苏力．医疗的知情同意与个人自由和责任——从肖志军拒签事件切入．中国法学，2008（2）.

② 谢铮，邱泽奇，张拓红．患者因素如何影响医方对医患关系的看法．北京大学学报（医学版），2009（2）.

③ 王帅，张耀光，徐玲．第五次国家卫生服务调查结果之三——医务人员执业环境现状．中国卫生信息管理杂志，2014（4）.

设备；专业化；服务的获得性结果。[①] 比较这五项指标，三级医院在医护人员、技术设备、专业化方面肯定远远好于其他医疗机构，在“热情、照顾、关心”这项指标上由于日常负荷过大，未必强于其他医疗机构。其改善主要通过加强医德医风培养和伦理道德建设，用耐心最大限度地满足患者的生理和心理需求。而在“服务的获得性结果”这项指标上，提高患方满意度的关键是增加医患沟通的渠道，防止患方因为不解而产生不必要的“不满”，引发纠纷。

因此，为确保医院预防的有效性，既作为院内调解的调解员又作为医院的工作人员的针对性工作包括以下内容。

1. 特约谈话

医患双方的共同谈话，是消除信息阻塞的极佳方式，也是履行法律规定的医务人员说明义务的一种最佳方式。鉴于资源的有限性，目前在三级医院，这种谈话一般只针对病情危重、预后差、突变风险大等高风险手术病例。这种术前特约谈话由熟悉患者病情、主治医师级别以上的临床专家、患者及家属、医务部工作人员（可能是未来发生纠纷时的调解员）以及双方律师参加，必要时还邀请心理医生；谈话全程录音录像，沟通内容和结果实时记录。术前谈话通常先由律师核实医生的级别和患者及家属的身份，告知双方享有的权利和需要履行的义务，随后医务部审核该高风险病例的住院病历，严格把控患者的术前讨论、手术指征、手术方案等手术安全相关情况。谈话的主要内容围绕患者病情、诊断结果以及手术风险、预后情形等进行，目的是消除医患双方信息不对称，争取患者及家属的配合。例如，84 岁的郭先生因膀胱癌、肾萎缩、肾功能不全、冠心病、高血压、2 型糖尿病于 2016 年收入医院治疗，因患者年龄较高、病情复杂，患者家属人数众多且情绪激动，治疗意见不统一，对手术期望值很高。了解到这些情况后，该科室立即将该病例上报医务部组织开展高风险术前谈话，让家属全面了解患者病情、诊疗方案、医疗风险和预后等信息。经过谈话，患方在充分知晓情况后，最终决定放弃手术，并表示了对医务部及相关工作人员的感谢。显然，正是由于医方将相关信息及时与患方充分沟

① Coddington D, Moore K. Quality of Care as a Business Strategy: How Customers Dune Quality and how to Market It. *Healthcare Forum*, 1987 (2): 29－32.

通，一起潜在的医患纠纷得到了有效预防。据笔者收集的某三甲医院相关资料显示，2015 年该院累计开展高风险手术谈话 1 571 例，2016 年 1 月至 6 月开展谈话 942 例，凡开展谈话的 2 513 例高风险手术病例无一出现医患纠纷。①

高风险术前谈话为医患之间就患者的病情、治疗措施以及医疗风险提供了一个交流讨论的渠道，双方可以充分地就医疗信息进行沟通，决定最佳治疗方案。高风险手术谈话签订的风险告知书不仅使医疗行为风险安全转移，也是加强医患理解和信任、减少不必要纠纷的有效途径。通过医务部工作人员对医务人员进行日常培训，加强对医务人员高风险病例术前谈话内容和技巧的培训，以提高医患信息的沟通质量，并根据患者及家属的知识文化背景差异，通过谈话真诚客观地将患者的病情现状、手术治疗的必要性及选择依据、术中和术后可能出现的并发症及拟采取的应对措施、手术的风险系数、经费预算等予以告知，同时学会如何安抚患者的恐惧情绪，让患者及家属感受到医院对病人病情的专业负责以及优质的医疗服务，表明患者已经接受了最佳的治疗安排，对于医患纠纷预防具有重要意义。②

实际上，医院发生的医患纠纷并不全是高风险手术病例引起的，或者有相当一部分不是高风险手术病例引起的。在资源允许的情况下，对某些有明显特征的患方群体，也可以通过医务部工作人员以类似的特约谈话方式进行信息交换，求得相互理解与支持。这是医方预防的核心内容。

2. 预防负面信息传播

医方预防还需要特别注意防止负面信息传播。作为将来纠纷处理者的院内调解工作人员应该提醒本院医务人员，生活中有许多医患纠纷是不同医疗机构或者同一医疗机构不同科室、不同医务人员对患者措辞不严谨、故意挑唆或者互相推诿造成的。③ 患者在询问病情信息时，医生如果不注意

---

① 案例和数据均来源于 M 医院医务部的统计资料。

② 这种做法正好契合了 2018 年颁行的《医疗纠纷预防和处理条例》的相关规定，其第 14 条规定：开展手术、特殊检查、特殊治疗等具有较高医疗风险的诊疗活动，医疗机构应当提前预备应对方案，主动防范突发风险。

③ 刘振华．医患纠纷预防处理学．北京：人民法院出版社，2005：229.

表达方式，可能会导致负面信息传播，为医患纠纷埋下“病根”。例如，患者在某家医院首诊时，疾病尚处于早期发病状态，症状并不明显，医生仅根据当时的情况予以对症处理。随着病情的发展，症状变得相对明显，患者又换了另外一位医生或重新选择一家医疗机构就诊，如果接诊医生贸然告诉患者被误诊，或者治疗措施不正确耽误了早期治疗，或因为与首诊医生有私人矛盾而有意误导患者，就极容易造成患者对首诊医生产生“不满”情绪，此时如果预防工作未到位，产生纠纷的可能性就很大。

事实上，不同的医疗机构或者不同的医生之间，都有各自的优势和不足。在诊疗过程中，对待同一种疾病，有些医疗机构或医生还有自己独特的经验和擅长的治疗方法。而且，许多疾病在前期的典型症状并不明显，对治疗方式有不同看法是合理且正常的。在同行相处或者医患交往中，医生应该尊重其他医生的治疗方式，避免在患者群体中传播负面信息。这就是古人所谓的“医家慎言”“戒毁同道”。因此，院内调解工作人员在消除信息阻塞方面，除了畅通信息交流，让患者知晓、理解疾病可能出现的风险，还应该提醒并避免负面信息传播。

(四) 社会预防是全面的安全之路

社会预防是将医患纠纷的治理看成社会系统工程，虽然医院是其中的主体，但也需要社会各方面的整体配合，需要注意社会结构的多方面因素对医患纠纷产生的影响，重点放在通过有效的信息交换，防止患者的“不满”向“纠纷”转化。对社会预防工作来说，其信息的收集交换应该由医务部从事调解工作的人员负责。与社会预防相关的信息属于风险性信息，对于预防医患纠纷和降低医患纠纷管理的社会成本有显著效果。①

1. 重点地域预防

艺术家丹纳说过，一个民族会永远保留着乡土的痕迹，那是一个底层的原始花岗石，以后的时代虽然会把以后的岩层铺上去，但是它本来的面目依旧存在。② 一个区域经年累月形成的民风、民性就像是一块文化胎记，不管经历多少历史嬗变都很难消除。在处理医患纠纷的过程中，笔者经过对大量医患纠纷案例的分析发现，喜欢闹事的患者群体在地域分布上

① 关于医疗机构的预防任务的规范，还可具体参见《条例》的第 17 条、第 18 条。

② 丹纳．艺术哲学．傅雷译．北京：人民文学出版社，1986：243.

具有某些特征，与其家乡的民风、民性以及经济、政治和文化背景暗合。例如，经过对长沙市 W 医院发生的医患纠纷案例的研究笔者发现，有多起纠纷的患方来自湖南省某市某县。该地村民素有骁勇好斗的性格特质，在处理医患矛盾时个性激烈。而且，近两年该地村民刚经历了某高速公路的征地拆迁，在征地拆迁中为自我利益最大化学会了充分利用各种资源，与行政机关周旋谈判，有着丰富的经验，也建立了一些社会关系网络。在发现这个特点之后，如果患方来自该地，医院、社区的相关部门即保持高度警惕，提前告知科室相关信息，以预防纠纷发生。

很明显，社会角度的预防不再仅仅是医疗相关信息的收集，而重点是收集社会方面的信息，包括各地民风特色、社会网络结构特点、经济文化信息。医务部可以在收集到这些信息之后，建立纠纷患者地域信息数据库，对来自纠纷高发区域的患者进行重点关注。这对于长期奋战在处理医患纠纷第一线的医务部工作人员来说，特别是对于那些有多年工作经验的阅历丰富、资历深厚的工作人员来说，并不困难，甚至已经形成了独到的判断技巧。把这些有基本规律的地域信息梳理总结之后，建立医院内部的重点地域预防系统。这些重点地域预防系统还可以在全市、全省乃至全国实现信息共享，及时采取相应预防措施，避免纠纷的发生和恶化。

2. 高危人群预防

医疗机构中日常往来的人群基数庞大、来源广泛、性质复杂，除了患者及其家属，还有很多依靠医院“吃饭”的群体，如号贩子、票贩子等。事前了解和掌握有关信息，可以有针对性地对高危人群进行安全防范，做好医患纠纷预防工作。2016 年 3 月四部委下发的《关于进一步做好维护医疗秩序工作的通知》中就明确要求医疗机构要加强重点人群安全防范，提高医务人员的安全防范意识，遇有酒后就诊、有滋事或暴力倾向的非急重患者，应第一时间通知保卫部门，同时做好安全防范工作。此外，医疗机构应当会同有关部门加强对严重精神障碍患者等重点人员的梳理掌握，对于多次对医疗机构无理纠缠或扬言报复医务人员的患者及家属群体，要重点关注，并向公安机关报告。一旦发现此类人员出现在医疗机构，要重点防止其制造事端，造成危害后果。

高危患者评估表

影响因素	个体因素	医疗因素	社会因素
患者情况	没有医保	发生院内感染或有感染可能的	来自重点防控地
	来自低收入家庭	指定医师、护士诊疗的	由熟人介绍来院就诊的
	预交金不足或拖欠医疗费用	对治疗的期望值过高的	身份特殊的
	有危重或疑难病的	医疗过程中有不满情绪的	社会问题人员（吸毒等）
	有心理精神问题的	病情难以明确诊断的	有家庭内部矛盾或关系不和睦
	病史复杂的	需要使用贵重自费药品或材料	与其他医院发生过医疗纠纷的
	是独生子女	在院死亡的	有其他纠纷，涉及责任推诿的

以上是一个简易的高危患者评估表，表中列举了个体、医疗、社会三类共 21 种影响因素，可以用来对就医群体进行初步定位，识别容易引发医患纠纷的患者，并且符合条件越多的，患者的“人身危险性”越大，发生医患纠纷的可能性越大。如果了解到患者属于以上情况，需要单独列出并重点关注，提前做好纠纷预防工作。患者的“人身危险性”信息与重点地域一样属于医患纠纷预防的风险性信息，医院各科室应该及时做好此类信息的采集，必要时可进行特约谈话，沟通必要信息并通告治疗科室采取相应预防措施。

3. 多方机构联动预防

多方机构联动预防沿袭的是综合治理的工作思路。在法治背景下，这种方式是特定政治意识形态与实用主义或现实主义立场相结合的产物，在注重政治体制与社会稳定的前提下，关注民众反响和社会舆论以及纠纷解决的社会效果。

在社会预防中运用综合治理的思路，多部门联动，有利于发挥各部门的信息优势，打造通力合作、优势互补的局面。在长沙市 X 医院医务部，就设立了当地街道派出所驻该医院的办公室。把派出所拉入医患纠纷预防体系中，一是便于信息收集，二是便于信息沟通。有些情况下，医方单方发布信息可能难以获得患方的信任，派出所出面沟通信息会提高获得认同的程度，可以增强社会预防的效果。

三、中国式医患纠纷调解员的工作手册

（一）对患方心态的把握

在医患纠纷发生之后，患者同意或者主动参与调解时，调解员应该把握患方心态，以促进调解的成功。

1. 患方强烈的情感需求。无论医患纠纷的起因如何，调解时一般都已经面临治理效果不理想的局面，此时患方的情感需求体现在：理解患者知晓结果后的情绪，理解患者情绪对其健康的影响，以及理解如何减弱患者的不良情绪。他们迫切地希望获得医生的支持。在调解时，患方对医方已经有不良印象，因此，调解员应该提醒医方对患方情绪的尊重，避免引起更大的对立。

2. 患方主动的决策需求。既然同意参与调解，患方当然希望调解能够得到满意的结果，此时患方另一个重要的心理需求是参与决策。参与决策是指参与决定最终的调解方案，以及掌握决策的主动权。虽然调解的达成取决于患方的决策，但决策权心理的满足与调解员对患方心态的把握有重要联系。例如，调解员可以针对案件的具体情况，告诉患方本案如果通过法院判决，之前某些法院的判决结果是什么，邀请患方在几个不同但接近的判决中进行选择，建议调解的方案。这样既为患方提供了有效信息，又满足了其决策心理，有助于最后调解协议的达成。一般而言，患者参与决策的程度越高，满意度越高，则反悔可能性越低。

3. 患方对权势差距的犹疑心理。权势差距本质上来自医患双方信息不对称，在治疗过程中，通常医生对患者的影响远大于患者对医生的影响，形成了双方的权势差距。调解过程中，为弥补此心理差距，患方往往想扳回一局。因此，对医方信息掌握越少的患方可能表现得越强势，以维持平衡。而且，患方对双方权势差距的犹疑心理还受到其文化程度、职业状况、个性的影响，医患双方权势差距越大，调解成功的信心则越弱。为此，调解员应该把握患方这种心理，在调解过程中想办法帮助患方进行适当调节，促使调解顺利进行。

（二）调解时与患者沟通的方式

医患沟通是以患者的康复为目的而进行的，是对医学信息理解的传递

过程。医患沟通是医疗服务的重要组成部分，良好的医患沟通是保证医疗行为质量的基础。目前患者对医疗服务质量的要求日益提高，为适应新形势，保护患者的合法权益，防范医疗纠纷的发生，维护良好的医疗秩序及广大医护人员的切身利益，确保医疗安全，化解医患矛盾，应当从更深层次上稳步提升医疗质量。与患者或家属沟通时应尊重对方，耐心倾听对方的诉说，同情患者的病情，表示愿为患者奉献爱心，并本着诚信的原则，坚持做到以下几点。

1. 一个技巧：多听患者及家属说几句，尽量接受患者及家属的宣泄和诉说，让患者对自己的病情尽可能作出准确的描述和解释。

2. 两个掌握：掌握患方的病情、检查结果和治疗情况；掌握患者的医疗费用情况，以及患者和家属的社会资源和心理状况。

3. 四个避免：避免使用刺激当事方情绪的语气、语调、语句；避免压抑当事方情绪、刻意改变对方的观点；避免过多使用当事方不易听懂的专业词汇；避免强求患方立即接受医师的意见和事实。

4. 与有特殊情况的患者沟通：调解时要为有语言障碍、听说功能受损的患者及家属提供一定的便利条件，并在可能时配备翻译人员，使患者及家属能及时得到所需要的信息。

（三）与医疗安全相关的知识

在医患纠纷调解中，一般情况下，医方是被动参与调解的一方，患方是主动寻求解决方案的一方。对调解员来说，要把工作做好，需要对医疗安全管理有基本的了解，这是帮助调解员了解案情、分清责任，进行调解的切入点。只有做好这一点，才可能更好地主持调解，帮助双方达成调解协议。

1. 病历资料是承担医患纠纷、医疗事故技术鉴定、医疗损害责任鉴定、司法鉴定和法律诉讼举证责任的核心证据材料。医务人员是否按照《中华人民共和国侵权责任法》、《医疗事故处理条例》、《病历书写基本规范》、《医疗机构病历管理规定》（2013 年）、《处方管理办法》及各级卫生行政部门的规定和要求书写和妥善保管病历资料，十分关键。

2. 医院有严格的值班制度、岗位责任制度、查对制度、医嘱制度、交接班制度、三级查房制度、会诊制度、病例讨论制度、手术制度、死亡病例讨论制度、消毒隔离制度、分级护理制度以及请示报告制度等有关制度和规定，涉事科室和医生是否有违反这些诊疗规范的行为。

3. 从国家到地方各级卫生行政机关对医疗技术准入均有具体的相关规定，用以规范医疗技术准入和医师、护士的执业行为，涉事科室和医生是否有违反这些规定的行为。

4. 是否已经充分尊重患者的知情同意权，是否用患者能够理解的语言，将患者的病情、医疗措施（如治疗及替代治疗方式的利弊）、医疗风险等如实告知患者或家属，及时解答其咨询；并避免对患者产生不利后果。要让患者清楚地了解手术、麻醉、特殊检查（治疗）同意书条款，以及新开展技术项目及某些非常规治疗项目风险，并于检查或治疗前履行患者同意签字手续。

5. 是否按照《医疗纠纷预防和处理条例》的要求，做好病历和实物封存和保管。按规定保管和复印病历资料，严格遵守病历回收和病历借阅制度。

6. 是否按照《医疗纠纷预防和处理条例》要求，做好患者死亡后尸体处理和尸检。患者死亡原因不明或医患双方当事人对患者死亡原因有异议的，原则上应在患者死亡后 48 小时内进行尸检，尸体保存条件好的，最多不能超过 7 天，并有死者直系亲属签字同意。

7. 在发生或者发现医疗过失行为之后，当班医务人员及科室领导是否立即采取了有效措施，避免或者减轻对患者身体健康的损害，防止损害扩大。

8. 发生或者发现医疗事故、可能引起医疗事故的医疗过失行为或者发生医疗争议时，涉事科室和医生是否及时向医院相关职能部门报告；职能部门接报后，是否立即进行调查、核实，将有关情况如实向主管院长报告，并按规定向卫生行政主管机关报告。

9. 调解员介入调解时，不论是主动还是被动，都应该告知科室负责人及相关医务人员要积极做好患者或家属的解释工作，化解矛盾，配合医院处理善后工作。

（四）与医疗风险相关的知识

科技的发展推动了医疗进步，同时也使医疗行业的风险无处不在。现实生活中，很多医患纠纷是由患方对医疗风险不了解或者不愿意承担引发的，各种医疗意外、并发症和不可知疾病等是医患双方需要共同面对的医疗风险，医方的责任是尽可能降低医疗风险，但不可能消灭医疗风险。调解员在工作中对医疗风险的了解，也是提高调解水平、化解医患矛盾的必备知识。

1. 医疗风险警示分级制度内容

根据诊疗过程中责任人实际造成的影响医疗风险的缺陷性质、程度，医疗风险警示分为三级。

（1）一级医疗风险警示

● 未及时完成入院首次病程记录、病历、各种侵入性操作术前记录（术前诊断）、术后记录；未及时签订各种重要的医患协议书及书写影响病案内涵质量的重要医疗文献内容；

● 未及时查房，连续两次以上，患者有投诉，但未发生医疗缺陷后果（以下简称“后果”）；

● 在诊疗过程中，有一定缺陷，但无后果；

● 各种医疗操作不当或不成功，患者投诉但无后果；

● 其他未引起后果，但有患者投诉的诊疗行为。

（2）二级医疗风险警示

● 超过 24 小时未完成住院病历、首次病程记录、各种侵入性操作术后记录等重要医疗文件，或超过 6 小时未补记抢救记录，可能酿成医疗缺陷或医疗纠纷投诉；

● 非特殊、疑难病人，未及时确诊（超过 72 小时），或未及时确定与更正、补充治疗方案，延误治疗，造成患者投诉；

● 三级查房不及时，特别是上级医师查房不及时，造成患者投诉；

● 经上级卫生行政机关鉴定或法院判决虽未构成医疗事故，但有一定的过失或差错（包括经司法鉴定有医疗过错，人民法院判决承担 10%以下的赔偿责任）；

● 一年内，被两次一级医疗风险警示。

（3）三级医疗风险警示

● 经医疗事故鉴定委员会鉴定或人民法院判决为医疗事故（包括经司法

鉴定有医疗过错，人民法院判决承担的过错责任在10%以上）；

● 由于各种“不作为”因素，酿成医疗纠纷，责任人过失严重，虽未认定医疗事故，但影响恶劣，造成医院声誉的损害；

● 由于责任人的过失，造成医疗缺陷，经调解，给患者经济补偿的；

● 一年内，两次被二级医疗风险警示。

2. 医疗风险控制制度内容

各临床科室应严格执行医院质量与安全管理的各项制度，常规做到以下几个方面。

（1）“三看”

● 手术患者床头看：对于手术患者，主管医师应当在床头查看术后生命体征和恢复情况，及时根据患者病情作出相应的处理措施，并将病情变化及时告知患者及家属。

● 危重患者随时看：危重患者，原则上必须转入ICU，待病情平稳后转回原病房，但因其他因素未转入ICU的，主管医师和值班医师应随时查看病人情况，并做好与患者及家属的沟通工作。对于转入ICU的患者，ICU医护人员应当随时观察病人的生命体征，及时作出相应处理。

● 新入院者24小时看：新入院患者往往病情较重，主管医师或值班医师应尽可能随时查看患者，留意其病情变化。

（2）“三查”

● 住院医师每日3次查房，主治医师每日至少1次查房，主任医师每周1～2次查房。

● 完善三级医师查房，严格三级医师查房制度，不断提升查房质量，增强医疗水平，进而防范医疗风险。

（3）五大谈话

● 入院24小时内医患谈话：首次医患沟通必须在患者入院24小时内完成。

● 术前、术中、术后医患谈话：对于手术病人，必须做好围手术期的医患沟通。

● 创伤性诊疗活动前谈话：开展有创诊疗操作，必须签有创操作同意书，待患者及家属知晓并同意后，方可开展。

● 麻醉前谈话：在对手术病人麻醉前，麻醉医师应与患者谈话，告知麻醉方式，手术操作持续时间长短，并嘱患者有不适随时告知。

● 输血前谈话：对于需要输血的患者，护士应事先与患者沟通（患者昏迷时与家属沟通），并嘱若出现不适应立即告知护士。

（4）五大关键

● 关键制度：18 项核心制度；

● 关键患者：危重、新入院、特殊患者——重点观察、监管；

● 关键人员：新上岗人员、责任意识淡薄人员——多重视、教育；

● 关键环节：急危重门诊、急诊住院患者——检查环节；

● 关键时间：节假日、交接班时间、事故高发时段——应重视。

3. 医疗风险追溯制度内容

（1）事后及时查明缘由：风险消除后，相关人员（事发科室和相关职能部门）应及时总结，分析原因，并提出具体整改措施。

（2）及时追究主要责任人责任：根据当事人员的过错程度，结合其平常表现（业务水平和相关技能掌握情况），确定其应承担的具体责任。

（3）科室必须全员讨论、总结：事发科室负责人应及时组织全科人员讨论、总结，找出根本原因，并提出下一步具体整改措施，防止类似事件再次发生。

（4）定期督查措施落实情况：职能部门应根据科室的整改计划，逐一督导整改落实，杜绝风险再次出现。

（五）调解协议的撰写要点

医患双方调解的成果最终体现在调解协议上，前述案例中提到双方达成调解协议时，均反复强调了当事人是在自愿、平等的情形下达成协议的，否则，当事人有权根据民事诉讼法的相关规定，对不符合自愿、平等原则的调解协议申请再审或者申请重新处理。有鉴于此，撰写调解协议时，要注意以下要点。

1. 必备条款

（1）平等自愿条款：医患双方在________医患纠纷人民调解委员会委派的________调解员的主持下，基于平等自愿、公平合理的原则达成本调解协议，双方均认可本调解协议的法律效力。

(2) 生效条款：调解协议于患者本人或者患者授权的家属或者患者第一顺位继承人（有患者死亡的情形）或者经上述主体授权的代理人与医疗机构法定代表人、负责人或者经授权的代理人签字时生效。

(3) 权利放弃条款：本调解协议生效并履行后，医患双方的________纠纷就此一次性解决，患者及家属不得以任何形式和理由向________医疗机构再次提出本协议以外的其他要求。

(4) 因违反协议而产生的费用条款：医患双方因违反本协议导致诉讼或者仲裁程序，案件的败诉方必须承担胜诉方的律师费及其他合理费用支出。

(5) 赔偿（补偿）条款：医方向患方支付________元（人民币），含医疗费、护理费、住院伙食补助费、营养费、交通费、死亡赔偿金或伤残赔偿金、鉴定费、精神损害抚慰金。

2. 任意条款

(1) 无自认或承认条款：本协议的签订和履行，以及本协议达成过程中的任何陈述、表达、文字均不得被视为一方对另一方主张的自认或承认。本协议的签订和履行，以及本协议达成过程中的任何陈述、表达、文字均不得作为将来诉讼的证据，不得在任何民事或者刑事程序中被提出。

(2) 保密条款：调解和本协议达成、签署过程中当事人所做的任何陈述和传递的任何信息都必须保密，除非双方当事人书面同意。双方通过调解达成争议解决的事实本身不在保密范围内。

3. 赔偿项目的计算

医疗损害赔偿纠纷的赔偿项目依据《中华人民共和国侵权责任法》、最高人民法院《关于审理人身损害赔偿案件适用法律若干问题的解释》、最高人民法院《关于确定民事侵权精神损害赔偿责任若干问题的解释》等相关法律法规的规定，包括以下项目。

(1) 医疗费：根据医疗机构出具的医药费、住院费等收款凭证，结合病历和诊断证明等相关证据确定。医疗费的赔偿数额，按照调解时实际发生的数额确定，也可以双方协商后续治疗费。

(2) 误工费：误工费根据受害人的误工时间和收入状况确定。误工时间根据受害人接受治疗的医疗机构出具的证明确定。受害人因伤致残持续误工的，误工时间可以计算至定残日前一天。受害人有固定收入的，误工费按照实际减少的收入计算。受害人无固定收入的，按照其最近三年的平均收入计算；受害人不能举证证明其最近三年的平均收入状况的，可以参照受诉法院所在地相同或者相近行业上一年度职工的平均工资计算。

(3) 护理费：护理费根据护理人员的收入状况和护理人数、护理期限确定。护理人员有收入的，参照误工费的规定计算；护理人员没有收入或者雇用护工的，参照当地护工从事同等级别护理的劳务报酬标准计算。护理人员原则上为一人，但医疗机构或者鉴定机构有明确意见的，可以参照确定护理人员人数。护理期限应计算至受害人恢复生活自理能力时止。受害人因残疾不能恢复生活自理能力的，可以根据其年龄、健康状况等因素确定合理的护理期限，但最长不超过二十年。受害人定残后的护理，应当根据其护理依赖程度并结合配制残疾辅助器具的情况确定护理级别。

(4) 交通费：根据受害人及其必要的陪护人员因就医或者转院治疗实际发生的费用计算。交通费应当以正式票据为凭；有关凭据应当与就医地点、时间、人数、次数相符合。

(5) 住宿费：根据纠纷发生地国家机关一般工作人员的出差住宿标准计算，凭当事人提供的发票开支。

(6) 住院伙食补助费：住院伙食补助费可以参照当地国家机关一般工作人员的出差伙食补助标准予以确定。受害人确有必要到外地治疗，因客观原因不能住院，受害人本人及其陪护人员实际发生的住宿费和伙食费，其合理部分应予赔偿。

(7) 营养费：根据受害人伤残情况参照医疗机构的意见确定。

(8) 残疾赔偿金：根据受害人丧失劳动能力程度或者伤残等级，按照调解所在地上一年度城镇居民人均可支配收入或者农村居民人均纯收入标准，自定残之日起按二十年计算。但六十周岁以上的，年龄每增加一岁减少一年；七十五周岁以上的，按五年计算。受害人因伤致残但实际收入没有减少，或者伤残等级较轻但造成职业妨害严重影响其劳动就业的，可以对残疾赔偿金作相应调整。

(9) 残疾辅助器具费：按照普通适用器具的合理费用标准计算。伤情有特殊需要的，可以参照辅助器具配制机构的意见确定相应的合理费用标准。辅助器具的更换周期和赔偿期限参照配制机构的意见确定。

(10) 被扶养人生活费：被扶养人生活费根据扶养人丧失劳动能力程度，按照调解所在地上一年度城镇居民人均消费性支出和农村居民人均年生活消费支出标准计算。被扶养人为未成年人的，计算至十八周岁；被扶养人无劳动能力又无其他生活来源的，计算二十年。但六十周岁以上的，年龄每增加一岁减少一年；七十五周岁以上的，按五年计算。

被扶养人是指受害人依法应当承担扶养义务的未成年人或者丧失劳动能力又无其他生活来源的成年近亲属。被扶养人还有其他扶养人的，赔偿义务人只赔偿受害人依法应当负担的部分。被扶养人有数人的，年赔偿总额累计不超过上一年度城镇居民人均消费性支出额或者农村居民人均年生活消费支出额。①

(11) 因康复护理、继续治疗实际发生的必要的康复费、后续治疗费：器官功能恢复训练所必要的康复费、适当的整容费以及其他后续治疗费，赔偿权利人可以待实际发生后另行起诉。但根据医疗证明或者鉴定结论确定必然发生的费用，可以与已经发生的医疗费一并予以赔偿。

(12) 丧葬费：按照调解所在地上一年度职工月平均工资标准，以六个月总额计算。

(13) 死亡赔偿金：死亡赔偿金按照调解所在地上一年度城镇居民

① 最高人民法院法发〔2010〕23号通知第4条规定："人民法院适用侵权责任法审理民事纠纷案件，如受害人有被扶养人的，应当依据《最高人民法院关于审理人身损害赔偿案件适用法律若干问题的解释》第二十八条的规定，将被扶养人生活费计入残疾赔偿金或死亡赔偿金"。也就是说，自侵权责任法施行之后，如果某损害赔偿案件有残疾赔偿金或死亡赔偿金项目时，就不再单列被扶养人生活费这一项目。

人均可支配收入或者农村居民人均纯收入标准，按二十年计算。但六十周岁以上的，年龄每增加一岁减少一年；七十五周岁以上的，按五年计算。赔偿权利人举证证明其住所地或者经常居住地城镇居民人均可支配收入或者农村居民人均纯收入高于调解所在地标准的，残疾赔偿金或者死亡赔偿金可以按照其住所地或者经常居住地的相关标准计算。

(14) 精神损害抚慰金：精神损害的赔偿数额根据以下因素确定：侵权人的过错程度，法律另有规定的除外；侵害的手段、场合、行为方式等具体情节；侵权行为所造成的后果；侵权人的获利情况；侵权人承担责任的经济能力；调解所在地平均生活水平。法律、行政法规对残疾赔偿金、死亡赔偿金等有明确规定的，适用法律、行政法规的规定。

(15) 鉴定费：根据当事人提供的发票开支。

后　记

本书由邵华、严文广两人担任主编，邵华负责全书篇章结构的组织编排及统稿工作，严文广负责全书调解案例的选择和分类工作。本书收集的35个案例，分别按照非诊疗技术过错和诊疗技术过错纠纷、药品和医疗器械纠纷、护理纠纷归类。所选的案例中，其调解协议既有通过院内调解达成的，也有通过人民调解达成的，还有通过司法调解达成的。但这些案例的共同点是都经历过院内调解，经院内调解不成功，则通过人民调解或者司法调解结案；或者无论哪种调解均未成功，通过法院判决结案。事实上，有丰富调解经验的人都知道，调解最后能否成功，受制于很多因素，其中包括患方对调解的接受程度、双方对纠纷性质以及因果关系的认识、调解员的调解能力（动员能力），等等。总之，调解是一项基于合意的纠纷解决机制，调解员的作用是尽力引导和说服。是否成功，最终取决于医患双方的自愿。

本书的写作分工如下：邵华撰写了本书的第一、二、三、七章，邵华与严文广共同撰写了本书的第四、五、六章。丁宗烽（中南大学湘雅医院医疗安全办主任）参与编写了本书第四章中的两个案例，钟炳武（中南大学湘雅二医院医疗安全办副主任）参与编写了本书第五章中的两个案例，王国华（湖南省人民医院医疗安全办主任）参与编写了本书第六章中的两个案例。此外，他们三位为本书调解案例的选定和分类提供了真知灼见。但是，本书所有的错误与他们无关，由主编承担责任。

图书在版编目(CIP)数据

医患纠纷调解的技巧与实例/邵华，严文广主编．—北京：中国人民大学出版社，2019.8

(新时代调解研究文丛/廖永安总主编．实务系列)

ISBN 978-7-300-27231-3

Ⅰ.①医… Ⅱ.①邵… ②严… Ⅲ.①医疗纠纷-调解（诉讼法）-研究-中国 Ⅳ.①D922.164

中国版本图书馆 CIP 数据核字（2019）第 171399 号

新时代调解研究文丛

（实务系列）

总主编 廖永安

医患纠纷调解的技巧与实例

主 编 邵 华 严文广

Yihuan Jiufen Tiaojie de Jiqiao yu Shili

出版发行	中国人民大学出版社		
社　　址	北京中关村大街 31 号	**邮政编码**	100080
电　　话	010－62511242（总编室）		010－62511770（质管部）
	010－82501766（邮购部）		010－62514148（门市部）
	010－62515195（发行公司）		010－62515275（盗版举报）
网　　址	http://www.crup.com.cn		
经　　销	新华书店		
印　　刷	北京捷迅佳彩印刷有限公司		
开　　本	720 mm×1000 mm　1/16	**版　　次**	2019 年 8 月第 1 版
印　　张	16 插页 2	**印　　次**	2024 年 6 月第 3 次印刷
字　　数	237 000	**定　　价**	88.00 元